정체성의 경계를 넘어서

정체성의 경계를 넘어서

한국학중앙연구원 동아시아역사연구소 편

景仁文化社

축 사

한국학중앙연구원의 동아시아역사연구소에서 개최한 <정체성의 경계를 넘어서> 국제학술회의가 새롭게 보완되어 책으로 간행된 것을 진심으로 환영합니다.

요즘 회자되는 몇몇 화두는 바로 '소통' '세계화' '글로벌 리더' 등과 함께 '정체성'을 꼽을 수 있습니다. '정체성'은 '변하지 아니하는 존재의 본질을 깨닫는 성질'이라는 의미입니다. 과거로부터 우리민족은 다양한 원인과 계기로 디아스포라가 되었습니다. 그 중에는 자신의 의지와 신념으로 인해 중국을 넘어 멀리 중동까지 여행한 부류도 있고, 지정학적 위치로 인해 초래된 국제정세의 소용돌이 속에서 수만리 타향을 전전하며 살아왔던 부류들도 있습니다.

최근 이들에 대한 존재가 다시금 부각되고 있는데, 이는 우리나라가 어느새 세계를 선도하는 나라로 성장함으로서 우리나라와 우리 민족 등 다양한 분야에서 재조명되기 시작했기 때문으로 생각됩니다. 돌이켜보면 반세기 만에 거둔 우리나라의 경제성장과 브랜드 가치 향상은 전 세계가 놀랄 만큼 대단한 것입니다.

그러함에도 불구하고 안주할 수 없는 것은 이민 세대들이 겪는 갈등, 체재 내외적으로 겪는 탈북자들의 고통과 혼란, 그리고 국제화과정에서 급속하게 파생된 다문화가족들의 가치관의 혼란 등은 자신을 특정하는 '정체성'에 대한 인식의 혼란으로 말미암아 파생되는 사회적 요인 때문입니다. 이렇게 다양한 계층과 부류들이 겪고 있는 '정체성의 혼란'은 한반도의 통일, 국가 통합, 사회양분화, 미래지향적 국가관의 형성, 선진국으로의 도약에 결코 긍정적이라고 할 수 없으며 반드시 선결하지 않으면 안 되는 이슈가 되어 버렸습니다.

21세기 대한민국은 바야흐로 선진국 대열의 합류를 눈앞에 두고 있습니다. 이것은 과거에는 꿈에도 상상해보지 못했던 일입니다. 민족의 융합과 단결에 따른 도전에서 기인한 것임은 두말할 나위가 없습니다. 세계화와 글로벌리더로서 미래를 지향하기 위해서는 반드시 상호간의 소통과 융합을 통한 일치된 노력이 필요합니다.

다행이 이러한 시점에 우리 연구원의 동아시아역사연구소에서 이상과 같은 문제의식을 가지고 <정체성의 경계를 넘어서>라는 주제로 국제학술대회를 개최하여 책으로 출간되니 이는 매우 시의적절한 처사라고 생각합니다. '정체성'이라는 의미를 추구하고 각계각층에서 겪는 정체성의 사회적 요인을 분석하고 진단함은 미래지향적 사회 통합을 위해 꼭 필요한 것입니다. 그러므로 국내외 각계에서 '정체성'이라는 화두에 대해 서로 소통하는 것은 대단히 의미 있고 중요한 일이라고 생각합니다. 모쪼록 이 책의 출간이 후속의 열띤 논의를 불러와 풍성한 결과가 있기를 진심으로 바라마지 않습니다. 감사합니다.

한국학중앙연구원 원장 정정길

간 행 사

2011년 12월 동아시아역사연구소에서 <정체성의 경계를 넘어서>라는 주제로 각계 전문가들을 모시고 다양한 계층과 집단의 경험을 나누고 고민하는 소통의 자리를 가졌었습니다.

현재 한국 사회를 구성하는 다수의 사람들은 현실과 자신의 존재적 본질 사이의 괴리에서 오는 정체성의 혼란을 겪고 있습니다. 해외의 한인 동포들 뿐만아니라, 한국사회의 국제화로 인해 생겨난 다문화사회의 구성원, 탈북자들은 그들의 일상의 삶의 터전에서 정체성의 혼란과 갈등으로 인해 현실 적응에 많은 어려움을 겪고 있습니다. 그들이 몸담고 있는 한국사회의 정체성의 혼란은 사회의 분열을 초래하고 한반도의 미래를 결정할 올바른 세계관을 형성하는데 장애가 될 수 있습니다. 이러한 한국사회 구성원의 정체성과 관련된 문제들의 해소는 한국 사회가 선진국으로 도약하기 위해서 반드시 해결해야 할 과제입니다. 한국학중앙연구원 동아시아 역사연구소에서 개최한 본 학술대회를 통해 정체성을 화두로 하여 제시된 각계의 의견과 대안들을 여기에 하나로 모았습니다. 독자들의 다양한 의견과 비판들은 이 대안들을 보다 완성시켜 줄 밑거름이 될 것입니다.

동아시아역사연구소장 정 영 순

목 차

경계인의 정체성과 환상을 넘어서기
－정체성의 정신분석－

권 희 영(한국학중앙연구원 교수)

1. 머리말

우리는 "상상은 자유다"라는 말을 종종 듣는다. 상상은 현실적인 제약을 받지 않기 때문에 마음먹은 대로 할 수 있다는 말이다. 그런데 우리가 그토록 중시하는 정체성이 상상에 기반하고 있는 것이라고 한다면? 사실상 문제는 그렇게 간단하지 않다. 상상은 결코 자유롭지 못하다. 자유로운 듯하지만 제약을 받고 있는 것이다. 바로 그같은 인식에 기반하여 프로이드는 자유연상이라는 정신분석의 방법을 발전시켰다. 의도를 가지지 않고 소파에 누워서 머리 속에 떠오르는대로 자유롭게 말한다고 하더라도 그 말들의 연쇄를 추적하면 무엇인가의 방향성이 드러나게 되고 그 방향성이라는 것이 특정한 단어 혹은 단어군들을 주위로 하여 맴도는 것이라는 것을 우리는 알게 된다.

한편 정체성은 우리 사회에 널리 회자되면서 중요한 의미를 가지는 단어라는 것을 우리는 알고 있다. 동성애자의 커밍아웃이 세간의 관심을 불러일으키면서 성의 정체성이 주목을 받게 되었다. 또한 좌파 지식인들의 대한민국 비판이 격렬하여 지면서 대한민국의 국가정체성 문제가 주목을 받게 되었다. 또 국제화가 진행되면서 디아스포라의 문제가 부각되고 다문화주의 담론이 성행하면서 그동안 거의 흔들리지 않고 유지되었다고 느꼈던 단일민족의 정체성 문제도 도마 위에 오르게 되었다. 또한 서양문화가 본격적으로 우리 나라에 들어오고 동시에 한국문화가 한류의 형태로 세계적으로 퍼져나가게 되면서 한국문화의 정체성에 대한 재조망 역시 불가피하게 되었다.

이렇게 정체성에 대한 담론들을 추적하다보면 정체성에는 경계의 문제가 있고 갈등의 양상이 있으며, 규범적인 시선이 다른 한편에 존재하면 탈출의 욕망이 다른 한 구석에 존재한다는 것을 우리는 알게 된다. 규범의 시선이 법와 도덕으로 표현되는 것이라면 탈출의 욕망은 개인의 선택에 바탕을 두는 정신분석적 의미에서의 윤리에서부터 나오는 것이라는 것이라고 일단 정리하여 두기로 한다. 바로 거기에서 정체성의 정치가 개입한다. 법과 욕망이 충돌하고 도덕과 윤리가 갈등을 일으키기 때문이다. 중요한 것은 그리하여 정체성은 기본적으로 경계짓기의 문제이고 그 경계를 설정하는 것은 상상의 산물이지만 동시에 법과 도덕이 개입한다는 것이다. 그렇기에 상상은 자유롭게 무한정 날개를 피지 못하고 무엇인가에 막혀있다는 신음소리를 내는 것이다. 그 신음소리를 분석하는 것이 정신분석이다. 본고는 따라서 정체성의 경계를 접하면서 그 경계를 무엇보다도 민감하게 느끼는 경계인들이 내는 신음소리를 통하여 정체성의 문제를 분석하고자 하는 것이다.

2. 라깡과 정체성의 정신분석

우리가 정체성正體性이라고 할 때 이 말은 영어의 identity라는 말을 번역한 것이다. 그리고 영어의 identity는 라틴어 idem(the same)에서 나온 말이 여기에서 문제가 되는 것은 중류계급출신이 상류사회를 따라갈 때 지키려는 그것은 결코 고정되지 않는다는 것이다. 지젝은 진짜 상류사회다움과 그것의 모방 사이의 명백한 차이는 그 무엇인지 모를 그것에 있다고 한다. 즉 욕망의 원인인 타대상에 있다는 것이다.[4]

다음에는 디아스포라의 정체성의 문제를 보여주는 사례를 소개한다. 모두가 알다시피 소련시기에 고려인들은 근면하고 모범적인 소수민족으로 많이 소개가 되었다. 그리고 그 사례는 소비에트체제의 우월성을 선전하기 위한 도구로 많이 활용되었다. 소련에서 고려인으로 살아가려면 과연 어떠한 자세로 일하여야 하였을까? 이에 대하여 우즈베키스탄의 스베르드로프 콜호즈에서 일했던 한운석의 증언은 다음과 같다.

> 노력영웅은 한마디로 일벌레를 뜻한다. 우리는 서로 노력영웅되는 것을 더없는 영광으로 알고 죽자살자 일만 했다. 해마다 영웅 심사를 할 때 자기 이름이 뽑혀지는 감동을 위하여 일 년 내내 들판에서 흙 속에 파묻혀 지냈다. 정해진 면적에서 누가 더 많은 수확량을 내느냐가 영웅을 결정하는 주된 기준이다. 나도 영웅이다. 하루에 잠은 4시간 정도만 자고 나머지는 일을 했다. 가족들도 따라해야 하기 때문에 힘들다. 지금 생각해보면 허망하다. 물론 영웅이 되면 훈장을 받고 영웅 칭호를 들으며 무슨 행사때마다 맨 위쪽에 앉게 되고 약간의 혜택도 있다. 그러나 오늘날 콜호즈가 퇴락해 가고 소련이 붕괴된 뒤 독립국가로 흩어지고 보니 내가 저 들판에 바쳤던 땀의 의미는 한마디로 소련의 권력층을 살찌게 해주기 위한 짓밖에는 못 되었다는 결론이다. 내 몸에 남은 것은 모진 골병이고 내 가족에게 지워진 것도 그다지 넉넉하지 못한 썰렁한 살림과 마누라의 저 병신 된 모습뿐이다.[5]

이 증언은 소련에서 소수민족으로서의 디아스포라의 성공이라는 것이

---

4) 지젝(김종주 역), 『환상의 돌림병』, 서울: 인간사랑, 2002, 51~52쪽.
5) 정동주, 『까레이스끼, 또 하나의 민족사』, 우리문학사, 1995, 277쪽.

무엇을 의미하는가? 노동영웅이란 무엇인가? 모범적인 고려인으로서의 자기의 부각이란 무엇을 의미하는가? 하는 질문들에 대하여 답의 일단을 준다. 이는 곧 자기부정을 뜻하는 것이다. 사회의 주어진 기준을 과도하게 추종하는 것, 그리하여 자신과 사회와의 적절한 거리와 긴장을 잃어버리는 것, 그것이 한인들이 취하였던 태도였다. 왜냐하면 그리함으로써만 한인들이 당하던 불리한 탄압과 부정적인 것을, 소수민족으로의 불리한 조건들을 만회할 수 있을 것이라는 생각에서였다.[6] 그것이 바로 바로 앞에서 든 예와 같이 과잉 동일시이며 거기에는 환상이 개입해있었다.

여기서 우리는 동일시와 과잉동일시 사이의 욕망의 구조의 차이점을 말할 수 가 있다. 이미 안전하게 대상과 동일시되었다고 느끼는 경우 정체성의 경계를 일탈하는 것은 일종의 향락이 될 수가 있다. 그것은 언제나 그 자신이 동일시하는 대상에 되돌아올 수 있다는 안도감의 표현이자 확신이기도 하다. 그러나 어렵게 어떠한 대상과 동일시하게 되었을 때 그것으로부터의 이탈이란 심각한 불안을 야기하게 되고 그로부터 과잉으로 대상과 동일시 하려는 욕망이 생기게 된다. 그럴 때 그 과잉동일시를 지탱해주는 기제는 환상이다. 무엇인지 알 수 없는 그 타대상을 획득하고 있다는 환상이 필요한 것이다. 그 타대상은 결코 상징적 질서가 아니다. 상징적 질서에 국한되는 것이라면 이미 소속을 확인받은 것이기 때문이다. 상징이 아닌 실재로 속해있다고 믿고 싶기에 그러한 욕망의 원인이 되는 타대상은 욕망의 원인으로 작동하기를 멈추지 않는다. 이러한 점에서라면 결코 확인될 수도 없고 이루어질 수는 없다고 하더라도 환상에 의하여 지지를 받는 것이 오히려 적절할 것이다.

그러므로 이제 우리는 경계인이 이미 보편적인 인간의 문제라는 것을 알게 된다. 그럴 때 정체성의 확립과 이미 확립된 정체성의 경계를 넘어

---

6) 권희영 V.Han, 반병률, 『우즈베키스탄 한인의 정체성 연구』, 한국정신문화연구원, 2001, 40쪽.

선다고 하는 것이 어떤 의미가 있는지를 점검해볼 때가 되었다. 우선 우리 사회가 당면하고 있는 몇 종류의 경계인에 대하여 점검하여 보고자 한다. 그것은 디아스포라(탈북자도 포함), 다문화인, 혁명적 이데올로그들이다.

먼저 디아스포라의 정체성과 그 경계를 살펴보기로 하자. 디아스포라는 모국을 벗어나 살기를 선택한 자이다. 그래서 디아스포라는 모국의 정체성과 현지의 정체성의 경계를 의식하지 않을 수 없다. 디아스포라의 삶을 선택한 이유가 무엇이던 간에 모국에 속해있다는 상상의 공동체 의식을 가지며 또한 동시에 현지의 공동체에 속한다는 의식을 가진다. 이러한 복합적인 정체성의 문제 때문에 때로는 이 정체성 간에 갈등이 빚어지고 분리되고 합하기도 한다.

이 때 이들의 정체성 분석에서 중요한 것은 그들의 정체성을 규정하는 것은 그들만이 아니라는 것이다. 즉 타자들의 존재가 있는 것이다. 이들간의 상호정체성 규정이 복합적으로 문제를 제기한다.

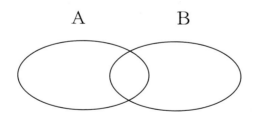

두 집합을 생각해보기로 하자. 집합 A와 집합 B의 교집합은 겹치는 부분이다. 이 교집합을 디아스포라라고 간주한다. 이 디아스포라의 사람은 A와 B의 관계에 많이 좌우될 수밖에 없다. AB가 평화를 누린다면 디아스포라 역시 평화를 누리고 자유롭게 양쪽의 정체성을 가질 수 있을 것이다. 하지만 AB가 갈등을 벌이고 전쟁과 같은 상황에 돌입한다면 디아스포라는 선택을 강요당할 수밖에 없다. AB의 전쟁에서 경계 없던 자들이 경계

를 가지게 되는 것은 뫼비우스의 띠로 설명될 수 있다. 안과 밖의 연속성
이 끊어지고 확연하게 안과 밖이 갈리는 상황이 되기 때문이다. 이 때 차
라리 그 관계가 끊어지면 뫼비우스의 띠는 안과 밖을 가진 공간이 되기
때문에 갈등은 사라진다. 즉 디아스포라적 상황은 종료되는 것이다.

　다문화인 역시 유사한 방식으로 그들의 정체성을 설명할 수가 있다.
관용과 갈등이 다문화 존재의 기본적인 조건이 되기　때문이다. 보통 다
문화주의를 강조하는 측에서는 주도문화의 타문화수용성을 강조하면서
문화들의 병치를 주장하는 경우가 일반적이다. 하지만 본질적으로 다문화
론은 디아스포라론을 모국-현지의 관계에서 보는 것이 아니라 현지국-소
수민족의 관계로 설정하는 것이다. 그러므로 본질적으로는 소수민족론이
다. 그렇게 볼 때 소수민족론에는 2개의 정체성이 복합적으로 관계한다.
국민국가의 정체성, 그리고 소수민족의 정체성이다. 그리고 이것은 국민-
민족을 어떻게 경계지을 것인가의 문제가　된다. 근대국가에서는 국가의
주권이 인정되기에 이 문제를 보다 개념적으로 분류하자면 몇 개의 유형
으로 나뉘어진다.

　　유형A: 국민국가와 민족의 경계가 일치한다.
　　유형B: 국민국가 내에 민족의 경계가 존재한다.
　　유형C: 민족 내에 국민국가의 경계가 존재한다.
　　유형D: 국민국가와 민족의 경계를 뫼비우스의 띠로 연결하고 있다.

　여기에서 유형 A는 대개의 경우 한 주도민족이 중심이 되어 국민국가
를 건설하는 경우이다. 반드시 한 주도민족이 없더라도 국가가 건설되면
서 민족들은 국민국가적인 통합을 이루게 된다. 유형 B는 국민국가적인
구성을 이루고는 있지만 그 영역내의 소수민족의 영역이 상대적인 자율을
가질 정도로 규모가 큰 경우이다. 이 경우 대개 국민국가적 통합은 민족

자치를 통하여 보완된다. 유형 C는 분단국가를 말한다. 하나의 민족이 여러 사정으로 여러 국가를 분립하는 경우이다. 마지막으로 유형 D는 중국의 경우이다. 중국의 경우는 서로 충돌하는 논리를 뫼비우스의 띠처럼 연결하는 나라이다. 국민국가 내에 민족의 경계를 설정하는 방식을 통하여 소수민족을 국가의 관할 하에 둔다. 이럴 때 내세우는 논리는 중국내의 모든 민족들이 중국의 깃발 아래 단결하는 것이다. 하지만 국가만으로는 무엇인가 부족함을 느끼고 중화민족이라는 가공의 민족을 만들어낸다.[7] 한족과 중화민족은 그리하여 뫼비우스의 띠를 따라가면 하나가 되고 소수민족과 중화민족도 하나가 된다. 타이완 역시 이 띠를 따라가면 중화민족이 되고 중국이 되어야 한다.

이렇게 유형화해본 결과 경계선이 분명하지 않은 곳에서 경계선을 넘으려는 강한 상상력이 작동된다고 볼 수 있다. 그리고 강한 상상력은 환상이 수반되기 마련이다. 중국의 경우가 바로 그러한 점을 잘 보여준다.

이제 유형 C에 속하는 남북한의 경우를 주목하여 보기로 한다. 한반도에는 분단이 된 상태로 하나의 민족을 기반으로 하여 두 개의 국가가 성립하였다. 그렇기에 남북한 모두 민족을 통일해야 한다는 하나의 민족이라는 정체성이 강하게 존재했다. 독립에 대한 열망이 통일에 대한 열망으로 전환된 것이다.

예컨대 우리의 민족적 공동체에 대하여 생각해볼 필요가 있다. 우리는 남북한의 사람들을 하나의 민족으로 상상한다. 그리하여 '우리 민족끼리'

---

7) 양계초는 1903년 「政治學大家伯倫知里之學說」이라는 논문을 통하여 한족 중심의 민족주의를 소민족주의로, 소수민족을 포함한 중국 전체민족의 민족주의를 대민족주의로 규정하고 대민족주의를 바탕으로 하여 하나의 대국가를 건설해야한다고 하였다. 이어서 1922~23년 '중화민족의 연구'라는 강의에서 중화민족은 "다수의 종족을 포함하는 개념"이라고 하여 중화민족론을 주창하였다. 중화민족론의 시발인 셈이다. (참고. 유용태, 「중화민족론과 동북지정학」 『동양사학연구』 제93집, 2005.12, 192~195쪽)

라는 구호가 강력한 상상력으로 남북한의 사람들을 하나되는 것 처럼 느끼게 만든다. 여기에 법의 잣대를 들이대어보아야 소용이 없다. 상상의 영역은 법의 영역이 아니기 때문이다. 그런 점에서라면 북한은 정체성의 정치를 교묘하게 선동의 수단으로 사용하는 능력을 발휘하고 있다. '우리 민족끼리'라는 통일의 구호는 모든 법망에서 빠져나와 환상적일 정도로 하나의 공동체라는 느낌을 가지게 한다. 가난과 식민지의 원주민으로서의 지배를 경험하면서 가진 역사적 콤플렉스가 존재하는 마당에 강력한 외세를 배격하고 우리끼리 하나의 공동체를 건설하자는 것은 그 실현가능성의 조건이라는 모든 상징계의 질서를 무너뜨리고 그 상징계의 균열을 가져오면서 상징계 속에 상상계를 침투시킨다. 우리 역시 남북분단이라는 질서를 하나의 민족이라는 상상과 뫼비우스의 띠로 연결하려는 것이다.

그러나 따지고 본다면 그것이 가능해지는 이유는 북한의 문제만이 아니다. 우리가 가진 욕망이 그것을 원하기 때문이다. 즉 우리는 과거에 상처를 입은 만큼 더 깊이 보상을 받고 싶어한다. 그 욕망이 존재하는 곳은 우리가 잃어버렸다고 생각하는 그것이다. 즉 타대상이 그 원인으로 작동하면서 통일이 그 실재에 위치한 욕망을 가리는 것이 되는 것이다. 그러한 점에서 과잉의 정체성은 도착적이다. 그것은 라깡의 표현에 따른다면 "성관계는 없음"에도 불구하고 있는 듯 느끼기 때문이다. 그 사이비 느낌을 만들어내는 것은 바로 환상이다.

그 환상의 사례를 잘 보여주는 사례가 바로 개구리와 맥주를 소재로 하는 영국 맥주회사의 광고에 있다. 한 양치기 소녀가 양을 몰고 가다가 호수가에서 개구리 한 마리를 보고 손에 다가오게 한다. 그리고 그 개구리에 입을 맞추자 개구리는 멋진 미남으로 변신한다. 그러자 그 소녀는 남자에게 입맞춤을 받기를 원한다. 그런데 그 남자가 소녀에게 입을 맞추자 그 소녀는 맥주로 변하고 그 남자는 그 맥주를 마신다.[8]

---

8) (http://www.youtube.com/watch?v=xxBXeUbEu4I).

지젝은 이 광고를 해석하면서 멋진 남자는 소녀에게는 남근적 현존이고 남자는 여자를 타대상으로 환원시키는 것이라고 하였다. 즉 멋진 남자와 아름다운 소녀가 함께 존재하는 것은 현실이 아니다. "성관계는 없기" 때문에, 존재하는 것은 개구리와 함께 있는 소녀이거나 맥주와 함께 있는 남자이다.[9] 그러나 여기에서 동일시하고자 하는 대상에 동일시되었다는 믿게 여기는 그 작용, 개구리를 멋진 남자로 착각하고 맥주를 아름다운 소녀로 착각하는 그 작용 그것이 바로 환상이 주는 보상이다. 그러므로 우리는 경계를 넘어서 다른 경계에 안전하게 진입했다고 느끼는 순간 사실 이미 과잉의 동일시를 경험하게 되는 것이다.

남과 북의 많은 사람들은 남과 북의 경계인으로서의 환상을 가진다. 그렇다고 본다면 우리는 결코 하나될 수 없는 공동체가 서로 다른 방식으로 하나될 수 있다고 하는 환상을 자각할 필요가 있는 것이다. 남한이 친북인사들이 상상하는 북한은 남근이다. 이들은 여성적 방식으로 북한을 사랑한다. 북한은 완벽한 남근이다. 친일파 숙청을 하여 자존심을 지키고 미국 제국주의에 당당히 맞서며 언제나 통큰 정치를 하는 나라다. 인민은 못살아도 다같이 평등하고 경제적으로는 어려워도 당당히 돈을 받아내는 나라. 어려운 중에 핵무기까지 보유한 나라다. 이 나라에 남한은 언제나 약하다. 남한은 항상 무엇인가가 부족한, 결여가 노출된 나라이기 때문이다. 자유민주주의 체제가 전체주의 체제에 대비될 때 가지는 문제가 항상 이러한 종류의 것이다.

하지만 북한이 상상하는 남한은 타대상이다. 북한이 상상하는 남한은 정복과 지배의 대상이기 때문이다. 남한의 북한의 욕망의 원인이다. '원쑤'계급이 존재하는 곳, 미군의 식민지 로서의 남한은 바로 그 때문에 북한이 끊임없이 혁명을 준비해야 하는 곳이다. 돈많은 남한은 그 때문에 북한이 혁명을 지속하고 인민을 먹여 살릴 군수물자로서 필요한 것을 제

---

9) 지젝, 「환상의 돌림병」, 158~151쪽.

공하는 곳이다. 북한은 남한을 침투하고 지배하고 정복을 확인하고 싶어
한다. 이 타대상으로서의 남한은 원래 북한 것이었던 것, 북한이 가져야
했던 것이다. 북한으로부터 분리되어 버린 것, 그러나 그렇기에 포기할 수
없는 것이다. 왜냐하면 북한은 스스로 완벽한 조선민주주의인민공화국이
기 때문이다.

4. 환상을 넘어서기의 현실적 의미

라깡은 환상을 넘어서서 성립하는 주체가 어떤 것인지에 대하여 다음
과 같은 언급을 하였다.

> 앎으로 상정된 주체는 모든 사람도 아니고 어느 누구도 아니다. 그것은
> 모든 주체는 아니지만 명명할 수 있는 어떤 주체도 아니다. 그는 어떤 주체이
> 다. 그는 저녁의 방문자 아니 그보다는 문 앞에 선 천사의 손의 흔적 신호와
> 같은 성질의 것이다. 존재론적으로 존재하지 않는다기 보다는 실존에 더 가
> 까운 것이고 알지 못하는 곳에서 도래하는 것이다.[10)]

그리고 이 언급에서 라깡이 상정하는 이 환상을 넘어선 경험을 가진
존재, 즉 앎으로 상정된 주체라는 것이 출애굽기에서의 유태인들의 출애
굽 경험이었다는 것을 암시한다. 환상을 넘어선다는 것은 무엇인가? 넘어

---

10) "Le sujet supposé savoir n'est pas tout le monde, ni personne. Il n'est
   pas tout sujet, mais pas non plus un sujet nommable. Il est quelque
   sujet. C'est le visiteur du soir, ou mieux, il est de la nature du signe
   tracé d'une main d'ange sur la porte. Plus assuré d'exister de n'être pas
   ontologique, et à venir d'on ne sait zou", Jacques Lacan, Séminaire du
   15/4/80. Auteur : Marc Darmon 19/10/1992에서 재인용.(http://www.freud-
   lacan.com/articles/article.php?url_article=mdarmon191092)2011.11.30.15:
   47.

재일 KOREAN의 민족적 정체성과 개인 정체성 형성의 갈등

金 兩 基(전 시즈오카대학교 교수,
비교문화학자, 평론가)

1. 개인의 정체성의 시발

1990년대 후반, 21세기는 공생 시대라는 말이 유행하면서, 나는 그 키워드는 인권이라고 말하고, 쓰고, 그렇게 말하는 시대 건설을 목표로 한 사람으로 살려고 마음에 맹세했다. 하지만 그 꿈, 이상은 이슬람 과격파가 일으킨 2001년 9월 11일 뉴욕 세계 무역 센터 폭파 사건으로 멀리 멀어졌지만, 지금도 실현하고자 하는 꿈을 추구하고 있다.

그런 생각을 품게 된 것은 내가 재일 Korean 2세라고 불리며 자란 내력, 사회 환경과 생활 환경이 크게 영향을 미쳤다. 그것은 Korean, 본국에서 일반적으로 사용하고 있는 한국인과 한민족이 낳고 키웠다기보다는 재일 Korean인 나의 정체성, Identity에서 파생된 것이다.

재일 Korean의 사회 환경은 중화인민공화국 (이후 중국), 미국을 비롯한 외국과 큰 차이가 있다. 먼저 한漢족을 중심으로 다른 55개 소수 민족이 모체가 된 다민족국가 중국의 조선[韓]족은 중국 국적을 가진 소수 민족으로 살고 있다. 거기에는 자신의 출신을 숨긴다고 하는 개념은 존재하지 않는다고 해도 무방하다. 다민족국가인 미국은 시민권과 영주권의 차이는 있지만, 출신을 숨기지 않으면 생활이 어렵다는 것은 기본적으로 없다. 나는 미국 영주권(흔히 말하는 그린카드) 자격을 얻어 미국 생활을 하던 시절, 시민권과의 큰 차이는 선거권의 유무에 있다고 해도 무방하다. 일반적으로 자신의 출신을 숨길 필요가 없었다.

그러나 재일 Korean 사회에서는 국적과 자신의 출신을 숨기고, 편의적으로 일본인의 모습을 하고 살아가는 사람들이 지금도 있다. 특히 젊은 세대에서 두드러진다. 그 중에는 자신이 일본인인지 한국인인지도 느끼지 못하고 생활하는 젊은 세대도 있다. 일상생활에서 일본인과 유사한 이름을 사용하고 있지만 이를 통칭명通稱名 또는 통명通名이라고 한다.

통칭명을 사용하는 것은 자신의 출신을 숨기거나 애매하게 하기 위한 수단이다. 통칭명을 사용하면서 일본인처럼 하는 것이 어느 정도의 이점이 있는지를 진지하게 생각하고 고민하고 있는 재일 Korean이 얼마나 있는지를 구체적으로 보여주는 데이터는 없지만, 이 상황을 모르는 재일 Korean은 한 사람도 없을 것이다.

1975년생인 막내딸이 시즈오카 현립히가시고등학교[靜岡縣立東高等學校]에 재학중이었다. 나는 김양기金兩基 즉, 한국발음으로 초청되어 전교생을 대상으로 강연을 했다. 딸도 한국어 발음으로 쓰고 있었지만, 실명을 사용하고 있는 학생은 딸 뿐이고, 나의 강연을 들은 후 아라이[新井]라고 불리는 동학년이 "내가 박朴이라고 불리는 것은 모두에게 비밀이야"라고 딸에게 귀띔해 줬다. 그 학생은 북한(조선민주주의인민공화국, 이후 공화국으로 생략)계 재일본조선인 총연합회가 운영하는 민족 학교에 다니고 있었다고 말하면서 지금까지 쓰고 있던 본명을 딸에게 알려주었다. 내가 강연하면서, 딸에게 자신의 출신을 밝혔음에도 불구하고, 그 학생은 딸과 깊이 교류하지 않았다. 그 고등학교는 대학 진학에서도 좋은 결과를 내고 있어 재일 Korean

의 자녀가 30명 정도 재학 중이라고 교원과 재일 Korean에서 들었다.

이렇게 실명을 밝히지 못하는 재일 Korean들이 어떻게 자신의 정체성을 형성할 수 있는 것일까? 본명은 자기를 표현하는 고유명사로, 자신의 Identity, 정체성을 형성하는 기본 요소 중 하나이다. 재일 Korean의 집단적 정체성을 형성하는 기본적인 요소이기도 하다. 왜 이런 현상이 눈에 띄는 것인가라고 한다면, 이는 재일 Korean을 둘러싼 차별적인 사회 환경 때문이다.

1970년대 말경까지 일본 사회에서는 범인을 알 수 없는 범죄가 발생하면 삼국인三國人의 범죄인 것 같다는 소문이 들리는 사회 환경이었다. 재일 Korean은 종종 "좋은 것은 통칭 이름으로, 나쁜 것은 본명으로 보도된다."라고 하였다. 삼국인이라는 것은 일본의 통치하에 있던 조선·대만·중국 대륙의 일본 국적을 가지고 있던 일부 사람들을 일본인과 차별화하기 위해 만든 전후戰後 차별 용어이다. 재일 Korean은 일본인과 피부색과 체격이 유사하여, 외형으로는 구별하기 어려워 통칭명通稱名으로 위장하여 생활해왔다. 통칭명은 1939년 조선인에게 일본식 성명으로 바꾸도록 강제하여 만들어진 창씨개명에서 유래하였는데, 일본의 패전 후에는 차별에서 벗어나기 위해 사용하였으며, 사용하고 있는 과정에서 부정적인 역사가 엷어지지 않은 상태로 오늘에 이른다. 그것에 대해서는 후술한다.

2000년 4월 9일 이시하라 신타로[石原愼太郎] 도쿄 도지사가 일본 육상 자위대 기념식에서 삼국인의 흉악한 범죄가 반복되는 것을 우려한다는 차별 발언을 하여 규탄받았다.[1] 이시하라 지사는 해명했지만, 삼국인에 대한 불신감이 20세기 말까지 남아 있었던 것은 부인할 수 없다.

차별에서 벗어나기 위해 자신의 출신을 숨기면서 자신의 정체성을 확

---

1) "삼국인, 외국인의 흉악 범죄가 반복되고 있어 지진이 일어나면 소요(騷擾) 사건이 예상된다. 경찰에는 한계가 있고, 재해없는 치안 유지도 수행하고 싶어요." 육상자위대련마주둔지 창설기념식에서 인사 부분

일본의 패전과 우리 민족의 해방은 같은 8월15일 동시에 이루어졌고, "하이센[敗戰] 해방·독립·만세"라고 부르던 그때까지 들어본 적이 없는 네 개의 단어를 듣고 느꼈다. 그날 밤 자기 민족의 전통인 민속예술, 그리고 언문과 한국음으로 된 천자문에 만난 것이 내 자신의 Identity 형성에 초석 Basic Culture가 되었다. 물론 그 시대에는 오늘날과 같은 정체성이나 Identity 형성과 확립이라는 사회의식은 없었다.

3. 집단적 정체성(NATIONAL IDENTITY)의 형성

민족과 조국을 실감하지 못하면서 민족적 정체성을 형성하는 것은 매우 어려운 일이다. 문헌이나 예술 음악 영상 등을 통해 민족과 국가를 알 수 있지만 실감할 수도 체감하기도 어렵다. 외국에서 태어나 성장하고 민족 집단이나 조국과 만난 적이 없는 재외 동포들이 민족적 정체성을 지식으로 확립한다는 것은 매우 어려운 일이다. 1948년 8월 15일 대한민국이, 9월 9일에 공화국이 수립되었으나, 오늘날 언급하는 Erik Homburger Erikson[4]이 제기한 Identity나 life-cycle이 우리 주변에 큰 영향을 주는 것은 1960년대 이후이며, 재일 Korean사회에서는 1970년대 후반 경부터라고 나는 기억하고 있다.

내 자신의 체험을 통해 그것을 생각해보고 싶다. 나는 1964년 서라벌 예술대학의 초청으로 조국인 대한민국의 국토를 직접 밟고 조국을 처음 체험했다. 조국과의 만남은 부산항 해상에서였다. 일본 큐슈의 고쿠라小倉 항에서 아리랑호라고 불리는 800톤급의 작은 배를 타고 동이 트기 전에 부산항에 도착하여 입국 수속을 기다리고 있었다. 웅장한 용두산의 모습이 안개 속에 드러났다. 그것이 내 눈으로 파악한 조국 대한민국이었다.

---

4) Erik Homburger Erikson (1902~1994), 독일 태생의 미국 정신분석학자, 사상가. Identity와의 이론 구축에 큰 영향을 주었다.

그 때의 모습을 나는 다음과 같이 그리고 있다.

"짙은 아침 안개가 소금기를 먹은 바람에 흩날리고, 소리를 울리며 뺨을 치니, 차가운 바닷바람이 입과 코를 뚫는 것처럼 가슴을 때린다. 조국이 강렬하고 역동적인 환영식을 벌이는 것 같다. 우리 민족의 과장된 인사였다.[5]

작은 배를 타고 앞바다를 향하고 있던 낯선 동포들이 갑판에 서있는 나에게 큰 소리로 손을 흔들며 환영해 주었다.

그 순간, 솟아오르는 감동을 제어하는 장치인 이성이 산산조각 부서져 사용할 수 없게 무너졌다. 눈에서는 기쁨에 겨운 눈물이 흘러 바다로 떨어졌다. 조국이 나에게 우는 것을 가르쳐주었다. 그것은 결코 슬픔이 아니었다. 어머니인 대지와 어머니의 품에 안기니 평화가 거기에 있었다."[6]

그때까지 나에게 민족이란 무엇인가? 동포이란 무엇인가?, 조국이란 무엇인가?를 구체적으로 가르쳐 준 사람은 없었다. 그 때 막연하게 의식하고 있던 그것들이 내 몸속에서 움직이기 시작한 것이다. 이 만남이 없었다면 나의 National Identity를 찾으려는 노력은 훨씬 늦어졌을 것이다. 재일 Korean 2세를 비롯한 젊은 세대의 얼마나 많은 사람들이 나와 같은 경험을 하고 있는 것일까. 구체적인 데이터는 없지만 매우 적다고 해도 지장이 없을 것이다.

나는 잠깐 귀국할 때, 나를 초청해 준 대학이 있는 서울부터 방문하지 않고 부산항으로 입국한 큰 이유는 본적지인 경남 의령군, 즉 부모의 고향에 있는 조상의 무덤, 선산에 가기 위해서였다. 누군가의 지시에 의한 것이 아니라 김씨 집안에 시집온 어머니가 선산을 그리는 것을 어려서부터 본 내 스스로의 느낌 때문이었다. 아버지는 내가 중학생 때 돌아가셨

---

5) 졸고 「한국 역사 문화 기행 (한) 아침 안개 속에서」 『계간 まだん』 제4호, 1974.8, 121쪽.
6) 주 4와 같음.

기 때문에, 많은 것을 말씀하지 않으면서 묵묵히 생활하시던 어머니에게서 민족의 전통을 배워, 어머니의 생각에 부응하기 위해 그렇게 여정을 짠 것이다.

선산을 성묘함으로써, 본관에 의해 결성된 다정한 친족, 조상을 공경하고 자랑스러워하는 민족 전통을 실감하고 배우게 되었다. 그 만남에서 사촌은 남의 시작이라고 하는 일본에서의 관습과는 다른 혈연으로의 온기를 느꼈다. 그리고 국가와 민족에 대한 체감과 체온의 다름을 느끼고 발견했다. 재일 2세인 자기로서는 곧 발견이었다.

고향인 경남 의령군宜寧郡 정곡면正谷面과 강 너머의 함안군咸安郡 법수면法守面 사이에 진주 남강이 흐르고 있는데, 강을 끼고 같은 민족의 국군과 인민군이 싸우던 일진일퇴의 격전지였다. 그 생생한 경험을 들었던 내가 "민족과 국가 중 어느 쪽이 중요한가?"라고 묻자 "6·25 동란이 일어나기 전에는 민족이었다가 전쟁 후에 국가로 기울어졌다"고 함께 자리한 십여 명이 대답했다. 모두는 처음 받아 본 질문이었다고 대답했다. 같은 민족이면서 서로 다른 집단(국가)은 Identity가 다르다는 현실을 목격했다. 이 현지답사에서의 느낌, 고찰은 지금까지 종종 발표해왔기 때문에 시간 관계로 생략하지만, 내게는 집단적 정체성을 고찰하는 데 피할 수없는 과제이다.

4. 집단적 정체성과 개인의 정체성의 거리, 내부 갈등

전술한 체험을 통해 조국이란 무엇인가?, 민족이란 무엇인가?를 나름대로 실감했지만, 논리적으로는 좀처럼 전개하지 못하였다. 1965년부터 10년 정도 서라벌예술대학에서 신학기에 집중 강의를 하면서 주말에는 카메라와 녹음기를 짊어지고 한국 각지를 걷고, 한국 각지의 풍토와 사람들을 만나고 대화하면서, 사람과 국토의 온기를 경험하였다. 중요한 지역을 대부분 답사했을 무렵, 언어, 문자와 전통 문화를 공유하는 집단이 민족(한민족)이며, 그 민족이 세운 나라가 대한민국이라고 하며 혼자서 크게 끄덕였다.

어려서부터 부모에게 자기가 조선 사람이라는 것을 배웠고, 민족이나 국가라는 단어를 사전과 백과사전에서 찾아보면 간단하게 나옴에도 그것을 읽어도 느낄 수 없었다. 그 땅과 그곳에 사는 사람들과 만남에서 실감하기 시작한 것은 30대 중반이었다.

그러나 집단(민족이나 국가)의 정체성을 이해할 수 없었다. 같은 민족이 남북으로 나뉘어 두 국가를 만들고, 다른 국가적 정체성의 형성과 확립을 목표로 하고 있는 현실이 나의 생각을 멈추게 한 것이다. 또한 자라고 정착하고 있는 일본의 언어와 전통 문화가 자신의 민족과 자국의 언어와 전통 문화보다도 그 질과 양이 크다는 현실적인 문제가 생각을 혼란스럽게 하여 한 발자국도 나아갈 수 없었다.

이러한 나를 한민족, 한국 사람이라고 할 수 있을까, 한국에 본적지가 있고, 한국어 읽기와 쓰기도 대학에서 강의를 할 정도는 습득하였고, 한국의 역사 유적과 전통 문화 현지답사도 했으며, 역사 문헌도 나름대로 읽고 있어, 그 범위와 양에서는 본국에 있는 동포들의 평균 수준에 못지않다고 자부할 수 있지만, 본국 동포들의 민족적 국가적 정체성을 공유할 수 있을까? 마찬가지로 일본인과 일본의 정체성이라는 것도 대치할 수 있을까라는 의문이 크게 일어났다. 즉 내 속에서 한국과 일본이라는 두 National Identity와 일본에서 태어나고 자라 영주권을 얻고 있는 재일 Korean이라고 불리는 두 Self-Identity의 갈등이 시작되었기 때문이다.

그 때부터 스스로 김양기는 누구인가? 라는 물음이 자신에게 계속됐지만 대답은 좀처럼 발견할 수 없었다. 도쿄의 일본인 동료들과 Erikson의 Identity에 대해 토론하고 있을 때 그들은 "김양기의 Identity형성의 핵심이 한국인, 아니면 일본인?" 라고 나에게 물었다. 국적은 한국이고, 부모는 한국에서 태어난 재일 1세였기 때문에 한국인이라고 하고 싶었지만, 스스로 가 납득할 수 있는 대답은 아직 가지고 있지 않았다고 그때는 대답했다.

1980년대 후반부터 10년간 미국 대학에서 교편을 잡고 있던 재미 한국 동포들이 중심이 되어 운영하던 세계교수아카데미의 국제회의가 열리고 있었다. 나도 구성원으로 있던 운영위원회에서 대부분의 재미동포가 "우리나라, 우리들"이라는 단어를 연발하기에 나는 "여러분의 국적은 어디입니까?"라고 묻자, 순간 잠잠해진 다음에야 "시민권을 가지고 있으니 미국입니다"라고 답했다. 나는 또 "여러분이 우리나라라든지 우리들이라고 하는 것은 미국이 아니라 KOREA의 것이군요." "그렇습니다만" "그것은 습관적인 것이겠지만, 의문이 듭니다." "뭐라구?"

그래서 나는 미국과 한국이 전쟁을 한다고 가정하자, 그 때 당신들은 미국인으로 한국에 총을 겨누겠냐고 질문을 했다. 갑작스런 질문에 잠깐 당황했다가 "미국인이니까 총을 잡을 것"이라고 했다.

2011년 12월 8일은 일본군의 Pearl Harbor공격 70주년이었는데, 개전 후 많은 일본계 미국인이 일본 측을 아군으로 생각하는 것이 아닌지? 의심을 받았다. 그것에 대해서 미국 대통령이 잘못을 사과했지만, 그것은 집단적 정체성이 추궁당한 역사적인 사건이다.

만일 한일 간에 큰 마찰이 생겼을 때 재일 Korean은 어떻게 대응할까, 어떻게 대응해야 한다는 것일까? 납치문제로 일본과 공화국(북한)의 마찰이 높아진 시기, 공화국 지지단체인 조총련과 그 구성원들이 일본 사회에서 냉대를 받았다. 구성원들은 그 때 집단적 정체성, 그들은 주체사상이라고 하지만, 그것을 가지고 있다고 멸시를 받아야 하는 것인가? 그 주체사상은 오늘 개최된 국제회의 주제인 정체성이 Identity에 해당하지만 의미는 전혀 다르다는 것을 지적하고 싶다.

후술하겠지만, 내가 목표로 하는 개인적 정체성, Self-Identity는 민족과 국가를 넘어 한 사람의 인간을 원점으로 하여 확립하는 것이다.

5. 뿌리와 정체성의 형성

부모 세대, 즉 재일 Korean 1세들에게 내가 품고 있는 이러한 문제, 의문을 제기하고 답변을 얻고자 했지만, 이구동성으로 "바보 같은 질문을 하지 말어"라고 꾸지람을 들었다. 1세들의 꿈은 통일되어 귀국하는 것이었다. 그것은 1946년 10월 만들어진 재일본조선거류민단在日本朝鮮居留民団이라는 단체 이름에서도 알 수 있다. 이 단체는 대한민국을 지지하는 현재의 재일 대한민국 민단의 전신이다. 대한민국 수립 후인 1948년 10월 재일본대한민국거류민단在日本大韓民國居留民団로 개칭했지만 임시로 머문다는 "거류"는 계승되었다. 그 단원은 잠시 일본에 머무르는 거류민, 즉 거류지인 일본에 사는 한국인이라고 말할 수 있다.

"거류"에는 해방 직후의 재일 Korean 1세들의 민족사랑이 농축되어 있다. 해방 직후 건국에 큰 꿈을 품고 밀항선으로 많은 재일 Korean이 귀국하였는데, 그 중에 나에게 한글을 가르쳤던 삼촌이 있었고, 아버지는 일본에 남으셨으며, 그 자식인 나는 재일 Korean 2세로 생활하고 있다. 1세의 민족사랑은 민족적인 Identity, 정체성이라고 하기 어렵다. 1세들의 민족애와 조국사랑은 2세대로 옮겨갈 즈음에, 민족과 국가의 집단적 정체성을 형성하는 기초, 기반이 조성 되었다고 나는 생각하고 있다.

거류민단이라는 명칭은 1994년 4월 20일, 주일본대한민국거류민단 제44회 정기 중앙 대회에서 "재일 대한민국 민단"로 개칭되었고, "거류"라는 표현은 삭제됐다. 1948년 성립부터 약 55년 반이라는 세월이 지났다. 개칭 작업은 원활했다. 당시 그것을 취재한 통일일보統一日報 박광춘朴光春 기자는 다음과 같이 말하고 있다.

"개칭 문제는 적어도 '갑자기'는 아니었습니다. 몇 년 전부터 그런 말들이 나오고 있었습니다. 오히려 늦었다는 소리를 많이 들었습니다. 강령이나 규

을 나는 플러스로 전환 시키려고 시도하였다. 그 발상과 용기를 평가하는 문화인류학자와 사회학자의 응원에 힘입어 자신을 실험대상으로 삼아 도전하고 있다. 한국인가 일본인인가를 분명히 하려는 것이 아니라 여러 문화를 공유함으로써 드러나는 발현發現하는 복안사고複眼思考, 객관적으로 생각하고 판단할 수 있는 힘을 갖게 된다고 생각하고 있다.

Marginal-man증후군을 참고로 졸저에서 옮겨본다.[9]

재일 Korean의 이상적인 이중귀족공간에 대한 도표를 졸저에서 옮겨본다.[10]

조국문화의 내실화가 낮으면 A(조국) 공간이 작게 되고, 그와 반비례로 B(일본) 공간이 크게 늘어나게 되어 그 힘의 영향에 의해 밸런스를 잃는다. 밸런스를 유지하려고 하면 할수록 A가 크게 되거나 그와 반대로 축소된다.

B를 축소하는 것은 비합리적이기 때문에 필연적으로 A를 부풀리게 된다. A원이 작을 때는 B원과의 접점이 없고 A와 B간에는 아무런 관계도 일어나지 않으나 A를 크게 하면 A+B와 같은 공간이 생긴다. 그것이 재일 Korean의 공간, 즉 이중귀속공간이다.

또 A공간이 너무 작고 그에 비해 B공간이 크게 되면 밸런스를 잃게 된다. 그러므로 A 공간을 차츰 A'공간과 동등하게 확대시켜야 한다.

A'와 B가 동등한 원으로서 겹쳐 A'+B 공간이 형성되면 밸런스가 잡힌 이상적인 형체가 생긴다. 그 이중귀속공간에서 재일 Korean의 문화가 조성되며 창조된다고 하는 설을 나는 전개하고 있다. 이 공간은 그야말로 在日 Korean의 정체성이 조성되어 형성되는 이중공간이다.

그러나 A와 B의 공간에서 흔들릴 경우 혼자의 고독한 힘으로는 A와 B의 인력引力을 막기가 대단히 힘들어 불안정한 상태에 놓여진다. 거기서

---

9) 졸저 김선생의 인권 이야기-감성을이는 48장(일본어), 아가시서점 2003.6. 74~78쪽.
10) 주 7) 20~22쪽.

후술하는 Marginal-man증후군에 빠지게 된다.

NHK 일본방송협회의 라디오 프로그램에서 복안사고複眼思考를 주제로 출연했다. 나는 돋보기를 쓰지 않으면 신문의 작은 기사는 읽을 수가 없지만, 안경만으로도 읽을 수 있다. 육안에 안경을 쓰고 읽을 수 없던 것을 읽을 수 있듯이 여러 문화를 공유하면, 그때까지 생각도 못했던 것과 공간이 보인다. 그것을 나는 복안사고라고 부른다고 했다. 생방송이 끝나자 마치 스튜디오에 찬성과 격려의 전화가 걸려왔지만, 모두 일본인이었다. 무엇을 육안에 위치시키고 안경에 자리매김할 것인가는 개인마다 다르지만, 한 가지만으로는 복안사고는 성립되지 않는다. 1세는 민족성을 육안으로 도수가 맞지 않는 일본 문화라는 안경을 쓰고 생활해 온 것이다.

2세 이상의 젊은 세대에 조국과 민족문화를 육안으로 삼으라는 것은 물리적으로 쉽지 않다. 즉 일본문화를 육안으로 삼고, 민족문화를 안경에 비유하는 것이 이해하기 쉽다고 나는 생각하고 있다. 나는 생활 체험으로 얻은 일본문화도 지적경험에서 얻은 민족문화의 양쪽을 육안과 안경으로 여길 수 있게 되었다.

Maginal-man 증후군

(1) 조국인 한국과 정주지인 일본의 중간사이에서 양쪽의 파워에 흔들려 정신분열작용이 일어난다.

(2) 조국과 정주지의 영향을 거부하려고 하면 할수록 자의식 과잉작용이 일어난다. 예컨대 술에 취한 사람이 길 한 가운데를 걸어가려고 해도 걸어갈 수 없는 상태와 유사한 현상이다.

(3) 사회적 차별을 피하는 수단으로서 조국을 감추는 마치 도망자 같은 생활 속에서는 항상 불안감이 조성된다. 예컨대 통칭명으로 사용하여 조국을 감추고 일본의 초·중학교에 다니는 재일 Korean 자녀들은 통칭명이 실명이 아니라고 밝혀지는 그 순간을 우려하고 불안 해하며 살고 있다.

(4) 이러한 환경 속에 있으면 감수성이 예민해지고 과잉반응을 하게 되는 경우가 많아지고 사람들과의 접촉을 피하려고 하는 현상이 나타나게 된다.

(5) 그 다음에는 자조적이고 빈정거리면서 자기 존재를 과시하는 현상이 일어나기 쉽다. 남에 의한 것만 아니라 자학적인 행위 현상이 나타나 과잉적인 자기 방어(Apeal) 행위가 일어나기 쉽다.

(6) 이러한 과정을 밟아 가면 개성의 약화만 아니라 자신(自信)을 잃어가며 나아가서 자기 존재마저 상실하는 길을 걸어가게 된다. 심할 경우 자살을 선택하기 쉽다.

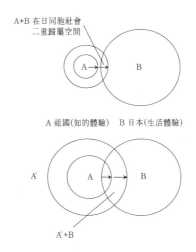

7. 집단적 정체성과 개인적인 정체성의 갈등을 넘어

민족과 국가, 즉 집단적 정체성과 개인적인 정체성의 공존, 공생은 어떻게 얻는가라는 큰 문제가 있다. 그것은 살고 있는 지역이 국내인가 국외인가에 따라 큰 차이가 난다. 자국 내에 있는 경우에는 국가를 일부러 의식하지 않아도 생활에 지장을 주지 않는다.

재일 Korean은 일본에 살고 있기 때문에 일본의 정치와 사회 환경에 민감하다. 선거권이 없는 재일 Korean에 대해서는 나라의 존엄과 나라의 움직임에 영향을 주는 입장에 없기 때문에 그만큼 거리를 두지 않을 수 없다. 일본의 변화·변용이 자신들에게 어떤 영향을 미치는지에 대해 관심이 집중된다. 조국 한국은 국적 조항을 제외하면 대동소이하지만, 같은 민족끼리라는 민족적 정체성이 깊게 관련되어 있다. 민족적 정체성의 미형성 단계에서는 조국·한국의 문제는 개인 정체성에 강한 자극을 줄 수 있을 것이다. 이 상관관계는 나의 연구 과제이기도 하다.

2008년 일본 총무성總務省이 주관하는 "외국인 대장제도台帳制度에 관한 제3회 간담회"에 초청 받아 의견을 말했다. 이것은 일본에 살고 있는 외국인의 원활한 관리체제를 만드는 것을 목적으로 하고 있었다. 재일 Korean에서 초대받은 사람은 나 혼자였기 때문에 그 일부를 보고 드리고 싶다.[11]

간담회에서 나는 목표로 하고 있는 이 법에서 "오십 년 후 일본을 바라보는 미래 지향적인 제도 만들기를 기대한다.", "시대는 한 민족 한 국가 시대는 끝나고, 민족 다문화 사회로 들어서고 있다. ~ 중략 ~ 여러 문화를 공유하는 것으로 생겨나는 복안사고複眼思考를 육성하는 것은 필수"이다. 그리고 "국적 조항을 제외하고는 일본의 주민등록과 동일한 것을 기대한다."고 말했다.

간담회 심의를 통해서 당초 목표로 했던 외국인등록제도는 만들지 않고 "주민등록 일부 수정안"을 의회에 제출하여 채택되어 2013년 4월경부터는 그 법률이 실시될 전망이다. 그 간담회에서 재일 Korean인 나는 재일 Korean이 일반적으로 사용하고 있는 통칭명 이름을 어떻게 생각하느냐는 질문을 받았다. "통칭명은 식민지시대의 창씨개명이 가져온 부정적인 유산이며, 세계에서도 재일 Korean 이외는 사용하지 않는 잘못된 마이너

---

11) 일본총무성, "외국인 대장제도에 관한 간담회(3회) 의사순서" 2008.6.16.

스 역사유산이다. 전후 일본 사회의 차별을 피하기 위해 사용하는 동안에 편리해서 사용하는 것처럼 되었다."라고 대답하자 "사용할 수 없게 되는 재일 Korean 들은 곤란하지 않겠습니까"라는 질문을 받았다. "통칭명이라는 부정적인 마이너스 유산은 재일 Korean만으로는 청산할 수 없다. 일본 정부, 한국정부와 재일 Korean이 협력하지 않으면 없앨 수 없다. 새로운 법 제도가 실시 될 때까지 2~3년이 있으니 그 동안 사회 환경을 정비하고 마이너스 유산을 청산해야 한다."고 답했다. 그러나 그 작업은 일본정부나 재일 Korean 사회에서는 아무런 반응도 보이지 않았다.

일본의 주민등록법 중에는 통칭명에 대한 항목이 없기 때문에, 이 법률이 시행되면 일본의 행정 기관에서 공식적으로 인정되어 온 통칭명은 인정되지 않을 것이다. 공적으로 인정되지 않는 통칭명에 대해서 재일 Korean은 어떻게 대응할 것인가? 중요하고 긴급한 과제이다.

통칭명 문제를 정리하여 재일 Korean이 본명으로 당당하게 살 수 있는 시대의 도래는 집단적 정체성과 개인적인 정체성의 갈등의 끝을 말하는 시대이기도 하다. 나는 그렇게 믿고 싶다. 나는 일본의 의무교육과정인 초등학교와 중학교의 특별도덕이라는 수업에서 사회인 활용 비상근 강사로 초청되어 강의를 했다. 도덕 수업은 기본적으로 훌륭한 일본인, 일본인의 Self-Identity 형성을 목표로 하고 있는 수업이다. 거기에 재일 Korean이 초대되는 시대로 접어들고 있는 것도 수는 적지만 확실한 사실이다.

나는 집단적인 Identity를 배우고 자각하면서 한 사람의 인간을 원점으로 하여 Self-Identity를 확립하려는 소망이 있지만, 재일 Korean의 집단적인 정체성과 개인적인 정체성의 형성과 확립의 철학 및 방법을 이러한 국제회의에서 진지하게 토론할 수 있는 것을 기뻐하며 매우 큰 기대를 하고 있다.

지구촌의 한민족과 한민족공동체 운동

정 영 훈(한국학중앙연구원 교수)

1. 머리말

이 논문은 21세기에 접어들면서 전체 한민족 차원의 새로운 민족운동으로 부각되고 있는 한민족공동체운동에 대해 살핀 것이다. 한민족공동체란, 지구촌의 8000만 한민족 성원들이 같은 민족으로의 동질성에 기반하여 결속하고 상부상조하면서 공동의 발전을 도모해가는 것을 상정한 가상의 공동체를 말하며, 한민족공동체운동이라 할 때는 그같은 공동체를 형성하기 위하여 민족 내부의 여러 주체들이 전개하고 모색하는 활동들을 가리킨다.

한민족공동체운동은 원칙적으로는 민족적 동질성과 민족의식에 기초하여 한민족 성원들을 공동체로 결속시키고자 하는 실천운동 전반을 가리키는 말이라 할 수 있을 것이다. 그러나 이 운동은 그가 추구하는 결속의 지역적 범위에 따라 3개의 수준을 상정할 수 있을 것이다. 첫 번째 것은 특정 국가 안에서 지역단위로 추진되는 민족공동체이다. 좁게는 시·군이나 그보다 작은 지역범위의 민족공동체에서부터, 넓게는 특정 국가안의 한민족성원 전체를 통합한 민족공동체까지를 이 범주에 포함시킬 수 있다. 지역범위가 클수록 일상적 대면관계에 기초한 공동체가 아닌 민족적 공속의식에 기반한 연대-협조기구로의 성격이 강해질 것이다. 이런 유형의 공동체는 특히 한반도 바깥으로 이주한 재외한인사회에서 찾아진다. 재외한인사회를 두고 보면, 시나 군 수준의 소지역 범위의 민족공동체가 '○○지역한인회' 같은 이름으로 구성되어 있고, 그들 지역단위 공동체들을 국가 전체 차원에서 연대시키는 국가단위 한인회들이 조직되어 있다. 물론 직능이나 다른 공통분모들을 중심으로 해서도 공동체가 조직되고, 그들이 소지역단위 기구에서 다시 전국단위 조직으로 확대돼가는 형태도 있을 수 있다.

두 번째 것은 단일 국가를 넘어 초국가적 범위에서 움직이는 공동체이다. 전세계의 지역별(국가별) 한인회를 통합하거나 직능별로 연결시켜주는 기구들은 이 범주에 포함된다. 21세기에 들어 한인회지도자·기업인·언론인·과학자·정치인 등 직능별·분야별 공동체들이 탈냉전·정보화·세계화의 진전과 함께 급속히 활성화되고 있다. 이 두 번째 범주의 민족공동체는 다시, 한국사회와 재외동포를 연결하는 경우와, 북한사회와 재외동포를 연결짓는 경우, 재외동포사회들끼리의 연결을 모색하는 경우, 남북한과 재외동포사회 모두를 통합대상으로 삼고있는 경우 등 네가지 유형으로 구분할 수 있을 것이다. 세 번째의 범주로 들 것은 남북한을 통합하는 한반도 차원의 민족공동체이다. 주지하다시피 남북한에 존재하는 두 체제 두 정권의 대립을 넘어서서 민족적 통일을 추구하는 여러 시도들이 있어왔고, 1988년에 한국정부는 한민족공동체통일방안이라는 이름의 통일방안을 제기하기도 하였었다. 그러나 남북한 범위의 민족공동체 형성과제는 여러 수준의 왜곡구조와 제약요인들 속에 갇혀서 지체되고 있는 실정이다.

오늘날 한민족공동체운동은 근대세계를 구획지은 대표적인 경계선인 국경과 국적을 넘나들면서 진행되고 있다. 다양한 나라에 살고있는 다국적의 한인들이 한민족이라는 동질성에 기초하여 연대하고 있는 것이다. 오늘날 탈냉전·정보화·세계화가 진전되면서 국민국가의 국경들이 낮아지고 있고 전체인류가 지구촌의 주민으로서 공동으로 해결해야 할 과제들이 증대되는 것도 사실이지만, 그러나 지구촌 도처에서는 그동안 주권국가의 담장과 진영의 경계선안에 갇혀있던 민족이 부활하는 현상들이 뚜렷해지고 있다. 소련과 유고연방이 붕괴되어 민족단위로 분할된 것이나, 민족적 동질성에 기초하여 국경을 넘어 연대하는 현상들이 증가하고 있는 것 등이 그 예이다. 한민족공동체도 이런 배경 밑에서 지금 활성화되고 있는 중이다. 그러나 한민족공동체운동이 국적이나 거주지, 종교나 정파, 각종의 이해관계와 관심사, 그리고 남한과 북한 등과 같은 정체성의 경계들을 뛰어넘어서 전체 한민족성원들을 결합시키는 동력으로 기능할 수 있을지는 아직 미지수이고 실험중이라 할 수 있다.

　앞서 말한 세 수준의 민족공동체는 각각의 특수환경들에 둘러싸여 있으므로 한자리에서 논의하기 어려운 측면이 있다. 현재까지의 동향을 간추리면, 한민족공동체운동은 첫 번째 국면의 공동체운동들이 두 번째 국면의 공동체운동으로 확산되어가고 있는 중이라 진단할 수 있다. 그리고 두 번째 범주의 운동들 중에서도, 특히 남한과 재외동포사회의 결합 및 재외동포사회 사이의 네트워킹이 활성화되어가고 있는 중이다. 북한주민은 한민족공동체의 주요 당사자이지만 체제의 폐쇄성과 침체로 인하여 아직 민족공동체 형성에 참여하거나 기여하지 못하는 상태이고, 앞으로도 상당기간 그런 상황이 지속될 것으로 예상된다. 세 번째 수준의 남북통일 문제는 한민족공동체 과제의 중요한 일부이기는 하지만, 정권의 이해관계에 휘둘리면서 때때로 한민족공동체를 파괴하는 방향으로 전개되는 등 파행성이 존재하므로, 별개의 특수주제로 다루어져야할 필요가 있다. 첫 번째 수준의 공동체도 동일공간 위에서 직접적 대면관계에 기초하는 특징이 있으므로 두 번째나 세 번째의 공동체와 그 공동체의 형성기반과 기능에서 차이가 난다. 이 논문에서는 이들 세 수준의 공동체 중에서 특히 두 번째 수준의 한민족공동체에 초점 맞추어 논의를 진행한다. 그리고 그중에서도 한국과 재외동포사회를 결합하는 공동체운동에 촛점 맞추어 논의를 진행할 것이다. 이 측면은 글로벌시대 한민족공동체운동 중에서 가장 활기를 띠고있는 부문으로서 다른 방면의 한민족공동체운동을 선도하고 있다고 말할 수 있을 것이다. 세 번째 범주의 남북통일문제는 이들 두 번째 국면의 공동체운동이 성과를 거두며 확산되어감에 따라 촉진될 수 있을 것으로 기대되거니와, 이들 여타 측면의 민족공동체에 대해서는 다른 자리에서 다루고자 한다.

논문에서 살피고자 하는 것은 다음의 3가지이다. (1) 먼저 한민족이 지구촌 곳곳으로 진출하면서 8000만 명에 이르는 규모로 발전한 과정과 세계적으로 산재되어 있는 분포상황을 살필 것이다. (2) 한민족공동체 운동이 전개되는 양상과 현황을, 한국과 재외동포사회를 중심으로 전개되고 있는 운동에 초점맞추어 살필 것이다. (3) 20세기 말 이후에 와서 한민족공동체운동이 새롭게 활성화되고 있는 배경을 살피고, 그가 가지는 특징과 의의도 정리할 것이다.[1]

2. 지구촌의 한민족

오늘날 지구촌에 살고있는 한민족의 숫자는 모두 8000만 명 정도로 추

---

1) 이 논문은 필자가 기왕에 발표한 아래와 같은 논문들에서 개진한 내용들을 학술회의의 취지에 맞게 재구성하고 최근의 자료들을 추가하여 보완한 것임을 밝혀둔다. 정영훈, 「한민족공동체의 이상과 과제」 『근현대사강좌』 13집, 한국현대사연구회, 2002 ; 「민족통일운동의 제4국면」 『단군학연구』 13호, 단군학회, 2005 ; 「지구촌의 한민족 : 디아스포라역사와 한민족공동체운동」 『한민족연구』 4호, 한민족학회, 2007 ; 「한민족공동체 과제와 민족교육」 『한민족연구』 6호, 2008 ; 「민족정체성, 그리고 한민족의 민족정체성」 『한민족연구』 9호, 2010.

산된다. 지구촌의 인구를 70억 명으로 보면 전체 인류의 1.1%를 넘는 규모이다. 그 8000만 명 중 한반도 안에 거주하는 인구는 모두 7300만여 명이고, 한반도 바깥에 사는 인구(재외동포)는 720만 명정도(9.1%)이다. 한반도 안에 거주하는 인구는 다시 남한지역 거주자를 4900만 명, 북한지역 거주자를 2400만 명으로 각각 간추릴 수 있다.[2] 남한 거주 인구를 다시 지역별로 보면 (2010년 기준), 서울·경기·인천 등 수도권이 2497만 명 (52%), 영남이 1320만 명(28%), 호남이 525만 명(11%), 충청이 517만 명 (11%), 강원 153만, 제주가 58만 명 순이다. 북한의 경우는 평안남도 405만 명, 평양 326만 명, 함경남도 306만 명, 평안북도 273만 명, 함경북도 233만 명, 황해남도 231만 명, 황해북도 211만 명, 강원도 148만 명, 자강도 130만 명, 양강도 72만 명 등의 순인데, 이를 다시 동서해안으로 나누어보면, 평양과 평안남북도 등 서해안지역에 43%가, 함경남북도 등 동해안지역에 23%가, 양강도·자강도 등 산간내륙에 9%가 각각 거주하고 있는 것으로 파악된다.[3]

한민족의 절대숫자는 한말이후 지속적으로 증가되어 왔다. 인구의 증

---

2) 유엔인구기금(UNFPA)이 발간한 <2011 세계 인구현황 보고서>에서는 2011년 7월을 기준으로 하여 남한인구를 4840만 명, 북한인구를 2천4백 50만 명으로 추산하였다. 남북한 인구를 합하면 7290만 명인데, 이는 국가별 순위로 보면 세계 19위에 해당한다. (http://www.nocutnews.co.kr/Show.asp?IDX=1961601, 2011.12.12검색) 인구통계는 자료마다 크게 다른데, 한국 통계청의 [KOSIS 한국의 주요지표]에서는 2011년 7월1일자 인구를 4977만9천명으로 추계하고 있다. 이 통계는 인구주택총조사 결과를 기초로 하여 출생·사망·국제이동 등 인구변동요인을 반영하여 추산한 것이며, 추산인구수에는 외국인 등록인구(2010기준 92만 명)도 포함되어 있다. (http://kostat.go.kr/portal/korea/index.action, 2011.12.12검색)

3) 김두섭 외, 『북한인구와 인구센서스』, 통계청, 2011, 161-166쪽 참조. 이 책에서는 2008년 10월 현재의 북한인구를 2405만 명으로 추정하고 있는데, 10개 시도 거주인구가 2335만 명, 군인 등 특수지역인구가 70만여 명이다. 책에서는 또, 2010년의 북한인구를 2419만 명으로 추산하고 있다.

가상황을 시대별로 보면, 1910년경 1,330만 명이던 것이 해방직후인 1945
년에는 그 곱절에 가까운 2600만 명으로 늘어났다. 인구증가 추세는 해방
후에도 꾸준히 지속되는데, 남한의 경우만 두고 보아도, 1945년 광복직후
에 1600만 명 정도이던 것이 1960년에 2500만 명을, 1968년에 3천만 명을,
1975년에는 3500만 명을, 1983년에는 4천만 명을, 1999년에는 4500만 명
을 각각 돌파하게 되면서 오늘날(4900만 명)에 이르게 되었다. 물론 인구
증가가 계속될 것으로는 보이지 않는데, 가령 80년대 이후 뚜렷해진 인구
증가율 저하현상 때문에 남한의 인구는 2030년경 5216만 명으로 정점을
찍은 뒤 감소하기 시작할 것이라 예측되고 있다.[4] 이같은 인구증가율 감소
현상은 북한지역도 정도차이는 있지만 유사한 것으로 파악되고 있다.[5]

　한반도 밖으로 나가서 살고있는 한민족의 수도 계속 증가해왔다. 한민
족이 고향을 떠나 지구촌 곳곳으로 이주하게 된 과정은 파란많은 한국 근
현대사를 반영한다 할 수 있다. 한말 이전의 민족이산 역사는 제쳐두고 근
대의 이민사만 살피자면, 근대적 의미의 이민사는 1850년대부터 생활난에
긴 한인들이 연해주 및 간도방면으로 이주하면서부터 시작되었다. 1910
년 한일합방 무렵의 시점에는 간도 22만 명, 연해주 5만4천명, 하와이 6천

---

4) [이민으로 인구유지하기], <조선일보> 만물상 2011.12.8일자. 이 기사에서
   는 인구의 고령화와 저출산 현상이 심화되면서 생기는 노동력 부족을 해결
   하려면 2050년까지 1159만 명의 이민자를 받아들여야 한다는 한 연구소
   의 보고서를 소개하고 있다.(http://news.chosun.com/site/data/html_dir/2011/
   12/08/2011120802907.html, 2011.12.12 검색)
5) 위에 든 통계청 자료 (김두섭 외, 『북한인구와 인구센서스』, 332쪽)에서는,
   북한의 인구는 현재와 같은 인구증가율 하락세가 지속된다면 2037년에
   2654만 명을 최고점을 찍고 감소할 것으로 예상하고 있다. 그리고 이같은
   남북한의 인구변동추세를 종합해보면 지구촌 한민족의 인구는 2030년대
   중반쯤에 남한에 5200만 명, 북한에 2650만 명, 재외동포 1000만 명 등
   총 8800만여 명을 최고점으로 찍은 후 점차 감소할 것이라는 전망을 내릴
   수 있을 것이다.

명, 미국본토와 멕시코·일본 등지에 각각 1천명정도씩 등 총 30만 명정도
가 한반도 밖에서 살고있었을 것으로 추정된다. 식민지시대를 통해서는
일제의 수탈로 인해 유민화된 사람들이나 독립운동을 하기 위해 해외로
나간 사람들, 그리고 일제의 징용이나 만주이주정책 등으로 한반도 밖으
로 이주돼간 사람들 등 여러 이유로 해외 거주자가 급증하였다. 이 시기
에 자의적·타의적으로 고향을 떠나 해외에 거주하게 된 한민족의 수는
1945년 해방직전을 기준해서 보면, 중국지역 216만 명, 일본지역 210만
명, 러시아지역 25만 명, 미주 등 기타지역 1만 명 등 총 450만 명 안팎으
로 늘어나 있었다.

　해방과 함께 250만 명 정도의 해외거주 한인이 모국으로 귀환한 것으
로 보인다. 그러나 200만 명 정도는 이러저러한 사정속에 귀국하지 못하
고 현지에 잔류하여 재외동포가 되었다. 해방 후에는 특히 1962년 이민법
이 제정된 뒤부터 해외이주가 증가하기 시작하였다. 특히 남미와 미국 등
지로의 이민이 늘었으며, 90년대 초까지 30여 년간 150만 명의 한민족이
해외로 이주하였다. 국제적으로 냉전이 완화되고 한국이 소련 및 중국과
국교를 맺은 사건은 한민족공동체의 역사에서 중요한 전기가 되었다. 소
련과 중국에 거주하는 동포가 남한과 연결되면서 한민족공동체의 외연이
확대되었던 것이다. 공산권이 붕괴되고 한소수교가 체결된 1991년 무렵을
기준해서 해외에 거주하는 한민족의 숫자를 보면, 중국에 192만 명, 미국
에 80만 명, 일본에 67만 명, 소련에 50만 명 등 총 483만 명에 달한 것으
로 추산된다.

　이후에도 해외이주는 계속되었는데, 2011년을 기준으로 보면 한반도
밖에서 살고있는 한민족의 숫자는 모두 727만 명인 것으로 파악되고 있
다. 이들 재외한인을 다시 지역별로 보면, 중국 270만, 일본 90만 등 아주
지역에 406만 명, 미국 218만, 캐나다 23만 등 미주에 252만 명, 독립국가
연합 53만 등 유럽에 66만이 각각 거주하고 있는 것으로 나타났다. 신분

별로는 거주국의 시민권자가 447만 명, 영주권자가 115만 명, 유학생 등 장기체류자가 165만 명씩이다.[6] 최근에 와서는 거주국의 정치·경제상황 등이 악화되면서 모국으로 돌아오는 역이민 사례가 늘고 있지만, 그러나 최근의 해외거주자 증가동향을 감안하면 2020년경에는 한반도 밖에 사는 한민족 수가 1000만 명에 근접할 것이라는 전망이 가능할 것 같다. 한민족의 해외 거주현황에서 찾아지는 가장 중요한 특징은 거주국가 수가 176개국에 달할 정도로 다양하다는 점과, 미국과 중국·일본·러시아 등 세계 주요국가에 많은 인구가 살고 있다는 점이다. 또 절대수에서는, 이탈리아(6천만 명)나 중국(2500만 명), 이스라엘(1800만 명), 우크라이나(2000만 명), 레바논(1200만 명) 등 근대사에서 인구유출이 많았던 나라들과 비교할 때 뒤지지만, 그러나 한국보다 인구가 많은 일본 같은 나라도 260만 명에 불과함을 보면 결코 작은 규모가 아님을 알 수 있다.[7]

이들 지구촌 곳곳에 살고있는 한민족의 삶의 모습이나 처하고 있는 환경은 매우 다양하다고 할 수 있다. 우선 국적이 다르고, 사는 지역이 다르며, 종교도 다르다. 정치적 입장이나 경제적 여건이 다르며, 직업은 물론 성씨나 가계배경도 다르다. 고향(한반도)에서 떠난 시기와 동기가 다르고, 거주국에서 정착한 기간과 과정이 다르며, 현지화 또는 동화의 정도도 제각각이다. 세대간의 차이도 크고, 한민족 특유의 의식주문화를 유지하고

---

6) http://www.korean.net/portal/PortalView.do, 2011.12.12 검색. 국가별로 보면, 중국과 미국이 100만 명 이상 거주국이고, 일본, 캐나다, 러시아(21만8천), 우즈베키스탄(17만4천), 오스트레일리아(13만2천), 카자흐스탄(10만7천) 등이 10만 명 이상 거주국가이며, 필리핀(9만7천) 베트남(8만4천) 브라질(5만1천) 등이 5만 명 이상 거주국가, 그리고 영국·인도네시아·독일·뉴질랜드·아르헨티나·키르기즈스탄·태국·싱가폴·말레이시아·우크라이나·과테말라·프랑스·멕시코 등이 1만 명 이상 거주국가이다.

7) 각국의 재외동포 규모는 이광규, 『재외동포』, 서울대출판부, 2001 ; 이종훈, 『주요 국정지표에 기초한 재외동포정책 추진방향과 재외동포재단 중장기 사업계획』, 재외동포재단, 1999 등 참조.

있는 정도가 다르다. 개중에는 모국어(한국어)에 서투르거나 상실한 경우도 적지않고, 심지어는 다른 민족과 결혼하였거나 이미 혼혈상태인 경우도 존재한다. 사안에 따라서는 서로 간의 이해관계가 다를 수 있고, 민족이나 동포 또는 조국에 대한 생각에서도 차이가 난다.

그러나 이들 사이에는 공통점도 존재한다. 곧, 같은 민족이라는 점이다. 그리고 이 '같은 민족'이라는 공통점은 이해관계나 사상적·문화적·정치적·경제적 차이 및 대립을 뛰어넘게 하는 동인이 될 수 있다. 물론 그것은 강제력이 없는 정서적-윤리적 기제일 수밖에 없다. 그러나 그같은 정서적-윤리적 요인은 개개인의 욕망과 욕구를 자제시키고 동포를 위해 헌신하게 하며, 나아가 현실세계의 갈등과 대립을 조정하여 화합과 결속으로 나아가게 하는 지렛대가 될 수 있다. 이와 관련하여 일찍이 백범 김구는 "철학도 변하고 정치 경제의 학설도 일시적이지만 민족의 혈통은 영원하다"고 강조하면서 "소위 좌우익이란 것도 결국 영원한 혈통의 바다에 일어나는 일시적인 풍파에 불과하다"고 단언했었다.[8] 김구가 개진한 바와 같은 견해를 확장시킨다면, 민족의식은 민족 성원 개개인들을 그 내부에 존재하는 차이점과 이기적 욕구들을 뛰어넘어서 단결하게 하고, 동포애에 기반하여 상부상조하며 하나의 공동체로 나아가게 하는 동력이 될 수도 있을 것이다.

일제 침략기를 통하여 해외에 형성된 한인사회는 독립운동과 밀접히 연결되었고, 투쟁에 필요한 인적·물적 자원을 공급하는 지원기지가 되었다. 일제의 식민지무력의 탄압속에 국내에서는 효과적인 독립운동이 불가능해진 조건 속에서, 독립운동의 중심은 해외로 이전할 수 밖에 없었다. 해외에 형성된 한인사회는 자연스럽게 민족운동의 지지기반이 되었다. 해외의 한인사회를 기반한 민족운동이 활성화됨에 따라 일본점령하의 한인사회에 대해서는 각종의 박해사건이 일어났으며, 그로 인하여 많은 사람이 희생되기

---

8) 김구, 「나의 소원」 『백범일지』, 서문당, 1973, 317쪽.

도 하였다.[9] 주류사회의 탄압도 거듭되었다. 거주국의 정부나 주류사회는 한인들이 자기들의 이익을 위협할 때는 가혹한 탄압을 불사하였다.[10]

  그러나 그런 와중에서도 해외 각지의 한민족을 결속시키고자 하는 운동들이 일어났고, 어려운 동포를 돕기위해 민족애를 발휘한 사례들도 빈발하였다. 1910년 미국 샌프란시스코에서 설립된 대한인국민회는 해외민족사회를 연결시킨 통합조직 건설을 추구한 선구적 사례로서, 근대적 의미의 한민족공동체운동의 시발점이라 할 수 있다.[11] 그리고 1919년 상해

---

9) 우선 일제의 독립운동탄압정책의 결과로서 생겨난 대표적인 학살사건으로는, 1920년 청산리싸움 패배 이후 그 보복차원에서 간도지역의 한인 1만여 명을 살상했던 경신참변이나, 같은 해 블라디보스톡의 신한촌에 일본군이 진입하여 한인 1000여 명을 살상한 신한촌사건, 만주 대륙침략을 본격화한 일본군이 항일거점인 조선족마을을 습격하여 3000여명을 살상한 해란강참변(1932-33) 등을 들 수 있다.

10) 1923년 발생한 일본 관동지역에서의 조선인 학살사건과 1937년에 일어난 연해주 한인 중앙아시아 강제이주사건을 대표적 사례로 들 수 있다. 전자는 1923년 동경대지진 때 일제가 자국내 사회불안을 가라앉히기 위해 조선인을 음해하는 루머를 퍼뜨려서 희생양으로 삼은 사건이다. 일본 관동지역 일대에 거주하던 한인 6천여명이 학살되었다. 후자는 1937년 소련의 스탈린 정부가 연해주에 이주해 살고있는 한인들이 극동의 불안요인이 될 것을 우려하여 연해주의 한인 18만 명 전체를 중앙아시아지역으로 이주시킨 사건이다. 불과 3-4개월의 짧은 기간 안에 이루어진 이 강제이주 와중에서 1만 명 이상의 인원이 기아와 추위 및 질병으로 사망하였고, 지도급 인사 2,500여 명도 반역혐의로 처형된 것으로 알려진다. 일제는 중국을 침략하는 과정에서 한인과 중국인의 갈등을 의도적으로 조장하여 한인의 피해를 야기하기도 하였다.

11) 1908년 장인환·전명운 두 의사의 친일 미국인 스티븐스 저격사건을 계기로, 미주와 하와이지역의 한인단체들이 통합되어 1910년 결성하였다. 대한인국민회는 해외 한인을 총망라한 단체를 지향하여 미주·하와이·멕시코·시베리아·만주 등 각지에 지방총회를 설립하였다. 1912년에 각 지방총회의 대표자회의를 소집하여 샌프란시스코에 대한인국민회 중앙총회를 설치하고 재외한국인의 권익을 대변하는 최고기관으로 활동하였다. 기관지로 『신한민보』를 발간하여 국내외에 배포함으로써 항일의식을 고취하고

에서 설립된 대한민국임시정부도 해외 각지의 한인사회를 통합하여 민족
적 네트워크를 구축하였던 만큼 한민족공동체운동의 역사속에서 평가해
주어야 한다. 특히 재외동포를 대한민국의 국민으로 간주하여 그들의 경
제력과 문화력을 증진시키는 것을 임정의 행정목표로 삼고 그들 재외동포
의 납세로 임정의 재정적 기초를 확보하고자 하였던 안창호의 구상은[12]
한민족공동체 아이디어의 한 선구적 사례로 주목할 필요가 있을 것이다.

해외에 살고있는 동포들끼리 또는 국내외 동포들 간에 동포애를 발휘
하여 서로 돕는 운동들도 일어났다. 1905년에 전개된 멕시코 유카탄 한인
구출운동은 그 첫 사례로 들 수 있다.[13] 1914년에 흉년으로 서간도의 동
포들이 고생하고 있다는 것을 알게된 미주의 동포들이 <신한민보>의 주
도하에 서간도동포를 돕는 운동을 전개한 것이나, 1923년에 일본 관동대
지진 때 조선인에 대한 대학살사건이 일어나자 국내의 언론과 사회단체들
이 나서서 조사단을 파견하고 돕기 운동을 전개했던 일 등도 한민족공동
체의식의 발현사례로 들 수 있다. 또 1931년 만보산사건 때 만주지역 동

독립운동을 주도하였다.
12) 안병욱 외, 『안창호평전』, 청포도, 2004, 173-174쪽 참조. 대한민국임시정
부는 국내에서는 연통제라는 이름하에 조직망을 구축하려 하였고, 해외
각지에는 거류민단(교민단)을 조직하여 동포를 통합하고자 하였다. 대한민
국임시정부가 제정한 [대한민국임시정부헌법] (1919.9.11) 제20조에서는
임시의정원의 의원구성에 대해 정하고 있는데, 동조항에 의하면 경기·충
청·경상·전라·함경·평안도와 중국령 교민 러시아령 교민들에게 각각 6인
씩, 강원·황해도와 미주교민에게 각각 3인씩의 의원을 배정한다고 되어있
다. 전체 의정원 의원총수 57명중 15명이 재외동포에게 배정된 셈이다.
13) 1905년 멕시코 유카탄지역 농장으로 이주한 1천여 한인들은 실제로는 이
민사기에 걸려 노예같은 처우 속에 시달려야 했다. 이같은 멕시코 이주민
들의 참상이 1905년 7월29일자 황성신문을 통하여 알려지자 전국이 분노
여론으로 들끓게 된다. 이에 정부도 진상조사단을 파견하는 등 대책수립
에 나서고, 상동교회도 독자적인 진상조사단 파견을 추진하였는데, 그러나
민관의 이런 노력들은 일본의 비협조와 외교력의 한계로 모두 실패하였다.

포들이 현지인들의 테러에 직면하자 국내외에서 전개된 돕기운동도, 일제의 이간책동에 휘말려서 중국인배척움직임으로 전개되는 등 부정적 현상이 수반되기도 하였지만, 한민족의 민족공동체의식의 발현이라는 측면을 수반하고 있었다. 20세기 말부터 본격화하고 있는 한민족공동체운동은 이런 앞 시기의 민족운동들을 계승한 것이라 하겠다.

3. 한민족공동체 운동의 현황

한민족공동체란 지구촌의 한민족이 동포의식을 토대로 결속하여 공동번영을 위해 상호협조하는 하나의 응집된 연결망으로 발전하는 것을 상정한 하나의 가상공동체이다. 그것은 현실 속에 실재하고 있는 실체를 가리키는 말이라기보다, 미래에 추구해가고자 하는 일종의 비전이자 설계도에 해당하는 말이라 할 수 있다. 그것은 민족의 자주독립과 통일·번영을 추구한 앞 시기 민족운동의 연장선 상에서 출현한 21세기형의 민족운동이다.

일제통치시기와 냉전시대를 통하여 민족적 통일운동으로의 한민족공동체운동은 억압되었고 활성화되지 못하였었다. 일제는 한민족의 민족적 각성과 결속을 방해하였고, 해외로 떠돌면서 독립운동에 매진해야 하였던 처지에 한민족공동체 건설 같은 과제는 진전되기 어려웠다. 냉전시대를 통해서도 민족적 결속과 통합의 과제는 진영과 정권의 입장에 따라 제약되었으며, 민족적 결속을 지향하는 한민족공동체 이념은 억압되었다. 그러나 한민족 전체가 하나의 문화단위·경제단위·생존단위·발전단위가 되어야 한다는 문제의식과 민족적 차원에서 서로 돕고 협조해야 한다는 관념은 계속하여 살아있었다. 그리고 그같은 문제의식과 관념은 탈냉전·세계화·정보화라는 새로운 세계질서와 환경에 부응하여 한민족공동체라는 이름하에 한민족의 새로운 생존·발전모델로써 떠오르고 있는 중이다.[14]

오늘날 세계 각지의 한민족사회에서는 다양한 주체들이 한민족공동체 형성을 추구하면서 다양한 활동을 전개하고 있다. 그것은 일단 해외로 나가 살고있는 동포들이 거주지역 단위로 결속하여 서로 상부상조하는 공동체를 조직하는 것으로부터 시작되었다. 지역단위의 공동체는 국가단위로 그 연결망을 확대하였고, 그는 다시 거주국가를 넘어서 모국과 연대하고 다른 동포사회와 소통하는 네트워크로 발전하고 있다.[15] 모국(한국)정부 역시 그같은 움직임들을 지원하고 나섰다. 이런 운동이 추구하는 목표는 한민족공영체나 한민족네트워크 같은 말로 불리다가 한민족공동체라는 용어로 정리되는 추세인 것 같다.

한민족이 거주하는 곳에서는 어느 곳이나 한인공동체가 결성되어 서로의 친목을 다지고 교류와 협력을 도모하기 마련이다. 소지역 단위의 공동체를 망라한 국가별 공동체들은 1980년대 후반에 들면서 개별 국경을 넘어선 연결망으로 발전해갔다. 특히 1988년에 개최된 서울올림픽은 민족적 정체성과 자긍심을 고취시키는 계기가 되었다. 1989년부터는 재외동포단체들의 주관 하에 세계한민족대회가 개최되어 동포사회지도자들이 서로 교류하고 결속하는 장이 되었다. 경제인·기업가들이 모이는 행사도 한상대회나 경제공동체대회 등의 이름하에 빈번하게 개최되고 있으며, 언론인·과학자·예술가·정치인 등을 대상으로 한 전문분야별 교류협력조직도

---

14) 성경륭교수도 「한민족네트워크공동체구상」(『민족통합의 새로운 개념과 전략』상, 한림대학교민족통합연구소, 2002, 93쪽)에서 같은 취지의 언급을 하고 있다.

15) 참고로 캐나다 지역의 사례를 보면, 캐나다에 한인이 거주하기 시작한 1940년대 후반부터 지역별로 친목모임이 존재했는데, 1965년 경부터 현지 공관의 권장하에 지역별로 한인회가 정식 조직되었고 (토론토한인회 1965, 몬트리얼한인회 1965, 밴쿠버한인회 1966 등), 1978년에는 이들 지역 한인회를 통합한 캐나다한인회총연합회가 결성되었다. 2012년 현재 캐나다한인총연합회(http://www.koreancanadian.org) 산하에는 29개의 지역 한인회가 소속되어 있다. 캐나다 한인의 총수는 외교부의 통계로는 23만여명이나, 현지한인회에서는, 30만 동포를 자처하고 있다.

결성되고 있고 대회들이 지속적으로 개최되고 있다. 전 세계에 흩어져 살고 있는 한민족성원들을 인터넷을 통하여 결속시킨다는 취지하에 크고 작은 인터넷사이트들이 개설되어 활동하고 있다. 이들 온라인 싸이트들은 성원들 간의 정보교환이나 의사소통 통로에 그치지 않고 민족교육과 경제협력 등 여러 측면에서 그 역할을 키워가고 있다. 재외동포문제와 한민족공동체 관련문제를 체계적으로 연구하기 위한 학자들의 학술활동도 활성화되고 있고, 동포사회의 여론을 수렴하고 공동체이념을 환기시키는 다양한 잡지도 간행되고 있다. TV를 비롯한 방송매체들도 재외동포를 다루는 프로그램을 자주 제작·방영하고 있으며, 취약지대에서 고통 받고 있는 동포들에 대한 NGO들의 지원활동도 활발히 전개되고 있다.

1990년대 후반으로 넘어오면서는 한국정부가 한민족공동체운동의 후원자로 나서면서 운동의 활성화를 주도하고 있는 양상이다. 냉전시대를 통하여 한국의 국가는 한민족공동체라는 과제와는 먼 곳에 있었다 할 수 있다. 한국정부의 재외동포정책은 흔히 '기민정책'이라는 비판을 받아왔으며, 북한과의 체제경쟁에 유용한 범위 안에서만 재외동포를 이용하는데 그쳐왔다 할 수 있다. 물론 한국정부가 오래전부터 추진해왔던 재외동포정책에도 한민족공동체 아이디어와 유사한 문제의식이 포함되어 있었다 할 수 있다. 가령 1962년 이민법제정 이후 1960년대 중반부터 해외이민이 활성화되면서, 재외동포에 대한 관심이 더욱 커졌다. 그 같은 관심은 헌법(1980)에 재외국민 보호조항을 넣고 통일정책자문기구인 민주평통에 재외동포를 참여시키는 것(1981)으로 나아갔다.[16] 그러나 한국정부의 정책은

---

16) 통일문제에 대한 자문기구로 헌법규정에 의해 설치된 '민주평화통일자문회의'는 1981년 창립될 때부터 재외동포를 참여시키기 시작하였으며, 현재 제15기(2011.7~2013.6) 자문회의는 총 19,950명의 자문위원 중 3,139명을 해외동포에 배정하고 있다. 해외 자문위원은 모두 105개국에 거주하는 한인들로서 해당지역 관할 공관장의 추천으로 임명되며, 북미·구주·일본·동남아·대양주·중남미 등 지역별로 42개의 협의회가 구성되어있다

재외동포를 관리하고 이용하는 데 머물고 있었고, 한민족공동체건설과 같은 거시적 구상을 동반하지는 않았다고 보아야 할 것이다. 재외동포에 대한 한국정부의 정책에 큰 변화가 오는 시기는 88올림픽 무렵부터이며, 특히 한국정부가 '세계화'를 국가적 발전전략으로 채택한 것이 중요 계기가 되었다. 한소·한중수교를 통하여 동구권으로 외교를 다변화하고 세계 각지로 시장을 개척할 필요성이 증대되면서 재외동포에 대한 관점도 보다 적극적인 쪽으로 바뀌어 갔다.

특히 김영삼정부에 들어서서는 종래 [재외국민정책심의위원회]라는 이름으로만 존재해오던 정책기구를 [재외동포정책위원회]로 개편하고,[17] 재외동포를 지원하기 위한 법적 장치를 모색하기에 이른다. 그 한 결론으로 1997년에는 재외동포에 대한 지원사업을 총괄하는 기관으로 재외동포재단이 설립되었으며, 1999년에는 [재외동포의 출입국과 지위에 관한 법률] (일명 재외동포법)을 제정하기에 이른다.[18] 재외동포재단은 설립이후 한민족공동체 형성을 기관의 활동목표로 공식 천명하고, 다양한 사업들을

(www.nuac.go.kr 참조).

17) 재외국민정책심의위원회는 재외국민정착지원과 법적·사회적 지위향상, 국내외 경제활동지원 등의 사항을 심의조정하기 위한 목적으로 1985년 6월 외교부 내 기구로서 설치되었었다. 위원장은 외무부차관이고, 위원은 외무부·내무부·재무부 등 관련 정부기관의 3급이상 공무원 15인 이내로 되어 있었는데, 유명무실한 기구였다는 비판을 받았다. 이 위원회는 김영삼정부 하에서 세계화에 대처하는 자문기구로 설치된 세계화추진위원회가 그 위상을 격상시킬 것을 제안함에 따라, 1996년 국무총리가 위원장인 재외동포정책위원회로 격상되었다.

18) 이 법률은 당초에는 재외동포의 개념을 1948년 정부수립이후에 해외로 이주한 사람으로 좁혀 잡아서, 결과적으로 중국과 러시아에 거주하는 동포를 지원대상에서 제외했었다. 그같은 소극적 규정에 대해 재외동포사회의 반발이 제기되었는데, 헌법재판소가 그에 대해 헌법불합치판정을 내림으로써 개정작업에 들어갔고, 2004년에 들어 정부수립 이전에 국외로 이주한 사람과 그 자녀도 재외동포에 포함시키는 것으로 개정되었다.

전개하고 있다.[19] 정부의 다른 부처들도 재외동포 관련 사업을 확대해가고 있는 추세인데, 특히 교육부에서는 국제교육진흥원과 한국교육원·한국학교 등을 국내외에 설립하여 재외동포에 대한 민족교육사업을 전개하고 있다.[20] 통일부나 문광부·노동부·행자부 같은 정부부처 사업 속에도 재외동포를 지원하는 취지의 사업들이 포함되어 있으며, 취약지대에 있는 동포들을 지원하는 정부사업도 강화되고 있는 추세이다.[21]

최근 진전된 한민족공동체운동의 중요한 성과로 볼 수 있는 것이, 세계한인의 날이 제정된 것과, 재외국민투표권이 부활된 것이다. 이 두 문제는 오랫동안 재외동포들이 요구해온 것들이었다. 전자는 해외에 나가 활동하고 있는 재외동포의 노고를 기리고 모국과 동포사회의 결속을 다지는 계기로 삼자는 것이 제안취지였다 할 수 있는데, 노무현정부에 들어 정부 차원의 논의가 진전되어, 개천절과 한글날의 사이에 있는 10월 5일을 [세계한인의 날]로 정하기에 이르렀다. 세계한인의 날은 2006년에 그 첫 기

---

19) 재외동포에 대한 국가차원의 지원이 필요하고 관련업무를 주관하는 기관으로의 '재외동포청'이 설립돼야 한다는 요구가 오래전부터 있어왔는데, 정부기구를 설치하면 외교적 분쟁이 우려된다는 소극적 견해들이 반영되어 외교부 산하의 비영리 공공법인의 형태로 재외동포재단이 설립되게 된 것이다. 재외동포재단(www.okf.or.kr)은 1997년 3월 [재외동포재단법]이 통과된 후 설립작업을 본격화하여, 같은 해 10월 "재외동포들이 민족적 유대감을 유지하면서 거주국내에서 그 사회 모범적인 구성원으로 살아갈 수 있도록" 지원한다는 것을 설립목적으로 하여 문을 열었다.
20) 한국정부의 민족교육 관련활동에 대해서는 유병용, 「한민족의 해외이주와 민족교육문제」『근현대사강좌』 13집, 한국현대사연구회, 2002 참조.
21) 정부가 시행하고 있는 방문취업제나 사할린동포들에 대한 영구귀국프로그램, 중앙아시아 무국적동포지원사업 등을 들 수 있다.이명박정부하에서 각 부처가 담당하는 재외동포관련 업무의 형황에 대해서는 김봉섭, 『재외동포 강국을 꿈꾼다』, 엠애드, 2011, 176~183쪽 참조. 노무현정부 하에서의 한민족공동체 관련 정부부처들의 사업과 활동에 대해서는 이종훈, 「한민족공동체와 한국 정부의 역할」『재외한인연구』 13호, 2002 참조.

념식을 가졌다. 재외국민 투표권은 해외부재자투표라는 이름하에 1967년 부터 1972년 사이에 허용된 바 있지만 유신체제가 들어서면서 다시 배제 되었다. 그러나 그같은 제도의 부당성에 대해 재미동포들이 헌법소원을 제기하였고, 그에 대해 헌법재판소가 한국국적을 갖고있음에도 불구하고 주 민등록이 안 되어 있다는 이유로 투표권을 박탈한 것은 위헌이라 판정함 으로써 선거법개정이 이루어졌다. 이 투표권 부활은 물론 한국국적을 갖 고있는 사람에게만 해당되는 것이다. 그러나 이들 재외동포의 참정권이 회복되었다는 것은 그들의 의사가 국내정치에 직접 개입하는 것을 의미하 며,[22] 이는 다시 동포사회에 대한 정치권과 정부의 관심과 배려를 촉진할 것이고, 더 나아가 한민족공동체운동을 활성화시키는 요인으로 작용할 전 망이다.[23]

이상과 같은 다양한 움직임들은, 한민족공동체에 대한 관심이 커지고 있고 그를 추구하는 운동이 활발하게 진행 중임을 확인하게 한다. 그러나 아직 한민족공동체는 미래의 과제로 남아있는 것 같다. 이 한민족공동체 아이디어는 이미 정립되어진 것이라기보다 지금 형성과정에 있는 어떤 것 이라 할 수 있을 것이다. 아직 한민족 성원 모두로부터 명시적인 합의나

---

22) 참고로 1997년 대선에서는 39만표 차로 당락이 갈렸고, 2002년 대선에서 는 57만표 차로 당락이 갈렸었다. 재외국민유권자 223만 명은 (2012년 4.11총선 기준) 대권의 향배를 결정할 수 있는 정도의 규모인 셈이다.

23) 새로운 제도에 의하면, 재외국민은 대통령선거와 비례대표 국회의원 선거 에만 참여할 수 있고, 투표장소도 재외공관이 설치된 곳으로만 제한되었 다. 이같은 제약 탓에 4.11총선에서는 전체 재외국민유권자 223만 명 중 투표를 하겠다고 선거인으로 등록한 숫자가 12만3571명(5.53%)에 불과하 였으며, 그중 실제로 투표에 참가한 사람은 5만5천여명(등록자중 44.83%) 이었다. 투표소는 107개국 158개 공관에 설치되었었다. ([재외국민투표마 감], <연합뉴스> 1912.4.3, http://www.yonhapnews.co.kr/politics/2012/04/ 03/0505000000AKR20120403053600371.HTML?template=5520) 재외국 민투표 종료후 소요비용에 비하여 참여자가 적은 것을 두고 투표의 적실 성과 관련하여 시비가 일기도 했었다.

동의를 확인한 상태도 아니고, 그 의미와 이념 및 표제어도 아직 확정적으로 정립되지 않은 상태라 할 수 있다.[24] 최종목표로의 전체상이나 그로 접근해가는 과정 및 이 과제에 연관되어 있는 여러 변수와 하위주제들에 대한 구체적인 분석이나 정리도 충분치 못한 상태이다. 이 이념을 실천하기 위한 단일의 추진주체나 기획이 정립되거나 지정돼있는 것도 아니다. 특히 한민족공동체 아이디어가 실천돼야 하는 또 다른 차원인 남북통일-남북화합과제는 아직 큰 진전이 없이 남북간에 소모적 대결이 지속되고 있는 실정이다. 그러나 한민족공동체라는 민족적 차원에서 접근해가야 할 과제에 대한 인식은 확장·심화되고 있다고 말할 수 있을 것이다.

　여기에서 하나 더 언급해야 하는 것은 북한이 전개해온 재외동포정책에 대한 것이다. 북한은 재외동포에 대한 배려와 지원에서 남한보다 더 적극적이었던 측면이 있었는데, 가령 재외동포에게 공민권을 부여하고 있는 점과, 재일 조총련에 대해서 정권수립 이후 2001년까지 총 446억 엔에 달하는 민족교육사업비를 지원했다는 것 등이 그 사례들이다.[25] 북한이 정권수립이후 전개해온 이같은 재외동포정책은 한민족공동체운동과 관련하여 일정한 의의를 평가해줄 수 있을 것이다. 최근에도 북한은 한민족공동체 아이디어와 통하는 담론들을 자주 제기하고 있는데, 가령 단군민족대단결론이나 민조공조론 같은 것이 그것이다. 그러나 오늘날 북한이 구사하는 민족공동체 담론들은, 북한 정권이 정권유지를 목표로 전개하는 기만적이며 폭압적인 정책들로 인하여 그 진정성을 의심받고 있는 것이 사실이라 할 수 있다.

24) 한민족공동체(Global Korean Community)라는 말 대신에 한민족공영체(Korean Commonwealth)나 한민족네트워크(Korean Network) 또는 한민족네트워크공동체 같은 용어를 쓰는 이들도 있지만 최근에 와서는 한민족공동체라는 용어가 일반화해가고 있는 것 같다.
25) 북한의 재외동포정책에 대해서는 조정남 외, 『북한의 재외동포정책』, 집문당, 2002를 참고할 것.

4. 한민족공동체운동의 목표, 그리고 과제

한민족공동체운동은 한민족의 결속과 발전을 모색해온 한말 이래 민족운동의 연장선상에서 민족의식의 한 표출로서 출현한 운동이라 할 수 있다. 좀 거시적으로 간추리자면 20세기 전반기 50년의 민족운동이 씨름했던 주제가 자주독립이고, 후반기 50년의 화두가 남북통일이었다면 21세기의 민족적 과제는 이 한민족공동체 건설이라는 말로 정리할 수 있을 것이라 본다. 20세기 막바지에 들어서면서 이 운동이 활성화된 데는 다음의 몇 가지 배경이 작용했다 할 수 있다.

첫째는 탈냉전과 공산권의 붕괴라는 세계사적 변화이다. 공산권 붕괴와 개혁-개방은 그동안 격리된 채 살았던 소련-중국 지역 동포들을 한국을 비롯한 세계 각지의 동포들과 연결시켰고 서로 동포애를 나눌 수 있게 해주었다. 둘째는 교통수단의 발달과 정보기술혁명의 진전이다. 교통수단과 정보기술의 발전은 지구촌 곳곳에 떨어져 살고 있던 한민족 성원들이 상호간 정보를 교환하고 공동의 사업을 논의할 수 있게 해주었다. 셋째는 한민족의 정치-경제적 위상이 강화되었다는 점이다. 특히 1988년 개최된 서울올림픽과 2002년 개최된 월드컵축구대회는 전 세계 한민족에게 자긍심과 공동체의식을 제고시켰으며, 한국이 세계 15위권의 경제규모를 가진 중견국가로 성장하여 세계로 나가고 있는 것 역시 이 한민족공동체운동의 배경이 되고 있다.[26]

---

26) 서울올림픽에서는 12개의 금메달을 획득하여 종합4위의 성적을 거두었고, 2002년의 한일월드컵에서도 '4강의 신화'를 이룩하였다. 한국의 GDP순위는 2010년 기준으로 세계 15위이다. 그러나 수출순위는 2011년 기준으로 총5578억달러를 수출하여 세계 7위에 올라있다. 2011년의 세계각국 수출액 순위를 보면 중국이 미국을 제치고 1위로 부상한 가운데, 2위부터 10위까지는 미국-독일-일본-네덜란드-프랑스-한국-이탈리아-벨기에-영국의 순이다.

넷째로 냉전붕괴 후 각지에서 민족주의가 부활하는 현상 역시 한민족 공동체운동을 자극하였다 할 수 있다. 소련과 유고연방의 분열은 냉전해체가 민족주의의 부활로 이어지고 있음을 보여주었다. 국경을 초월하여 민족을 단위로 한 연대조직들이 확산되고 있는 현상들도 민족적 유대와 결속을 강화해야 할 당위성을 각성시켜주었다.[27] 다섯째는 세계가 경제적-문화적으로 단일의 자유경쟁시장으로 통합돼가는 세계화 추세이다. 세계화는 세계적 범위의 무한경쟁에 대한 민족적 공동대응의 필요성을 제기하였다. 여섯째로 탈국가적 사고의 성장과 단일국가통일론의 퇴조이다. 탈국가적 사고의 성장은 민족(공동체)중심의 사고를 촉진하였고 냉전논리와 결합했던 단일국가통일론이 약화되면서 민족문제를 논의하는 상상력의 폭을 넓혀주었다. 한민족공동체론은, 민족적 차원에서의 공동체통합과 공동번영을 추구해온 한민족 성원들의 전통적 염원이, 냉전붕괴와 세계화-정보화-민족부활과 같은 21세기의 새로운 시대상황과 함께 범지구적 범위에서 활성화한 것이라 할 수 있다.

여기서 하나 더 언급할 것은 1980년대 말에 한국정부가 제기한 한민족

---

27) 소련이 붕괴된 후 15개의 민족국가가 분할·독립하여 각국의 민족문화와 정체성을 강화해가고 있고, 유고슬라비아연방이 붕괴된 뒤에는 6개의 연방이 독립국가로 분할되었다. 자국출신 재외동포를 갖고 있는 나라들은 거의 모두가 재외동포를 결속시켜 모국과 유대를 강화하고 자국의 발전에 활용하고자 하는 정책들을 시행하고 있는데, 이점도 민족주의의 부활·강화현상으로 들 수 있을 것이다. 민족을 단위로 하여 전세계적으로 결속되어 있는 대표적 사례는 이스라엘-유대인이거니와, 각지의 중국계 자본(화상)이 결속하여 본토의 경제발전에 기여하고 있는 사례는 '한상'공동체운동의 모델이 되기도 하였다. 국경을 초월한 민족단위의 결속현상에 대해서는 구미학계에서도 연구성과들이 축적돼가고 있는데, Transnationalism, Diaspora nationalism, Long distance nationalism, Homeland nationalism, Diaspora politics, Identity politics 같은 용어는 지리적으로 이산되어 있는 사람들이 모국과의 연계 속에 민족단위로 결속하고 정치행동으로까지 나아가는 현상들을 설명해주는 용어들이라 할 수 있다.

공동체통일방안이라는 이름의 통일정책이다. 이 새로운 통일정책은 민족적 동질성을 체제와 이념을 초월하여 남과 북을 통일할 수 있는 원리로 상정하고, 통일과정을 매개할 원리이자 통일과정을 통하여 구현할 사회의 이름을 단일민족론에 토대한 한민족공동체로 상정한 것이다.[28] 앞서 말햇듯이 이 통일이론도 한민족 차원의 민족공동체를 추구한 점에서 한민족공동체 운동이나 이론의 하나라 할 수 있다. 그러나 80년대의 그것은 그 적용범위가 한반도 이내, 곧 남한과 북한에 머물고 재외동포까지를 망라한 민족적 비전은 아니었다 할 수 있다. 이 통일이론에서 재외동포문제는 남북관계개선이나 통일정책 관철을 위해 활용할 수 있는 자원이라는 차원에서 관심대상이 되었을 뿐이다. 1990년대의 한민족공동체운동가들이 한민족공동체라는 말 대신에 한민족공영체나 한민족네트워크라는 말을 사용했던 것은 정부가 제기했던 한민족공동체개념이 가지는 제한적 의미를 의식한 것이었다 할 수 있다.[29]

지구촌시대의 한민족공동체론은 한민족이 거주하는 지역을 망라하여 단일의 통일된 국가를 형성하는 것을 목표로 삼지 않는다. 또 지역적 공동성을 필수요건으로 전제하지도 않는다.[30] 그것이 우선 추구하는 것은 전 세계에 흩어져 있는 한민족성원들을 하나의 민족이라는 동질성과 동포

---

28) 『한민족공동체통일방안』, 통일원 통일정책 해설자료, 통일원, 1991.
29) '한민족공영체'라는 용어는, 1989년에 설립된 해외한민족연구소에서 기관지를 <한민족공영체>라는 제호하에 발간(1993)하면서부터 본격적으로 사용되었는데, <한민족공영체>라는 제호는 2001년 발간된 제9호부터 <한민족공동체>로 바뀌게 된다. 이같은 변화는 지구촌 범위의 한민족을 결속한다는 취지로 전개되는 운동을 지칭하는 표현으로 '한민족공동체'라는 말이 더 선호되고 있는 추세를 반영하는 것이라 할 수 있을 것이다.
30) 공동체의 개념에 대해서는 다양한 규정이 있지만, 일정한 지역적 범위를 상정한 공동성이 강조되는 것이 일반적이다. 그러나 한민족공동체는 동일 지역에서의 공동생활을 상정한 공동체가 아니며, 다만 각자의 (또는 그 조상의) 출신지-고향이 한반도라는 사실만이 공유될 뿐이다.

의식에 토대하여 정서적으로 연대시키는 것이다. 그리고 더 나아가 그 같은 정서적 연대에 토대해서 지구화시대에 공동대처하는 협조체제를 형성하는 것이다.[31] 그것의 결속과 협동을 매개하는 것은 같은 민족으로의 동포의식이고 공동의 이익과 번영에 대한 믿음과 기대이다. 한민족이라는 민족정체성을 공유한 사람들의 연결망이 한민족공동체이며, 그같은 객관적 동질성에서 더 나아가 구성원들이 민족의식을 발휘하고 공동체의 결속과 발전을 위한 행동에 나설 때 한민족공동체는 현실속의 실체로 구체화한다.

한민족공동체는 문화적 공동체이자 경제적 공공체이고 정치적 공동체이기도 하다. 한민족공동체는 우선, 공통의 문화에 토대하여 출발하고 또 민족차원에서 문화적 동질성을 확장하려 한다는 점에서 문화공동체로의 성격을 갖는다. 실제로 한민족공동체운동을 전개한 이들은 고유의 언어나 생활양식 등 한민족 특유의 문화적 정체성을 회복하기 위해 노력해왔다. 물론 한민족공동체의 문화공동체로의 성격은, 모국어와 전통문화를 상실하고 현지사회에 동화한 사람들이 적지 않은 현실을 고려하면, 미래에 지

---

31) 한민족공동체라는 말 대신에 '한민족네트워크공동체'라는 말을 사용하는 양호민·김용호교수는 그것의 성격을 미래지향적이며 탈근대·탈산업·탈국가를 기본으로 한다고 규정한다. 한민족네트워크공동체는 영토에 기반을 둔 근대 국민국가를 뛰어넘는 정치단위를 추구한다는 의미에서 탈근대적이고, 과거 산업혁명 이래 지속되어온 공업이나 제조업이 아니라 지식정보산업을 기반으로 한다는 의미에서 탈산업이며, 또 연방이든 단일국가든 새로운 영토국가를 건설하는 것이 아니라 기존의 정치단위가 기능적으로 결합하는 것을 목표로 하고 있다는 점에서 탈국가적이라는 것이다. (양호민·김용호, 「민족통합의 새로운 개념과 이론의 정립」『민족통합의 새로운 개념과 전략』(상), 한림대학교 민족통합연구소, 2002, 48쪽) 이들의 네트워크공동체론은 인터넷을 통한 상호소통과 협력이라는 측면을 특히 강조하는 점 외에는 필자의 견해와 근본적 차이는 없다. 다만 필자는 인터넷을 통한 상호연결이라는 측면은 한민족공동체가 활용하는 소통방식의 하나일 뿐이며, 한민족공동체가 인터넷에만 전적으로 의존한다고 보지는 않는다.

향해갈 당위적 목표로의 의미가 강하다 할 수 있다. 그러나 한민족공동체
는 민족 고유의 문화를 공유하고 그를 매개하여 동질성을 강화하며 그를
다시 세계인들에게 보급함으로써 세계화-문화경쟁시대에 한민족의 문화
를 유지-발전시키는 장치로 기여할 것이 기대된다.

한민족공동체는 또 경제적 측면에서의 교류증진과 공동이익 도모라는
측면을 강조하는 사람들도 있으므로 경제공동체로의 성격도 갖는다. 경제
적인 교류협력을 통하여 공동이익이 창출되고 창출된 공동이익을 통하여
공동의 복지가 확대된다면 한민족공동체는 더욱 강화되어갈 수 있을 것이
다. 실제로 한민족공동체 아이디어는 무한경쟁의 세계화시대를 공동협력
을 통하여 돌파해가자는 취지와 함께 한상네트워크 같은 경제공동체운동
의 측면이 활기를 띠고 있으며, 민족단위의 경제권형성을 추구하기도 한
다. 그러나 한민족공동체는 경제적인 실익의 교류나 창출만으로는 완성되
지 않으며, 경제공동체로의 측면이 한민족공동체의 모두는 아니라 할 수
있다.

한민족공동체는 영토국가로의 통일 같은 정치적 목표는 갖지 않지만,
민족의 권익을 보호하고 복지를 증진하는 과제를 위하여 공동체 성원의
결속된 힘을 활용하여 일정한 정치적 행동으로 나갈 수도 있을 것이다.
또 전체 한민족의 상호협조 및 공존공영이라는 대명제와 관련하여 민족성
원의 의사를 규합하고 조정하며 집행하는 기능도 필요하며, 특히 남북통
일문제를 그 하위주제로 편입시켜서 필요에 따라서는 현실국가들을 민족
적 차원에서 조정-통합하는 일에도 관여해야 할 것이다. 그런 단계로까지
나아가면 한민족공동체는 정치공동체로의 성격도 갖게 될 것이다.[32]

32) 논자에 따라서는 한민족공동체는 문화공동체에 기초해서 경제공동체로 발
전하는 데 머물러야지 정치적 공동체로까지 나가서는 안된다고 말하는 이
도 있지만, (성경륭, 「한민족네트워크공동체 구상」『민족통합의 새로운 개
념과 전략』(상), 한림대민족통합연구소, 2002, 57쪽 참조) 공동권익에 대
한 보호기증이나 공동의사 결집·집행기능 정도로의 정치공동체는 불가피

위에서 말한 문화공동체·경제공동체·정치공동체로의 성격은 한민족공동체가 추구해야할 지향점이나 목표에 해당하는 것이기도 하다. 그러나 문화공동체나 경제공동체 또는 정치공동체라는 말로 한민족공동체 아이디어의 지향점 모두를 설명하는 데는 한계가 있다. 문화적 동질성을 강화하고 경제적 실익을 증대시키며, 정치적 공동보조를 강화하는 것은 한민족공동체를 촉진하는 조건은 될지언정 한민족공동체를 완성하지는 않는다 할 수 있다. 한민족공동체는 다른 무엇보다 동포애에 토대한 연대성을 강조하는 정서공동체이며, 같은 민족으로의 우리의식-공동운명의식에 토대하여 상부상조정신과 상호애호정신을 발휘할 것을 촉구한다. 한민족공동체의 정서공동체로의 측면은 개별적 이익을 초월하게 하고 동포를 위한 봉사와 헌신을 권고하며, 한민족공동체가 문화공동체-경제공동체-정치공동체로 발전해가도록 촉진하는 기본동력으로 작용하게 된다. 한민족공동체는 '상상된 공동체'요 공동의 미래에 대한 아이디어나 제안이다. 그러나 그것은 구성원의 실천의지 여하에 따라 관념만이 아니라, 현실 속에서 작동하는 실체로 구체화될 것이다.

이 한민족공동체구상은 여러 가지의 과제를 제기한다. 이 아이디어를 구체화시키는 작업도 필요하고 민족적 차원에서 합의를 끌어내는 것도 필요하다. 지구촌의 한민족 모두가 하나의 공동운명체임을 알게하고, 지구촌 시대에도 민족정체성이 중요하다는 점을 이해시켜야 한다. 한민족공동

하다 할 것이다. 김용호·양호민 교수 같은 이는 '한민족네트워크공동체'는 문화공동체·경제공동체로 출발하여 장차는 유럽연합처럼 다층적 구조를 가진 정치공동체로 나가야 할 것이라 제안한 바 있다. 이들의 구상에 의하면 한민족공동체는 남북한의 정부와 해외동포단체들을 구성원으로 하는 상위의 조정기구로서, 내부에 한민족집행위원회나 민족회의·민족법원 등의 새로운 정치기구를 구비한 정치공동체로 발전할 수 있다고 본다. (김용호·양호민, 「민족통합의 새로운 개념과 이론의 정립」『민족통합의 새로운 개념과 전략』(상), 46~47쪽)

체 아이디어가 자주와 통일을 추구해온 근대 한국 민족운동의 연장선 상
에서 출현한 것이라는 점과 민족공동의 미래에 대한 설계도라는 점에 대
한 인식을 제고시켜야 한다. 그리고 민족공동의 과업에 성원들을 동참시
키기기 위한 프로그램을 활성화시켜야 한다. 동포사회를 연결시키는 조직
망을 형성하고 운동의 중심을 세우는 문제도 중요하다. 이 운동을 주도할
수 있는 추진-지원체제도 구축해야 하고, 전 세계에 흩어져 있는 한민족
성원들을 하나의 연결망으로 통합하는 일도 필요하다.

특히 한국정부의 역할을 제고하는 것이 긴요할 것이다. 한국은 세계
한민족의 모국으로서, 내국인-국민만이 아닌 세계 한민족 성원들 모두를
보호하고 발전시킬 책임을 자임해야 하며, 한민족공동체 아이디어를 뒷받
침할 수 있도록 법적-제도적 장치들을 전향적으로 정비해야 할 것이다.
민족성원들에게 현실적인 이익을 제공할 수 있는 프로그램을 확장하는 사
업도 활성화시켜야 한다. 경제적인 교류협력을 제고하여 공동의 이익을
확충하는 일과, 취약지대의 동포들의 권익을 지키고 처지를 개선하는 공
동의 노력이 필요하다. 남과 북이 이 문제에 대해 공감하고 공동보조를
취하는 것도 긴요하다. 특히 재외동포를 비롯한 지구촌의 한민족을 단결
시키고 권익을 증진시키는 일에 공조해야 한다.[33]

또 하나 중요한 과제는 민족공동체의 구성원 또는 잠재적 구성원들에
게 민족정체성을 회복하고 유지시키는 일이다. 한민족공동체는 한민족이

33) 2007년 10월 4일 노무현·김정일 남북 정상이 발표한 [2007남북정상선언]
의 제8항에서는 남과 북이 "국제무대에서 민족의 이익과 해외동포들의 권
리와 이익을 위한 협력을 강화"해 나가기로 하였는데, 남북 정상간의 이
같은 합의는 남북 두정부의 후속대응 여하에 따라 한민족공동체운동과 관
련된 큰 계기가 될 수 있다 할 수 있다. 시민단체들 사이에는 이 합의 조
항의 구체적인 실천조치로 남북간에 '해외동포공동위원회'(가칭)를 설치할
것과 각 지역 동포사회에 통일된 '지역위원회'를 설치할 것을 제안하기도
하였다. 『재외동포신문』 119호, 2007.12.6 참조.

라는 정체성을 공유하고 있는 사람들의 공동체이다. 그리고 민족정체성은 민족의 존립기반이면서 성원들을 공동의 과제에로 이끄는 끈과 같은 것이다. 한민족공동체라는 실천적 과제에 수반된 제문제를 학술적으로 연구하는 활동도 활성화되어야 한다. 이런 학문을 우리는 일단 '한민족공동체학'이라 부를 수 있을텐데, 이 부분은 현장 운동가가 아닌 학자들의 몫일 것이다.

5. 맺음말

오늘날 지구촌 곳곳에 거주하는 한민족 성원들이 국적과 국경이라는 근대의 경계선을 넘어서 연대하고 결속하는 현상들이 활기를 띠고있다. 이런 현상은 한민족공동체(운동)라는 이름하에 설명되고 있다. 한민족공동체는 전세계에 거주하는 한민족을 구성원으로 하여, 상호협력-상부상조를 통한 민족적 공동번영을 추구하는 가상의 공동체이다. 그것은 탈냉전·세계화·정보화의 시대조류에 부응하여 새롭게 대두되고 있는 21세기형 민족운동이라 할 수 있다. 한민족이 스스로의 집단정체성을 민족이라는 개념 밑에 정립하고 민족의 이름 아래에서 공동의 안녕과 복지를 도모하기 시작한 것은 한말에 와서의 일이다. 이후 한민족이 씨름해온 대표적 과제는 민족적 자주독립과 통일이었다. 좀 거칠게 단순화시키자면 20세기 전반기 50년의 중심과제는 민족적 자주독립이었다 할 수 있다. 그리고 후반기 50년의 중심과제는 민족통일(남북통일)이었다 할 수 있다. 한민족공동체 형성과제는 21세기 한민족이 추구해야 할 민족적 과제로 부상하고 있다. 이미 여러 주체들이 다양한 형태의 운동을 전개하고 있으며 한국정부도 관련된 문제의식을 키워가고 있는 중이다.

한민족공동체 아이디어는 한반도 일원에서의 통일국가를 추구하던 앞 시기의 통일운동과 달리 지역적 공동성을 요구하지 않는다. 그것은 같은 민족이라는 동질성과 동포의식에 토대하여 지구화시대에 공동대처하는 협조체제를 구성하는 것을 목표로 한다. 그 결속과 협동을 매개하는 것은 같은 민족으로의 동포의식이고 공동의 이익과 번영에 대한 믿음과 기대이다. 민족적 동질성에 기초하여 공동체속에서 각자의 번영이 도모될 수 있으리라는 기대와 믿음이 더해짐으로써 한민족공동체는 현실속의 실체로서 발전할 수 있다. 그것은 공동의 문화와 정체성에 기초하고 그의 유지발전을 도모한다는 점에서 문화공동체이고, 경제적 교류증진과 협력을 통한 공동이익을 모색한다는 점에서 경제공동체이며, 상호협력과 단합된 행동을 통하여 공동의 권익을 보호하고 공동사무를 처리할 수 있다는 점에서 정치공동체로의 성격도 가질 수 있다. 그러나 그 모든 사업의 출발점은 민족적 정체성이고 공동운명의식이다.

그러나 민족정체성이나 소속의식은 강요될 수 있는 성질의 것이 아니다. 민족정체성은 개인이 직면하는 여러 정체성의 하나일 뿐이며, 다른 정체성에 대한 배타적 우월성을 주장할 수 없는 시대가 되었다. 한 개인이 한민족의 일원으로 살지, 아니면 다른 국가의 시민으로만 살지, 민족이 아닌 개인이자 세계시민 또는 계급이나 이익집단의 일원으로만 살지, 세계인이면서 거주국의 국민이고 동시에 민족사회의 구성원일 수도 있는 다중의 정체성을 조화롭게 구현하면서 살지 하는 것은 전적으로 개인의 권리이자 개인의 몫이다. 한민족의 성원으로 살 것을 강요할 수도 없고 강요해서도 안될 것이다. 다만 민족의 일원이 된다는 것과 그로부터 이탈한다는 것이 어떤 의미를 가지는지 하는 것과, 한민족의 일원으로 살면서 공동체에 참여하는 것이 어떤 의의를 갖고 있고 어떤 점에서 유리한지 하는 것을 알리고 설득하는 데서 그칠 뿐이다.

한민족공동체구상은 여러 가지의 과제를 제기한다. 이 아이디어를 구체화시키는 작업도 필요하고 민족적 차원에서 합의를 끌어내는 것도 필요하다. 동포사회를 연결시키는 조직망을 형성하고 지원체제를 강화하는 문제도 중요하다. 관련 연구도 활성화되어야 한다. 민족성원들에게 현실적인 이익을 제공할 수 있는 프로그램을 전개하는 사업도 필요하다. 취약지대에 위치한 동포들의 권익을 지키고 처지를 개선하는 공동의 노력이 필요하다. 남과 북이 지구촌의 한민족을 단결시키고 권익을 증진시키는데 공조하는 것도 중요하다.

　한민족공동체운동은 여러 측면에서 정체성의 경계를 넘나들고 있다. 국적과 국경을 초월하고 있고, 종교와 정파와 출신지역과 직업과 이해관계 등과 같은 숱한 정체성 기준들을 넘어서려 하고 있다. 한민족공동체아이디어의 성사여부는 한민족공동체 구성원으로의 정체성이 여타의 정체성들이 규정하는 경계들을 넘어설 수 있는지, 한민족 성원으로의 정체성(민족의식)이 다른 이질적 대결적 요인들을 극복하는 동력이 될 수 있을지의 여부에 달려있다 할 수 있을 것이다. 21세기 한민족 성원의 복지는 한민족공동체 운동의 성패 여하에 크게 의존할 것이다. 그리고 한민족공동체 운동의 성패는 민족구성원들의 참여 여하에 의해 결정될 것이다.

20세기 전반기 조선 자치론의 문화적 정체성
- 민족 표상의 경계 읽기 -

이 지 원(대림대학교 교수)

1. 머리말

정체성이란 개인이나 집단 혹은 사회가 자신의 존재감을 확인하고자 하는 욕망에서 비롯되어 결국은 타자와의 구별을 강조하는 성향이 있다. 특히 근대사에서 국민국가가 만들어지는 과정에서 형성되는 국민·민족(nation)의 정체성은 다른 나라·국민과 구별을 통해 사회구성원의 통합적 구심력을 확보하는 동시에 배타적 원심력을 발휘하게 된다. 근대화의 과정에서 만들어지는 국민으로서의 정체성은 곧 사회 경제적·문화적·정치적 현실에 따라 영향을 받게 되었고, 그러한 점에서 국민=민족 정체성의 형성과정은 곧 그 나라의 근대사 자체가 될 수밖에 없다.

그러나 한국의 근대사는 조선후기 이래의 다양한 근대 지향의 사회적 에너지가 정상적인 근대 국가의 수립으로 통합되지 못하고 식민지를 겪으면서 근대 독립 국가의 국민 정체성을 만드는 것이 불가능하였다. 그 후 일제로부터 해방 되어 독립된 국민국가의 입장에서 근대사를 정리하게 되었는데, 이때 근대 민족의 정체성은 독립을 위한 저항이 첫 번 째 기준이 될 수밖에 없었다.[1] 식민지 극복을 위해 독립이 일차적인 목표가 되었기에 '식민지배와 저항'이라는 기본 구도 아래에서 저항적 멘탈리티가 압도하는 '민족'이라는 화두가 전면에 내세워지게 되었던 것이다. 저항적 멘탈리티는 식민지에서 이민족 국가에 대응해야 했던 한국인의 기본 정서이자 입장이었고, 민족 정체성을 형성하는 중요한 요소가 되었다.

그러나 저항의 긴장감 만이 한국인의 정체성을 만든 것은 아니었다. 새로운 민족적 주체의 형성이라는 역사적 요청 속에서 민족 동일성을 확인하려는 '전통'을 통해서도 만들어졌다. 전래하는 문화와 양식, 관습 등 전통은 민족 정체성의 역사적 근거가 될 수 있었기 때문이다. 전통을 통한 정체성의 형성은 전래하는 익숙한 표상들을 통해 이루어졌다. 그러나 근대사에서 전통은 정체성을 수립하고자 하는 민족주의(nationalism)·민족사(national history)의 기획과 욕망에 따라 가변적으로 재현되는 것이었다.[2] 따라서 '전통'을 통한 민족 정체성은 민족의 동일성을 확립하고자 하는 주체들의 의도와 문화적 기획에 따라 달라지는 것이 당연하였고, 한국인의 정체성은 식민지에서 해방이라는 것을 전제해야 한다는 점에서 보다 복잡하지 않을 수 없었다.

이 글은 이러한 관점에서 한국 근대사의 역사과정에서 식민지 근대를 경험하면서 형성된 민족 정체성의 다면성을 이해하기 위하여 자치론자들의 문화적 정체성에 대해 살펴보고자 한다. 저항성을 강조하는 관점에서 볼 때 20세기 전반기 자치론, 자치운동은 일제에 대한 저항이 불철저한 '반민족'의 정체성이 강한 것으로 분류된다. 특히 일제하 한국 민족운동, 민족주의에 대한 1990년대 이후의 연구에서 민족주의 우파의 실력양성운동은 일제와 타협하는 논리와 운동으로 개량주의적 민족운동, 자치운동으

---

1) 이지원, 「한국 근현대사 교육에서 민족주의와 근대주체」『歷史教育』 95, 2005.

2) Eric Hobsbawm & Terence Ranger ed, *The Invention of Tradition*, Cambridge University Press, U.K, 1983.

로 귀결된다는 것이 일제하 민족주의 사상이나 운동을 이해하는 일반적 도식이 되어 왔다.[3] 저항적 민족주의·독립운동론의 관점에서 볼 때, 자치론은 민족주의 우파들에 의한 정치운동으로서 타협과 협력의 정치 지향을 하는 범주로 이해되었던 것이다. 그러나 자치론은 동화를 거부하는 논거로서 문화적 고유성과 민족 정체성을 강조였다. 민족주의 좌·우파로 양분하는 정치운동의 관점으로는 파악할 수 없는 의식세계와 역사성이 존재하였던 것이다.[4] 그들은 민족적 정체성·동일성을 확보하기 위하여 전통의 재현·창출에 적극적이었고, '민족문화'라는 근대적 문화 담론으로 민족을 표상하고자 하였다. 이들의 의식세계를 통해 근대 한국인의 정체성 형성에서 다양한 '민족적'인 것이 존재하는 실상과 식민지 하에서 민족적 정체성에 대한 욕망의 경계가 어떻게 유동할 수 있는지를 살펴보고자 한다.

2. 전통=민족적=저항적 이라는 경계의 함정

인간의 속성이 자유를 추구하고, 근대 사회가 그러한 자유를 사회적

---

3) 대표적으로 박찬승, 『한국근대정치사상사연구』, 역사비평사, 1992. 이후 이러한 이해 방식이 정착되었다.
4) 민족주의 운동을 좌·우파로 구분하는 연구는 민족운동의 다양한 실상, 그리고 해방 이후로 연계되는 한국 민족주의의 역사적 연계성을 이해하기 어려워진다. 민족주의 좌, 우파로 구분하면서 일제 강점기 정치사상을 구분하는 기존의 연구에 대한 전면적인 재검토를 한 연구로는 방기중, 「일제하 물산장려운동과 민족주의 경제사상」『근대 한국의 민족주의 경제사상』, 연세대학교출판부, 2010 참조. 최근 20세기 전반기 민족주의 정치운동의 다양한 실상들을 해방 이후까지 연계하여 파악한 연구로는 윤덕영, 「1920년대 중반 민족주의 세력의 정세인식과 합법적 정치운동의 전망」『한국근현대사연구』 53, 2010 ; 이태훈, 「일제하 친일정치운동 연구」2010, 연세대학교 박사학위 논문 ; 정용서, 「일제하 해방후 천도교 세력의 정치운동」, 2010, 연세대학교 박사학위 논문 ; 윤덕영, 「신간회 창립 주도세력과 민족주의 세력의 정치 지형」『한국민족운동사연구』 68, 2011 등 참조.

공공성으로 체계화하는데 진전된 역사단계라고 할 때, 식민지로부터 해방
되는 것은 근대사회로 나가야할 집단이나 사회가 지향하는 보편적 과제임
은 분명하다. 그러한 점에서 일제로부터 저항과 독립은 근대 '국민국가'
'민족'을 만들기 위한 역사적 보편성을 갖으며, 저항과 독립을 위한 주체
로서 '민족'을 설정하고 민족적 동질성을 확보하려는 경계 짓기는 당연한
정서라고 할 수 있다.

   이민족의 지배라는 식민지 상황 속에서 저항의 열망을 정당화하면서
만들어 낸 '민족적'이라는 경계 짓기는 전래하는 자기 집단의 동질성을
근원적으로 찾게 하는 '전통'에 주목하였다. 전통은 민족 동일성의 표상으
로 부각되며 민족 정체성의 문화의식으로 재배치되었다. 이러한 의도에서
20세기 초 한국사에서 거론된 것이 '국수國粹'였다.[5] "그 나라에 전래하는
풍속, 습관, 법률, 제도 등의 정신인 국수"[6]를 보전하는 것은 저항적 민족
의식과 독립운동의 경계를 형성하는 기준으로 이해되어 왔다. 그것은 주
로 박은식朴殷植·신채호申采浩 등의 민족주의 사상이나 민족주의 역사학,
대종교大倧敎 등 민족의 정체성을 통해 민족주의의 저항적 측면을 강조하
는 연구와 관련하여 이루어져 왔다.[7] 이러한 연구의 구상은 일제 강점으

---

5) 사전적으로 國粹는 "한 나라나 민족이 지닌 고유한 정신적·물질적 장점"
   (국립국어연구원편, 『표준국어대사전』, 1999, 692쪽), "그 국민에게 고유
   한 정신상 또는 물질상의 장점"(『大漢和辭典』 卷三, 82쪽), "廣義指一國
   精神上物質上之特色　俠義則專指國故而言"(中國文化大學印刊, 『中文大
   辭典』(二), 1992, 1,080쪽)으로, 國粹主義는 "자국민족의 역사·문화·정치
   등의 독자의 가치와 의의를 인식하고 그 전통적 정신을 유지, 발전시키고
   자 하는 주의"(『大漢和辭典』 卷三, 82쪽)라고 풀이하고 있다.

6) 申采浩, 1908, 「國粹保存說」 『改訂版 丹齋申采浩全集』 別集, 1977, 116쪽.

7) 申一澈, 『申采浩의 歷史思想研究』, 고려대학교출판부, 1980 ; 愼鏞廈, 「申采
   浩의 愛國啓蒙思想」 『한국학보』 20, 일지사, 1980 ; 韓永愚, 「1910년대의
   民族主義的 歷史敍述―李相龍, 朴殷植, 金敎獻, 檀紀古事를 중심으로」
   『韓國文化』 1, 1980 ; 李萬烈, 『丹齋 申采浩의 歷史學 研究』, 문학과지성
   사, 1990 ; 鄭昌烈, 「20세기 전반기 한국에서의 優勝主義와 民族的 正體性」

유주의적 정치인이나 지식인 등이 조선의 자치제를 주장한 것은 그러한 정치사상·정치사의 변화와 같은 맥락에서 이루어진 것이었다.[15] 20세기 전반기 한국의 자본주의적 발전을 지향하며 문명적 근대화를 사상 지형으로 삼았던 지식인들 또한 이러한 맥락에서 근대정치의 합법적 발전으로서 자치제에 주목하였다. 그것의 직접적인 계기는 1차 세계대전 이후 변화하는 세계 정세였다. 미국과 소련의 등장 속에서 '민족자결주의'라는 약자의 자주권을 주장하는 강대국의 목소리가 나왔고, 이에 고무되어 식민지 약소민족의 민족운동도 고양되고 있었다. 그러나 1차 세계대전 전승국의 식민지라도 자치를 획득하는 나라들이 1920년대 초 등장하고 있었다. 이집트, 아일랜드, 인도, 필리핀 등은 1차 세계대전 종전 이후 민족자결주의가 적용된 패전국의 식민지가 아니라 전승국 영국·미국의 식민지로서, 주로 의회 중심의 민족운동을 통해 '자치'를 획득한 나라들이었다. 이러한 시대 상황에서 전승국인 일본의 식민지에서도 민족운동의 역량과 국제적 정세의 영향을 받아 '자치'의 가능성을 모색하며 민족운동에 대한 전망을 모색하였던 것이다. 그리하여 일본에서 다이쇼 데모크라시의 세례를 받으면 유학을 하였던 일본 유학생[16]이나 3·1운동 당시 천도교계 일부 지도자들[17] 사이에서 자치제가 거론되었고, 조선인의 정치참여를 위한 유민회

---

15) 1910년대 일본의 다이쇼 데모크라시의 분위기에서 유학생들에게 커다란 영향을 끼쳤던 黎明會의 吉野作造, 福田德三 등은 군벌에 의한 무단적인 통치를 비판하고 조선에 대한 자치를 인정할 것을 주장하였다(金井淸一, 「大正期の思想と文化」 『講座日本史』 7, 1971, 165쪽).

16) 유학생학우회에서 張德俊은 "조선청년의 이상으로 하는 바는 첫째 실력을 양성할 것 둘째 일본의 정치가, 실업가 내지 학생 등의 동정을 기대어 조선 自治를 얻을 것, 셋째 다시 나아가 자국의 국권회복을 얻을 것"이라 하여 독립의 전단계로서 자치를 상정하고 있었다(姜德相 編, 『現代史資料』 26, 6쪽).

17) 3·1운동 준비당시 孫秉熙와 權東鎭, 崔麟 등은 초기 단계에서 자치의 요구를 정치적 목표로 삼았었고, 또 朴永孝도 민족자결주의에 따른 조선 독립을 시기상조로 보고 장차 조선의 문화정도가 발전하면 자치가 실시될

등의 자치운동이 전개되었다. 그것은 현대정치의 원리는 인민이 국가에 참여하여 자기 의사를 표시함으로써 인민을 위한 정치가 실현된다는 근대 정치원리에 토대로 한 것으로서, 일제 당국에 대해서도 진정한 의미의 '문화정치'는 조선인이 정치에 참여해서 조선인을 위한 정치가 이루어지는 것이라고 주장하고 있었다.[18] 1차 세계대전 이후 전개되는 강대국의 세력 재편과정에서 패전국의 식민지에 적용되었던 '민족자결주의가'가 한국과는 무관한 상황에서 전승국 일본의 식민지 한국이 즉각적인 '독립'보다는 근대적인 정치원리에 입각한 독자적인 정치역량을 확보하는 '자치'를 현실 정치운동으로 상정하게 되었던 것이다.

그러나 자치는 독립이라는 것을 일차적으로 미룬 것이라는 점에서 당시 독립운동·민족운동 진영 내부에서는 논란이 되었다. 자치제를 둘러싼 논의가 사회문제로 끓게 된 것은 1920년부터 아일랜드의 자치운동에 대한 집중 관심을 보이고 있던 동아일보 지면[19]에 1923말~24년 초 본격적으로 자치론이 제기되면서였다. 1923년 11월 2일 『동아일보』 사설에는 조선 민족의 생존권 보장을 위하여 정치상 유력한 발언권을 확보해야 하며 이를 위한 '정치적 중심세력'을 만들 것을 주장하였다. 이어서 1924년 초 이광수의 <민족적 경륜>이 게재되면서 자치론은 민족운동 진영의 핫이슈가 되었다. 이 글은 정치, 경제, 교육의 중심단체의 결성과 함께 "조선 내에서 허하는 범위 내에서 일대 정치적 결사를 조직하여 이 결사로 하여금 당면한 민족적 권리와 이익을 옹호하고 장래 구원한 정치운동의 기초를 만들게 할 것'을 제창하였다. 이때 자치운동은 동아일보의 송진우,

---

수 있을 것이라고 주장하였다(市川正明 編, 『三一獨立運動』 1권, 48쪽 ; 같은 책, 3권 20~23쪽).

18) 『東亞日報』 1920.8.15 사설, 「一年間 齋藤總督의 政治」.

19) 1920~1922까지 동아일보에 소개된 아일랜드 기사는 500여 건 이상이었다 (윤덕영, 「1920년대 전반 민족주의세력의 민족운동 방향과 그 성격-동아일보주도세력을 중심으로」 『史學硏究』 98, 2010, 372쪽).

이광수 등과 천도교의 최린 등이 중심이 되어 국외의 안창호와 연계되어
전개되었다. 식민지 지배권력 하에서 사회적으로 자본주의적 실력을 기르
고, 그 과정에서 대중을 결집시켜 독자적인 기반을 마련하여 식민지 의회
구성을 위한 정치세력화를 도모하였던 것이다.

그런데 자치론자들은 일제의 동화주의를 비판하면서 민족적 정치역량
을 결집시키기 위해서 '조선민족'의 단일성과 고유성을 강조하는 문화적
담론을 즐겨 사용하였다. 동아일보는 창간 당시의 사설에서부터 세계적으
로 역사가 있고 문화가 있는 민족을 동화한 예는 전무하며 영국의 아일랜
드, 독일의 폴란드에 대한 동화정책의 실패를 꼽아 동화정책은 시대에 뒤
떨어진 식민정책이라는 점을 강조하였다.[20]

20세기 초부터 식민정책으로서 동화주의의 실패와 문제점에 대한 지적
은 있었다. 1900년 파리 만국박람회 때에 개최된 제1회 국제식민지사회학
회의에서 프랑스의 알제리 동화정책의 실패 등을 들어 동화주의 식민정책
의 파산선고를 내린 바 있었다.[21] 이때 동화주의 비판의 논거는 19세기
말에 발달한 인류학과 민족심리학이었다. 19세기 후반 계몽주의 사조의
퇴조기에 성장한 인류학, 문화형태학은 토속적 의미의 민족(folk) 단위의 언
어, 신화, 종교, 문학, 예술 등을 연구하여 민족 속에 나타나는 정신과 문
화의 발달을 구명하였다.[22] 당시 인류학은 민족학民族學으로 불리워지면
서 유전적 기초를 같이하는 민족(=부족, tribe) 단위의 '동일한 문화를 갖는
민중의 총제'로서 민족의 고유성을 문화적으로 강조하였다.[23] 한편 19세
기 후반 인류학과 심리학이 결합하면서 등장한 민족심리학(Folk Psychology,

20) 『東亞日報』 1920.4.13 사설, 「朝鮮人의 教育用語를 日本語로 强制함을
    폐지하라」(下).
21) Raymond F.Betts, *Assimilation and Association in French Colonial
    Theory 1890-1914*, New York, Columbia U.P., 1961, 75쪽.
22) 고영복, 『現代社會心理學』, 법문사, 1973, 11쪽.
23) 納武津, 『民族性の研究』, 岩波書店, 1920, 2쪽.

Volker Psychologie)은 M. Lazarus, H. Steintahl 등에서 비롯되어 그의 이론을 계승한 W.Wundt, Gustave Le Bon, Fouillée, Zangwill 등에 의해 발달하였다.[24] 민족심리학은 민족의 인종적·심리적 특성을 포괄한 민족의 고유한 성격으로서 민족성民族性을 강조하며[25] '민족'이라는 군중의 집단행동 양식을 결정짓는 심리적·내적 특징을 밝히고, 군중 통치의 효율성을 모색하기 위해 대두하였다. 민족심리학에서는 "각 민족은 고유한 유전적·심적 성격이 존재하는데 이러한 성격의 총체가 즉 「민족혼民族魂」 「민족정신民族精神」"이라고 하였다.[26] 한 민족의 언어·사상·종교 등의 문화적 요소는 고유한 '민족정신民族精神'의 외적 표현으로 이해되었으며,[27] '민족정신' '민족혼'은 민족의 고유한 인격적·내적 요인에 의하여 형성된다고 강조하였다.

　이러한 내용은 프랑스 혁명 이래의 계몽주의의 영향 하에서 자연법적 자유·평등의 이상을 확산하기 위해 실시했던 프랑스식의 동화주의 식민정책에 대한 비판의 논거로서 제기되었다. 그 대표적 논자는 구스타프 르봉(Gustave Le Bon;1841~1931)이었다. 그는 생물학과 인종주의에 기초한 민족심리학(사회심리학)을 제창하였으며, 그의 이론은 프랑스 혁명 이래의 프랑스식의 추상적인 인류평등에 기초하여 식민 민족의 민족성을 바꾸려고 하는 동화주의 식민정책이 엄청난 경비와 저항에 직면한다고 지적하였다.

24) 納武津, 1920, 위의 책 ; 東鄕實, 『植民政策と民族心理』岩波書店, 1925. 독일의 심리학자 W. Wundt가 1900년부터 1920년에 걸쳐 집필한 大著『民族心理學』(10권)은 이 분야의 최고서로 뽑히고 있다(祖父江孝男, 『文化とパソナリテイ』, 弘文堂, 1976, 22쪽).
25) 『社會科學大辭典』, 東京, 改造社, 1931, 1118쪽 ; 納武津, 앞의 책, 1~9쪽.
26) 東鄕實, 『植民政策と民族心理』岩波書店, 1928, 61쪽, 재인용.
27) 東鄕實, 위의 책, 52쪽 ; 納武津, 앞의 책, 201쪽. 당시 사회학이나 인류학, 식민학에 있어서 민족·민족성에 대한 이해는 대체로 이와 유사하였다. 이때 민족성은 '민족본능'이라고 표현되기도 하였는데, 총독부 당국자들도 민족이 역사적 문화적으로 동일한 정신적 존재이기 때문에 생기는 정신적 요소로서 민족본능이라는 용어를 사용하고 있었다(『朝鮮統治策に關する學說』, 1926 ; 『朝鮮統治問題論文集 第1輯』, 朝鮮通信社, 1925 등 참조).

그리고 영국의 식민정책이 훨씬 성공적인 것은 동화주의를 채용하지 않고
원주자의 관습을 유지하고, 전통적 지배층을 온존·이용하여 자치적 간
접통치를 행했기 때문이라고 하였다. 그의 저서는 1910년대 일본에 본격
소개되었고 1920년대 그 이론을 적용한 식민정책서들이 간행되었다.[28]

국내에서는 이광수李光洙가 1922년 『개벽開闢』지에 르봉의 『민족심리
학』의 일부분을 번역 소개하고 있었으며,[29] 자신이 「민족개조론民族改造論」
에서 거론한 민족개조는 민족심리학에서 말하는 민족성의 개조를 가르킨
다고 하였다.[30] 천도교계의 이돈화李敦化 또한 개인이 개인성個人性의 특질
이 있듯이 민족도 또한 민족으로서 특성이 각각 다르니, 이를 그 민족의
민족성民族性이라 하였다. 민족성에 따라 동일한 문명을 접촉하더라도 각
민족이 각각 다른 '문화'를 생성하는 것인데, 동일한 인도·중국의 고대
문명이 동양 삼국에 보급되었어도 일본성日本性, 조선성朝鮮性, 지나성支那
性으로 인해 각각의 민족문화가 달라진다고 하였다.[31] 최남선崔南善은

> 민족民族마다 각별한 공통심리共通心理가 있어, 온갖 사물상事物上에 그 특
> 수한 색채를 나타내나니 이를 민족성民族性이라 한다. 민족성이 국민으로 발
> 로된 것을 국민성國民性이라 일컫는다. 그런데 한 민족이나 한 국민의 성격·
> 정서는 인종적 관계와 지리적 영향과 기타 여러 가지 복잡한 분자로 결합되
> 어야 하는 것이니, 결코 일조 일석에 성립하는 것도 아니요, 또 결코 잠시간
> 暫時間에 일전一轉 전변하는 것도 아니다. 그러므로 어느 한 민족의 성정性情
> 을 잘 이회理會함은 문득 그 민족民族 역사歷史의 심리적心理的 기초基礎를 터
> 득攄得한 것이다.[32]

28) 이지원, 2007 앞의 책, 236~7쪽.
29) 魯啞 譯, 「國民生活에 對한 思想의 勢力-르본 博士」著 『民族心理學』의
    一節」 『開闢』 1922.4.
30) 李春園, 「民族改造論」 『開闢』 1922.5. 32쪽.
31) 李敦化, 「朝鮮人의 民族性을 論하노라」 『開闢』 1920.11. 4쪽.
32) 崔南善, 1922, 「朝鮮歷史通俗講話 開題」 『六堂崔南善全集』 2, 1975, 현

라 하여 인종적, 지리적, 역사적 요인에 의한 민족성의 고유함을 강조였다.[33] 이와 같이 민족심리학에서 말하는 민족의 근본적 성격은 유전적 축적으로 인해 거의 불가변적이었기 때문에 민족성에 따라 달라지는 언어, 풍속, 종교, 도덕 등 '민족문화'는 고유적이고 불변적인 것으로 인식되었던 것이다.

이러한 논거들은 기본적으로 식민민족의 민족적·문화적 고유성을 강조함으로써 동화주의 식민정책을 비판하고 피식민지 민족의 자치를 옹호하는 이론이 되었다. 예컨대 3·1운동 이후 일본 조야에서 조선의 식민통치에서 내지연장주의에 의한 동화주의 식민정책을 비판하고 자치주의를 제기할 때에도

> 일본日本이 명치明治 43년 8월 29일 병합과 함께 맨 먼저 고려했어야 할 것은 조선이 독립국가로서 오랜 역사를 가지고 있었다는 점이다. 이 사실을 망각하고 입안한 통치방식은 도리어 조선인의 반항심을 도발하여 하등 가치가 없다 … 민족을 드러내는 것은 각자의 전설, 사상, 문학 및 관습이다. 일민족이 다른 민족을 지배하는데 이러한 것들을 존중하고 유지하지 않고서는 결코 새로운 귀속자歸屬者를 만족시킬 수 없다 … 일본이 행할 최선의 방책은 일본의 영토 일부로서 자치自治를 허락하고 내정적內政的으로 조선인을 만족시켜야만 한다. 조선이 자치自治를 하고 그러한 것이 이루어지면 독립운동의 필요도 없어지게 될 것이다.[34]

라 하여 조선 민족의 역사적, 문화적 독자성을 인정하고 자치를 허용하는 것이 독립운동을 막아 식민지배의 안정책이 된다는 점을 강조하였다. 3·1운동 직후 작성된 조선군 참모부의 보고서에도 "2천만 민중民衆에게 흐르

암사, 417쪽.
33) 崔南善, 위의 글, 416쪽.
34) 國民新聞, 「朝鮮에 自治를 許하자」 『朝鮮統治策に關する學說』.

는 족성族性을 하루 아침에 없앨 수 없으며" 과거 조선통치에서 조선인의 미묘한 민족심리 등을 고려하지 않고 "수천년래數千年來의 문명文明과 특수特殊한 풍속風俗 관습慣習을 타파한 것이 조선인의 민족정신을 자극하여 자신들의 국가를 만들고자 하는 불만의 요인을 제공하였다"[35]라고 하여, 조선의 전통문화와 민족의식의 상관관계를 전제하여 고유문화의 억압이 곧 민족정신을 자극하였다는 점을 지적하고 있었다. 독립운동의 분위기가 고양된 식민지배의 위기상황에서 통치 방법으로서 조선의 고유풍습을 고려하자고 하거나, 자치제를 제기한 것은 이러한 인식의 변화를 보여주는 것이었다.[36]

자치론을 제기하던 국내의 세력들도 이러한 조류의 흐름을 읽고 그 논거를 제시하며 자치의 정당성을 주장하고 있었다. 1920년대 초 자치청원운동을 주도한 유민회는 3·1운동의 원인은 결코 외재적인 것이 아니라 바로 통치방침 내부에서 기인한 것이며 이를 해소하기 위한 조선통치책으로서 자치의 합당함을 주장하였다.[37] 즉 1. 조선민족은 4천 년간의 역사를 통해 다른 민족에게 정치를 맡겨본 적인 없기 때문에 역사상 관념에 있어서 조선인 스스로 정치한다는 사상이 공고鞏固하며, 2. 조선민족은 스스로 특수한 역사, 문화, 언어, 풍속 및 습관을 가졌기 때문에 이를 무시하고 일본민족에게 동화하는 것은 불가능한 방도로서 조선민족의 발달을 방해하는 결과를 낳을 것이며, 3. 현재 조선민족은 강력한 독립사상을 갖고 있기 때문에 동화정책을 표방하는 것으로는 도저히 그러한 사상을 완화시킬 수 없고 건전한 국민의 책임을 다할 수 없게 한다는 것이었다.[38] 즉

---

35) 舊陸軍省文書, 密第 102号其357, 朝特報第26号, 1919年 7月14日 号. 姜德相編, 『現代史資料 26, 朝鮮 2』, 東京, みずす書房, 1967, 643~656쪽.
36) 이러한 정황에 대해서는 이지원, 2007 앞의 책 3장 참조.
37) 上田務, 『朝鮮統治論』 1920 ; 近藤劍一, 『萬歲騷擾事件』(2), 1964, 巖南堂 20쪽 ; 이태훈, 「1920년대 초 자치청원운동과 維民會의 자치구상」 『역사와 현실』 29, 2001.

역사, 문화, 언어, 풍속 등의 고유성 때문에 조선인에게는 동화주의는 부적합하고, 조선인들의 독립사상을 완화시키기 위하여 정치의 독자성을 인정하는 '자치'가 적절하다는 주장이었다.

동아일보 역시 동일한 역사적 경험에서 형성된 민족문화의 고유성은 민족적 정치력의 발휘를 정당화하는 근거가 되며, 그러한 조선인의 정치력 발휘를 허용하지 않으면 조선의 사상·운동은 과격, 적화할 것이라는 점을 들어 일제 당국에게 자치제의 실시를 요구하고 있었다.[39] 또한 이광수 역시 「민족개조론民族改造論」에서

> 그네의 식민지를 다스리는 제도를 보건대 자기네의 본국을 표준하여 철두철미로 영국의 속령屬領이라는 표가 나기를 반드시 힘쓰지 않는 모양이요, 다만 실제로 자기의 식민지인 이익을 취하면 그만이라 하는 듯합니다. 마치 커다란 유니온잭 국기國旗를 그 땅에 달아 놓으면 그만이지 구태, 방방곡곡坊坊曲曲이 가가호호家家戶戶이 유니온잭을 그리고 달고 해야한다는 철저한 생각은 아니 가진 듯합니다. 그러면서도 아주 이상적으로 철저的徹底的이요, 조직적組織的으로 모국화母國化하려고 애쓰는 불국佛國보다 훨씬 유효하게 그 식민지를 모국화母國化하는 공효功效를 얻습니다. 그네의 식민지는 번창하고 그네의 지배를 받는 이민족은 비교적 많은 자유自由를 향유하고 그러면서도 그네의 모국은 이 식민지에서 얻을 이익을 넉넉히 향수享受합니다.[40]

라고 하여 앵글로 색슨족의 민족성인 자유주의가 발달한 영국의 경우 식

---

38) 「高元勳外六名の意見書」 近藤劒一, 『萬歲騷擾事件』(2), 1964, 121쪽.

39) 『東亞日報』 1920.5.11 사설, 「鄕政治를 回想함」 ; 同, 1920.5.13. 사설, 「과격파와 조선(二)」 ; 同, 1923.12.16. 사설, 「更히 朝鮮의 産業政策에 對하야」. 崔麟과 宋鎭禹는 조선 총독을 찾아가 공산주의자들이 사주한 수많은 정치적 불안을 환기시키고, 그 긴장과 불안을 완화시킬 계획으로 自治案을 내놓았다고 한다(Dae-Sook Suh, *The Korean Communist movement 1918-1948*, Princeton University Press, 1967, p.88).

40) 李春園, 「民族改造論」 『開闢』 1922.5(『李光洙全集』 10, 삼중당, 125쪽).

민정책에서도 원주민의 종교, 관습, 기타 생활방식을 존중하고 그것의 자유로운 발달을 도모한다는 점에서 프랑스의 동화정책보다 효과적임을 지적하고 있었다.

이와 같이 인류학·민족심리학의 의미를 전제한 민족·민족문화의 고유성은 타 민족문화와 차별되는 자민족 만의 고유성을 강조함으로써, 민족의 독자적인 정치적·문화적 자립성·개별성을 확보하는 '자치주의'를 합리화하고, 민족체·민족문화의 고유성을 말살하려는 동화주의를 비판하는 논거가 되었다. 또한 대내적으로도 자치제를 성사시키기 위해서는 민족운동의 역량 결집이 중요하였는데, 이를 위해 민족 문화의 유구성과 독자성을 강조하여 단일 민족의식을 고취할 필요가 있었다. 이러한 이유에서 자치론자들은 민족 고유성과 관련한 전통의 문화 요소를 발굴, 선양하는 것에 긍정적이었고, 민족 고유성의 표상에 적극적인 사고를 하였던 것이다.

4. 자치론의 민족 고유성 표상

1) 단군선양

단군은 한국 민족주의에서 독보적인 민족 동일성이 표상이고, 그 위상은 대한민국이나 북한에서 모두 공히 절대적이다. 단군은 조선왕조 당시 정통성의 상징으로 시작되어, 한말 계몽운동에서 부여 계승의 국수문화인식으로 발전하고 1910년대에는 만주와 중국본토로 망명하였던 대종교도들의 저항적 무장 독립운동에 있어서 민족의식을 고양시키는 정점이 되었다.[41] 그러나 단군은 독립·저항의 상징이기도 하였으나 1910년대 자본주

---

41) 박영석, 「대종교의 독립운동에 관한 연구」『史叢』21·22합집, 1977 ; 신용하, 『독립협회연구』, 1978 ; 한영우, 『한국민족주의 역사학』, 1994. 대종교는 1915년 일제가 대종교의 포교 금지령을 내린 이후 1917년 교구개

의적 근대화를 위한 실력양성을 추구하였던 신지식인들 사이에서도 선양 되었고,[42] 그것은 자치제를 구상하는 사상구도 속에도 들어오게 되었다. 동아일보의 사장 송진우宋鎭禹는 1910년대 중반 일본 유학시절부터 신생 활新生活을 배태하는 신사상新思想 개혁을 주장하면서 그 첫번째로 '공교타 파孔敎打破와 국수발휘國粹發揮'를 주장한 바 있었다. 이때 송진우가 언급한 '국수발휘'는 단군숭배사상이었다.[43] 그리고 1917년 중악학교 교장시절 단군선양을 위한 삼성사三聖祠건립 기성회를 조직하고 이를 남산에 세우 려고 계획하기도 하였다. 단군은 민족 구성원의 근대적 자각을 위한 민족 통합 · 민족의식의 상징이었고, 오랜 역사 속에서 유기체적인 사회 질서 의 상징으로 설정되었던 것이었다. 그러한 인식은 1920년대 동아일보 창 간 초에도 계속되었다.

　　조선인朝鮮人의 정신情神은 조선혼朝鮮魂으로 출出함이며 조선인의 생활은 조선식朝鮮式으로 영영營함이니 이 조선식과 조선혼은 그 역사가 실로 장차원長 且遠하니라 성조聖祖 단군檀君께서 그 식式과 그 혼魂을 창조하신 후 지금 사 천여세四千餘歲에 반도半島의 지축地軸에 그 혼이 깊이 인각印刻되고 반도의 지 면地面에 그 식式이 널리 충만充滿하야 이에 그 혼으로 조선인을 생生하며 그 식式으로 조선인을 양양養하니 그 혼으로 생한 인人이 엇지 그 혼을 망하며 그 식式으로 양양養한 인人이 엇지 그 식式을 탈脫하리오.[44]

편에서 국내에 南道本司를 두었다. 여기에 金允植, 池錫永, 周時經, 洪命 喜, 安在鴻, 申佰雨, 金枓奉, 李克魯, 申性模, 柳槿, 鄭寅普, 明濟世, 徐相 日 등이 참여하였다(玄圭煥, 『韓國流移民史』 上, 1967, 569쪽).

42) 이지원, 「1910년대 신지식층의 國粹觀과 國粹保存運動」 『歷史敎育』 82, 2002

43) 宋鎭禹, 「思想改革論」 『學之光』 5, 1915, 4쪽. "玆에 國粹發揮를 急叫코 져하노니 吾人의 生命은 太白山 檀木下에서 神聖出現하신 大皇祖께서 創造하셧나니 (皇祖)께읍서는 領土家屋을 開創하셧스며 禮樂文物을 制定 하셧스며 血肉精靈을 分布하셧스니 吾人의 生命을 集合하면 四千年前의 渾全한 一體가 될지요 分布하면 二千萬族의 分派된 支流가 될지로다."

조선인의 정신과 생활은 단군에서 비롯되었으니, 조선 민족은 단군으로부터 비롯된 정신과 생활의 유구한 역사적 총체였으며, 조선의 민족적·사회적 통일 원리가 되었던 것이다.

그리하여 단군은 조선 민족 문명사의 중심으로서, 민족적 문화가치의 창시자·구현자로서 민족적 동질성과 단결의 상징으로 부각되었다. 즉

> 단군檀君은 조선급朝鮮及 조선심朝鮮心의 구극적究極的 표식標識이다. 역사의 우에서는 그가 조선국토의 개척자요 조선문화의 창조자요 조선생활의 건설자며 혈연상으로는 그가 조선민족의 도조상都祖上이오 조선권속朝鮮眷屬의 대종조大宗祖요 조선문화의 주동량主棟梁이며 신앙상으로는 그가 조선정신의 인격자요 조선이상의 최고조요 조선원리의 총괄점이시니 …[45]

라 하여 조선심의 구극적 표식으로서 단군을 설정하고 있었다. 천도교계의 이돈화 또한 조선민족의 정신을 대표할만한 민족성民族性으로써 단군이래의 민족성인 '선심善心'을 꼽았다.

> 앙仰조선인의 민족성民族性인 차此 선심善心은 실로 역사적 심원한 근거로부터 울어나온 것이니 아니 유사이전有史以前에서 조선인은 차此 '선善'의 이상을 동경하였던 민족民族이라 할지니 그는 단군신가중檀君神歌中에 '선善'의 이상을 찬미讚美한 점으로 보아도 능히 차此를 증명할 수 있나니.[46]

그는 대종교의 교가敎歌인 단군신가檀君神歌에 인격주의人格主義·문화주의文化主義 사상의 핵심개념인 '진·선·미'를 적용하여 단군 이래의 민족성인 선심善心을 기반으로 생활의 방편을 삼고 활동活動과 자강自强에 힘쓸

---

44) 『東亞日報』1920.6.22 사설, 「自精神을 喚하고 舊思想을 論」.
45) 『東亞日報』1926.12.9 사설, 「檀君계의 表誠(上)-朝鮮心을 具現하라」.
46) 李敦化, 「朝鮮人의 民族性을 論하노라」『開闢』1920.11. 4쪽.

것을 주장하는 신문화건설의 사상개혁을 주장하였다. 그것은 '가중화적 구사상假中華的 舊思想'[47])을 개혁하여 조선인의 근대적 민족으로서 내적 성장을 위한 정신개조·의식개혁의 주제로써 '단군'이었다. 요컨대 단군은 조선민족이 오랜 역사의 혈연적·문화적 동일체의 상징이자, 조선민족의 새로운 근대적 인간으로의 변신을 위한 도약대로서의 현실적인 의미를 부식扶植한 단군이었다.

이러한 취지에서 1920년대는 단군을 민족문화의 중심에 놓거나, 민족의식의 상징으로 설정하는 다양한 단군선양운동이 전개되었다. 동아일보는 창간과 동시에 '단군영정현상모집檀君影幀懸賞募集'을 하였는데, 그 광고문에서

> 단군檀君은 우리민족의 종조宗祖이시오 우리 근역槿域에 건국하신 제일인第一人이시오 가장 신성神聖하신 혼령魂靈이 엄연하시고 건국建國하신 사업이 역연歷然하시고 경국經國하신 역사가 찬연燦然하시고 신성하신 홍령이 엄연嚴然하시사 금일 오등吾等 자손에 전傳케되시고 승承케되신지라 우리는 존숭尊崇을 난금難禁하난 충심衷心으로써 숭엄崇嚴하신 단군존상檀君尊像을 구하야 제자諸者와 공共히 배拜하려고 자玆에 본사本社는 현상懸賞하야 감히 존상尊像을 모집하오니 강호형제江湖兄弟는 응모하시오.[48])

라 하여, 대종교 등에서 보여주고 있는 단군국조의식檀君國祖意識을 강조하는 한편 건국 이후 경국經國을 통해 찬연한 역사를 계승하였음을 부각시킴으로써 이에 그 존상尊像을 구하여 숭배의 물증으로 삼고자 한다고 하였다. 그런데 존상을 응모함에 있어서 고래古來로 보관되었던 것보다는 역사적 색채를 포함한 창작품을 특히 환영한다고 응모 주의사항을 첨부한 것을 보면,[49]) 단군의 선양은 단순히 복고적 취향의 '전통으로의 회귀'가

---

47) 李東谷, 「思想의 革命」『開闢』 1924.10, 24쪽.
48) 『東亞日報』 1920.4.11.

아니라 민족의식의 상징으로서 '재현·재인식된 전통'으로서 의미 부여가
적용되고 있었다.

그리고 이러한 민족 표상으로서 단군은 '민족'을 내세운 여타 사회운
동의 상징으로 적용되었다. 예컨대 1922년 3월부터 각 지방 청년회와 동
아일보 지국, 천도교 등이 연합하여 재외동포 위문사업을 전개하면서 이
를 '민족적 초유의 일대 정신사업'이라 선전하였다. 그리고 이 사업에서
'민족의식' '조선인' 의식의 중심에 단군이 있었다.

> 단군檀君을 위시하야 상하 오천재五千載에 허다許多한 풍상과 무수한 곤란
> 을 열력하면서 '조선인朝鮮人' 3자三字가 불멸 불소하고 혼연히 민족적 문화
> 를 형성하며 정연히 사회적 제도를 창설하여 인류역사에 일부를 첨재하고
> 세계지도에 일구一區를 점거하게 된 것은 이 다 전조선민의 심혈을 경주하고
> 정력을 진쇄하여 난적이 침입하면 소탕하였고 기근이 습래하면 구조하였고
> … 현재 민족에게 급及하게 된 것이라.[50]

즉 단군에서 비롯되는 민족 문화의 유구성과 단일성을 통해 '동포同胞'
의 의미를 강조하고 민족적 자각과 단결을 역설하였던 것이다. 이것은 역
사적 실체로서의 단군이라기 보다는 상징으로서의 단군을 동원한 근대적
민족의식과 자파自派 주도의 민족운동에의 결집을 도모하는 것으로서 계
몽적 문화운동의 성격을 갖는 것이었다. 이러한 취지에서 동아일보는 음
력 3월 15일의 어천절御天節과 음력 10월 3의 개천절開天節에 대한 소개와
기념 행사 등에 대해서도 거의 정례적으로 소개하고 있었고[51] 단군국조
숭배 강연회도 여러 차례 개최하였다.[52]

---

49) 위와 같음.
50) 『東亞日報』 1922.3.8 사설. 「在外同胞慰問과 全朝鮮의 熱狂」.
51) 『東亞日報』 1920.5.3 ; 1921.4.22 ; 1921.11.3 ; 1922.4.12 ; 1922.10.6 ;
   1923.5.1 ; 1023.9.25 ; 1924.4.18 ; 1925.4.7 ; 1925.11.18 ; 1926.4.26 ;
   1926.11.6 ; 1927.5.14 ; 1928.5.4 ; 1928.11.23.

또한 천도교계의 『개벽開闢』 지誌도 창간호에서 「단군신화檀君神話」를 소개하며 단군의 제생설濟生說, 천부삼인天符三印, 삼신三神, 고시례高矢禮, 팽오彭吳, 신지神誌, 팔리八理, 단군신가檀君神歌 등 단군의 탄생과 종교, 제도, 문화 등 민족의 고유정신固有精神과 전래미속傳來美俗을 설명하고 있었다.[53] 한편 안창호와 연계되어 자치운동의 기반으로 활동하였던 수양동우회는 기관지 『동광東光』 창간호(1926.5) 사설 「민족주의와 사회주의」에서 조선 사람 각 개인의 발전에 근거한 민족의 발전을 내세운 '민족적 합동'을 강조한 이래, 같은 해 11월호에 개천절 기념으로 단군 영정 사진을 전면에 싣고 개천절에 대한 소개 및 단군 숭배를 특집으로 다루었다. 여기에는 최남선崔南善, 권덕규權德奎, 장도빈張道斌, 황의돈黃義敦, 안확安廓과 김도태金道泰, 이윤재李允宰 등이 「조선고대사연구 일단朝鮮古代史硏究 一端」이라는 특집 하에 개천절의 의의 및 단군 선양의 글을 게재하는 등 민족의 동질성을 강조하는 '단일민족의식單一民族意識'을 불러일으키는 데에 열중하였다. 또한 현상금 최고 10원을 걸고 단군에 대한 현상 퀴즈를 내는 등의 행사를 통해[54] 단군을 민족동일성의 상징으로 광고하였다. 단군은 근대적 의식개혁·정신개조의 중심이자 민족운동을 이끄는 '민족의식'의 표상이 되었던 것이다.

---

52) 『東亞日報』 1921.11.3 ; 『東亞日報』 1926.11.9. 동아일보 등이 주도한 단군 숭배 사업은 후일 1932년 평안남도 江東의 檀君陵 修築事業으로 재개되었다(이지원, 「1930년대 전반 民族主義系列의 古蹟保存運動」 『東方學志』 77·78·79합집, 1993).
53) 一熊, 「檀君神話」 『開闢』 創刊號.
54) 『東光』 7호, 1926.11, 108쪽. 『東光』 8호, 1926.12, 48쪽. 이때 일등 한 명에 현상금 10원, 2등 1명에 5원이었다. 당시 『동광』의 정가가 30전이었던 것을 감안할 때 파격적인 현상금이었다.

2) 조선학

민족 고유성을 표상하는 또 다른 작업은 조선학을 통해 이루어졌다. 고대 이래 민족의 형성과 함께 시작되어 역사적으로 변화 발전해온 조선의 고유문화 = 민족문화의 특질을 탐구하고 발현하는 작업으로서 조선학을 처음 제기한 것은 1922년 최남선이었다. 그는 민족적 일대각성을 위하여 인종적, 지리적, 역사적 요인에 의한 민족성의 고유함을 강조하고 이를 통해 타민족과 구분되는 문화가치를 드러내야 한다고 주장하였다.[55] 이러한 주장은 이즈음 문화가치의 관점에서 민족의 문화적 우월성과 경쟁력 발휘를 고무하는 신문화 건설의 일환으로서 '민족문화民族文化'의 건설을 주장했던 동아일보의 사설과 일맥 상통하는 것이었다.[56] 즉 조선학은 대내적으로 민족의식을 고취하고 대외적으로 '문화민족'으로서 민족의 문화적 우월함을 보여주는 문화주의 민족문화의 신문화 건설의 일환이었다.[57]

유민회와 동아일보계열 등 자치운동을 했던 인사들의 조선학 보급에는 계명구락부啓明俱樂部가 역할을 하였다.[58] 1918년 한일은행 두취였던 민대식閔大植 등이 중심이 되어 설립했던 한성구락부를 1921년 개명한 계명구락부는 일제 체제하에서 경제적·사회적 주류로 성장한 조선인 엘리트들의 친목단체이자 문화계몽 단체였다. 인사동에 사무실을 둔 계명구락부는 '언문 의례 의식주 기타 일상 행사의 개선방법 연구 선전, 잡지 기타 필요한 서적의 간행'을 표방하고 1921년 5월 『계명啓明』 지를 창간하여 1933

---

55) 최남선, 1922, 「朝鮮歷史通俗講話 開題」『六堂崔南善全集』2, 1975, 현암사, 417쪽.
56) 『東亞日報』1922.10.4. 사설, 「文化建設의 核心的 思想－民族感情과 生活衣食」.
57) 신문화 건설과 관련한 문화주의 민족문화론에 대해서는 이지원, 2007 앞의 책, 3장 2-1) 참조.
58) 계명구락부의 활동에 대해서는 이지원, 2007 앞의 책, 241~252쪽 참조.

년 통권 24호까지 간행하였다. 그리고 계명구락부의 특별사업으로 조선어 사전 편찬과 고서간행이 추진되었다. 이러한 민족문화 운동의 중심에 있던 대표적 인물이 3·1운동 이후 유민회의 자치청원 운동의 핵심인물로서 1925, 6년 김성수, 송진우, 최린 등이 자치단체 결성 논의에 간여하였고, 계명구락부의 초대 평의장과 보성전문학교 교장을 역임한 박승빈朴勝彬이었다. 특히 그는 한글 연구에 관심이 많았는데, 민족의 언문 발달을 문명 발달의 척도로 본다는 근대적 국문관을 중시하였다. 즉 그는 '문화文化가 고高한 민족은 발달된 언문을 유有하고 미개未開한 민족은 유치한 언문을 용용用하며 무용武勇한 민족은 그 언문이 건실하고 문약文弱한 민족은 진언 문眞言文이 부허浮虛'[59]한 것이기 때문에 문명적 문화의 수립을 위해 조선 민족의 언문 발달을 강조하였다. 그리하여 한글을 문명어로 발전시키기 위한 방안 모색에 열중하였는데, 마침내 1931년 조선어학연구회를 만들어 조선어연구회와 한글철자법 통일안을 둘러싼 논쟁의 중심인물이 되기도 하였다. 그의 주도 하에 계명구락부에서는 조선어 연구·보급을 위한 사업들이 추진되었는데, 조선어 사용에 있어서 아동에게 경어 쓰기 등을 총독부에 제안하기도 하는 한편, 조선어사전 편찬 작업을 추진하여 1927년 6월부터 계명구락부 편집부에서는 조선어사전편찬사업을 시작하였다.[60] 그것은 1910년대 조선광문회 시절의 사전편찬 작업의 연계 선상에서 이윤재李允宰, 한징韓澄, 심우섭沈友燮, 이용기李用基, 윤정하尹定夏, 김진동金振東 등에 의하여 10만 카드까지 작성되었는데, 1934년 조선어학연구회로 이관된 후 중단되었다.[61]

또한 계명구락부는 1925년 『계명』 14호를 기점으로 부흥의 재출발을 하게 되었는데, 18·19·20호에 각각 『삼국유사三國遺事』, 최남선의 『살만

59) 朴勝彬, 「朝鮮言文에 關한 要求」 『啓明』 창간호, 1921.5, 14쪽.
60) 「重要記事」 『啓明』 24, 1933.1.
61) 金敏洙, 『新國語學史』, 일조각, 1985, 245쪽.

교차기薩滿敎箚記』와 이능화李能和의 『조선무속고朝鮮巫俗考』, 『금오신화金
鰲神話』를 게재하고 『삼국유사 해제三國遺事 解題』, 오세창吳世昌의 『근역서
화징槿域書畵徵』, 『훈민정음訓民正音』(원본 사진판)을 간행하여 조선의 고문헌
복간과 고문화에 대한 연구서를 선보였다. 계명구락부의 특별사업이기도
하였던 고서간행에는 최남선이 관여하고 있었다. 그는 1925년 8월부터
1928년 10월까지 동아일보사 촉탁기자로 활동하였고, 1928년 12월에 조
선사편수회 위원이 되었는데, 1925년 즈음부터 계명구락부의 회원이 되었
다.[62] 이때가 그의 단군 연구의 절정기였는데, 특히 동아일보를 통한 발
표가 대중적인 반향을 불러일으키고 있었다.[63] 계명구락부의 고서 간행사
업에서 가장 먼저 『삼국유사』를 간행한 것은 최남선의 영향력이 컸었던
것으로 보인다. 그는 『삼국유사』의 해제를 집필하고 연이어 동아일보에
「조선의 원시상－교간校刊 삼국유사三國遺事의 감感」이라는 사설을 게재
하는 등 계명구락부의 『삼국유사』 간행에 대하여 적극적이었다. 그는 『삼
국유사』야말로 단군을 중심으로 하는 조선의 민족문화의 본질을 이해하
고 자신이 1922년 제기하였던 조선학을 학술적으로 정립하기 위한 기초
자료로 중요하다는 것을 강조하였다. 즉 "삼국유사는 조선본심朝鮮本心과
조선의 고전古典과 고의古意를 우리에게 가르쳐주는 현재 유일의 귀중한
문헌이다. 조선 본연의 민족적 신앙과 문화상 경로를 지시하는 자는 이
제 삼국유사가 있을 뿐이니 … 『삼국유사』의 보급 여하가 조선학朝鮮學
촉진에 대하여 중대한 계기가 됨은 이만으로도 크게 짐작됨이 있을 것이

---

62) 최남선은 창립 초기는 아니지만 부흥호로 나온 1925년 『啓明』 14호 간행
  즈음에 박승빈 등과의 긴밀한 관계를 맺었고, 이후 구락부회원이 되었던
  것 같다(「會員名簿」 『啓明』 24. 창립 15주년 기념호, 1933.5. 54쪽).
63) 이 시기 발표한 글의 제목은 다음과 같다. 「檀君否認의 妄」 『東亞日報』
  1926.2.11~12 ; 「檀君論」 『東亞日報』 1926.3.3.~7.25 ; 「薩滿敎箚記」 『啓明』
  19, 1927 ; 「壇君新典의 古意」 『東亞日報』 1928.1.1~2.28 ; 「壇君及其硏
  究」 『別乾坤』 1928.5 ; 「壇君과 三皇五帝」 『東亞日報』 1928.9.1~12. 16 ; 「民
  俗學上으로 본 壇君王儉」 ; 「壇君小考」 『朝鮮』 1930.11.

다.")[64]라고 하였다. 그는 김부식金富軾의 『삼국사기三國史記』는 한문적 유학적 변통을 하여 민족적 자각이 더해지지 않았다고 비판하고 『삼국유사』를 '민족적 보옥寶玉의 유일한 함장자含藏者'라고 높게 평가하였다.[65]

한편, 수양동우회는 그 기관지 『동광東光』를 통해 정신적 각성과 민족의 합동을 강조하는 한편[66]단군, 한글, 위인 등의 선양에 열중하였다.[67] 그리고 같은 호에 이광수의 「동명성왕건국기」를 게재하였고, 4호에는 최남선의 「단군굴檀君屈에서」를 게재하였다. 『동광』지는 『계명啓明』의 『삼국유사三國遺事』, 『살만교차기薩滿敎箚記』, 『조선무속고朝鮮巫俗考』가 간행되자 「조선학朝鮮學 건설建設에 한가지로 협찬協贊합시다」라는 협찬 광고를 싣고 "「계명啓明」은 영구성 있는 조선학상朝鮮學上의 요문요적要文要籍을 축호逐號 공포公布하려는 것이오니 권두卷頭의 비고備考와 영원永遠한 전장傳藏을 위하야 발행하는대로 구입하야 주시오"[68]라고 대대적으로 선전하였으며, 『동광東光』 독자에게는 특별히 一割 할부하여[69] 『계명』의 조선학 보급 사업에 긴밀히 관련을 맺고 있었다. 또한 이윤재, 김윤경의 수양동우회 참여로 인하여 한글연구는 수양동우회의 중요 사업이 되었다. "글은 문화를 담는 그릇"[70]이라는 문자관에서 조선의 문화적 발달을 위한 말과 글의 중요성이 강조되고 있었고, 수양동우회 기관지 『동광』을 통하여 한글 연구·보급을 주도하고 있었다.[71] 이윤재李允宰는 계명구락부의 조선

---

64) 『東亞日報』 1927.3.25 사설, 「朝鮮의 原始相(下)-校刊 三國遺事의 感」.
65) 『東亞日報』 1927.3.24 사설, 「朝鮮의 原始相(上)-校刊 三國遺事의 感」.
66) 山翁, 「합동과 분리」 『東光』 창간호, 1926.5. ; 白性郁, 「나란 무엇인가」 『東光』, 창간호·2, 1926.5·6 ; 金允經, 「인격의 學理的 이해」 『東光』 4, 1926.8 ; 金允經, 「人格과 團結」 『東光』 6, 1926.10.
67) 白性郁, 「'나'란 무엇인가」 『東光』 2, 1926.6, 34쪽.
68) 『東光』 15, 1927.7, 卷頭廣告.
69) 위와 같음.
70) 한결, 「조선말과 글에 바루 잡을 것」 『東光』 5, 1926.9, 45쪽.
71) 「조선말과 글의 연구」(3회)『東光』 5~8, 1926. 9~11 ; 「한글 토론」(8회) 『東光』 9~16, 1927.1~8.

어사전편찬 사업에 동참하였고, 조선문화를 '세계6대 문명의 개창자'로까지 칭송하였다.[72]

5. 민족 표상, 자치와 동화의 경계 넘기

독립의 계제로서 또는 체제 내에서의 정치적 권리 획득을 도모하였던 자치론은 민족의 고유성과 문화의 독자성을 갖는 전통을 동원하여 민족 표상을 만들었다. 그 과정은 민족동일성의 문화 정체성을 확립하는 것에 많은 의미를 부여하고, '민족문화'라는 영역을 만드는데 기여하였다. 문화를 통한 민족동일성의 기원을 원초적이고 순수한 것으로 찾으려는 관념의 욕망은 고대의 민족기원으로 올라가 단군으로 집약되어 순수한 동일성 기원의 표상으로 삼게 되었다. 인종적, 지리적, 역사적 요인에 의한 민족성의 고유함을 강조하고 이를 통해 타민족과 구분되는 문화가치를 드러내는 조선학 또한 그러하였다. 이러한 민족문화의 표상은 민족문화의 내재적인 것과 외재적인 것을 나누는 관념이 작동하고, 민족문화의 경계 밖에 놓인 타자에 대한 차별을 통해 문화의 내부와 외부의 경계를 짓고 그 차이를 절대화하는 형이상학적인 대립구도를 만들었다. 따라서 민족문화 밖에 있는 타자가 경계를 넘어 정체성을 무너뜨리는 동화주의에 대하여 반대하는 관념이 성립될 수 있었다.

그러나 민족의 주체와 국가의 외포에 따라 타자에 대한 경계는 바뀔 수 있는 개연성이 있었다. 앞에서 보았듯이 자치론은 인종적·민속학적 민족(folk, ethnic)을 민족의 중심으로 설정하였다. 그것은 국가론적으로 민족국가의 민족(state-nation)과는 정치적으로 다른 층위의 민족 인식이었다. 국가의 민족=국민을 전제하지 않는 인종적 민족을 민족 표상의 주체로 삼을

---

72) 李允宰, 「深恩厚德」 『東光』 7, 1926.11, 8쪽.

경우 인종적 동질성을 담보하는 국가의 틀에 대해 타협적이고 유동적일
수 있었다. 근대국가의 수립과 이를 위한 전통이 근대적 창출과정에서 민
족동질성이 동일한 국가의 국민동질성이 되는 경우는 문제가 되지 않는
다. 그러나 식민지에서 민족 주체를 독립국가의 국민으로 설정하는 것과
는 인종적 민족만을 전제할 때의 민족표상의 정치적 역할은 달라지는 것
이었다. 즉 민족적인 것을 상정하였지만 독립된 민족국가나 강력한 견제
력이 상정되지 못한 상황에서 민족문화는 절대적인 대립의 경계를 만들지
못하였다. 본래 민족심리학이나 인종학적인 관점에서 민족문화, 민족성에
대한 관심은 민족이라는 군중의 집단행동 양식을 결정짓는 심리적, 내적
특징을 밝히고, 식민지 민족의 통치의 효율성을 점검하는 현실적인 필요
에서 대두한 것이었다. 민족 단위의 문화가치의 고유성을 강조하는 것은
동화주의에 대한 비판에 있어서는 타당성을 갖는 것이었지만, 그것이 반
드시 독립된 민족국가를 지향하는 국가단위의 민족문화를 전제하는 것은
아니었다. 이러한 점 때문에 타민족국가인 일본의 지배 하에서 문화정체
성을 표상하는 '민족적인 것', '조선적인 것'은 다양한 층위에서 운위되고
배치될 수 있었다. 단군, 조선학 등이 다양한 주체들에 의해 여러 범주의
민족문화론, 조선문화론 속에서 민족 표상으로 거론 될 수 있었던 것은
그 때문이었다.[73]

　　민족문화를 종족적, 민속적 범주로 제한할 경우 folk, ethnic적인 조선의
민족문화는 일제 '국가' 틀 내에서 지역문화, 토착문화로서 존속할 수 있
었다. 1930년대 세계 대공황기 이후 일제의 조선 자치의회 허용은 요원해
지고 파시즘의 국가주의·국민주의가 발흥하는 상황에서[74] folk, ethnic적

---

73) 일제의 식민지 관학이나 최남선류의 조선학과 1930년대 조선학운동 등에
　　서 나타나는 민족문화론과 민족문화 만들기의 다양함에 대해서는 이지원,
　　2007 앞의 책 참조.
74) 韓相一, 『日本의 國家主義—昭和維新과 國家改造運動』, 도서출판 까치,
　　1988 ; 江口圭一. 「侵略戰爭とフアシズムの硏究」 『講座 日本史』 7, 岩波

인 조선의 민족문화는 대동아공영권大東亞共榮圈의 오족협화五族協和의 문
화로 권장되고 장려될 사항이기까지 하였다. 그리고 1938년 이후 조선을
전시총동원체제로 구축하기 위한 국민정신총동원의 이데올로기로 내선일
체內鮮一體가 전면화되면서 일본 국가의 국민으로서의 지위와 권익을 도모
하는 동아협동체東亞協同體의 건설이 제기되었는데, 특히 일선동조론日鮮同
祖論이 확산되면서 조선 민족의 전통과 고유성을 일본적 국가주의·국민의
식을 주입하는 동화주의의 논거로서 활용하기도 하였다.[75] 내선일체는 일
본 국가주의 틀 안에서 조선의 민족문제를 해소시키는 논리였다.[76] 그것은
조선인이 편협한 민족이라는 틀을 버리고 일선동조와 동아협동체 속에서
'민족의 경계를 넘어' '일본 국가'의 구성원이 되는 차원에서 이루어진다
는 '탈민족 대국가주의'를 합리화하였다.[77] 이러한 민족 표상은 흥사단·
수양동우회원들이 친일단체 대동민우회에 가입하며 발표한 성명서에서
'민족의 경계를 넘어 대국가의 일원이 되는' 선택을 합리화하였다.[78]

내선일체로 민족의 주체와 국가의 외포를 확산하는 민족관·국가관에
서는 일본 중심의 국가주의(nationalism) 틀 내에서 조선 민족의 전통·토속은
결코 상충되는 것이 아니었다. 일제가 전쟁을 확대하며 강대국화하는 것
에 조선민족의 운명을 일치시키고 일제에의 동화를 순응하는 관념체계로
전환하면 병존 가능한 것이었다. 파시즘기에 들어 동아일보가 '문화혁신'

書店, 1971.

75) 이지원, 「1920~30년대 일제의 조선문화 지배정책」 『歷史敎育』 75, 2000 ; 이
지원, 「파시즘기 민족주의자의 민족문화론」 『일제하 지식인의 파시즘체제
인식과 대응』 혜안, 2005.

76) 「特輯 東亞協同體와 朝鮮」 『三千里』 11권 1호, 1939.1 ; 金斗禎, 「興亞
的 大使命으로 본 內鮮一體」 『三千里』 12권 3호, 1940.3.

77) 파시즘의 민족정서인 내선일체의 탈민족 대국가주의에 대해서는 이지원, 「전
쟁, 친일, 파시즘정서」 『식민지근대의 뜨거운 만화경』 성균관대학교출판부,
2010 참조.

78) 『三千里』 10권 8호, 1938.8, 26~27쪽.

을 부르짖으며 민족주의 중심건설을 위한 준비운동으로서 민족문화운동
을 전개한 것이나 브나로드 운동이 일제의 파시즘 문화지배를 위한 농촌
계몽운동과 병존할 수 있었던 것, 고적보존운동이 각지의 도지사나 군수
를 중심으로 지방유지들을 동원하여 애향정신과 충군 애국심을 조장하기
위해 적극 권장하였던 고적보존회의 활동과 병행할 수 있었던 것은 그러
한 민족 표상이 공존했기에 가능한 것 이었다.[79]

　　이점은 가장 '민족', '민족문화'를 내세웠던 최남선이나 이광수 등이
민족의 경계를 넘어 황국신민화하는 정체성 이동에도 적용된다. 단군 선
양과 조선학을 주창하였던 최남선이 일제의 심전개발정책心田開發政策에
편승하여 단군을 비롯한 조선의 고유신앙을 일본의 고신도古神道로 등치
시키고,[80] 1930년대 전반까지 민족의 고유성과 영원성을 열광적으로 주
장하였던 이광수가 '조선문화朝鮮文化의 진로는 조선인 전체를 일본화하고
일본의 문화를 앙양하는 것'이라고 한[81]논리는 일본 국가 국민(Japan
state-nation)으로서의 조선인의 정체성을 동화시킨 것을 의미하였다. 요컨대
독립 국가 없는 민족(folk, ethnic)의 표상으로서 민족문화는 자치의 경계를
넘어 일제 파시즘의 포말에 동화되는 것이 가능하였다. 일제 말기 친일과
전쟁협력은 이러한 민족 정체성의 경계가 무너지는 정서를 현실로서 보여
준 것이었다. 관념적인 '민족문화'의 표상은 정치적 매개에 의해 그 사상
적·사회적 의미와 지향이 달라질 수 있었던 것이다.[82]

---

79) 이지원, 「1930년대 민족주의 계열의 고적보존운동」『東方學志』 77~79합
집, 1993 ; 이지원, 「1930년대 전반 民族主義 文化運動論의 性格」『國史
館論叢』 51, 1994 ; 최석영, 「식민지시대 '고적보존회'와 지방의 관광화」
『아세아문화』 18, 한림대학교 아시아문화연구소, 2002.
80) 崔南善, 「朝鮮の固有信仰に就て」『朝鮮』 1936.3.
81) 李光洙, 「心的新體制와 朝鮮文化의 進路」『每日申報』 1940.9.4~12.
82) 이는 1930년대 조선학운동을 주도하였던 安在鴻·鄭寅普, 『임꺽정』을 집
필하였던 洪命憙가 1930년대 말 이후 전시 파시즘 체제 하에서 향리에 칩
거하거나 외적인 활동을 하지 않았던 것과 그들의 정치적 입장의 관계를

6. 맺음말

한국인의 정체성을 말할 때 '민족적'이라는 표현이 많이 사용된다. 그것은 한국 근대사의 민족사(national history)에서 근대주체로서 민족을 탄생시키는 것이 순탄치 못했던 역사와 자유로운 개인의 발견보다는 집단성과 전체성을 강조해 온 유기체적 민족관·국가관이 강했던 한국 민족주의 사상사의 반영이라고 생각한다. 이 글에서는 한국 근대사에서 민족적 정체성이 형성되는 여러 경로와 그 특징·한계를 이해하기 위하여 20세기 전반기 자치론자들의 문화적 정체성에 대하여 살펴보았다.

자치론, 자치운동을 전개하였던 부르주아 지식층들은 1920년대 '문화운동'을 통해 자본주의 발전을 위한 내적 실력양성을 추구하며 조선인의 독자적인 정치적 역량의 확보에 관심을 갖고 있었다. 그것은 부르주아적 근대사회를 건설할 기반을 다지고 그러한 역량을 토대로 민주주의적인 정치참여와 정치권력의 획득을 지향하는 것이었다. 따라서 이들은 일제의 동화주의 지배정책을 비판하고 자치를 주장하였다. 그것은 직접적인 독립을 주장한 것은 아니었으나, 근대적인 정치의 단위로서 '민족'의 형성과 민족의 결집을 위한 민족의식을 강조하였다. 이들은 민족적이라는 정체성을 집단적이고 고유적인 문화 양식과 의식을 통해 발휘하고자 하였다. 이러한 경험은 이미 20세기 초부터 민족의식을 고무하기 위하여 전통을 근대적으로 전환한 '국수國粹'의식에서부터 나오고 있었다. 전통은 '국수'의 문화양식으로 지식인들의 의식세계에서 재구성되고 현실의 문화운동으로 정착되면서 민족의식의 경계를 만들어갔다. 국수의식은 문화적 정체성을 갖는 민족을 강조하며 독립을 위한 저항의 영역에서 뿐만 아니라 근대적 자각·계몽의 영역에서도 작동하고 있었다. 자치론의 문화적 정체성 역시

생각해 볼 때도 마찬가지라고 할 수 있다.

그러한 맥락에서 형성, 발휘되었다. "닭의 품에서 부화되어도 오리는 오리요, 개 젖에 길러도 범은 필경 범일 것"[83]이라는 언설로 민족문화의 고유성과 그것을 유지하는 민족체를 강조하였다. 그리고 이러한 의식세계에서 전통을 '민족문화'라는 근대적 문화 담론 속에서 재배치하고 단군 표상이나 조선학을 개발하였다. 이렇게 만들어진 문화적 정체성은 조선인의 독자적인 정치·사회 영역 확보를 위한 사회운동에서 '민족적 협동' '민족주의 중심세력 결성'등을 위한 동원에서 적극적으로 표현되었고, 이것은 적극적인 저항성 보다는 자치의 주체로서 민족의 동일성을 강조하는 구심력을 작동하고 있었다.

그러나 문화적 정체성의 단위로서 '민족'이 종족적 범주의 민족(folk, ethnic)에만 국한할 경우 일본 국가 내의 지역문화, 국민문화의 일환으로 흡수되는 것을 가능하게 할 속성을 갖고 있었다. 파시즘기에 들어서 대동아공영권, 동아협동체론 속에서 folk, ethnic적인 조선의 '민족문화'는 일본 국가의 지역문화·향토문화로서 내선일체의 문화구조 속에 정체성의 경계를 무너질 가능성을 갖고 있었다.[84] 결국 식민지하에서 민족의 문화 정체성을 유지하는 핵심은 '국가'였다. 국가 없는 민족의 문화 정체성은 민족체의 강력한 견제력이 없는 한 동화의 경계에 취약하였다. 즉 조선인의 독자적 정치력과 견제력이 없는 가운데 '민족 표상'은 일본 국가의 '국민 표상'으로 흡수되는 것에 저항하지 못하였다. 그것이 정치적으로 나타날 때 역사는 그것을 변절, 친일이라는 서술하고 있다.

한국근대사에서 문화 담론에 의한 민족 정체성은 관념적이고 유동적이었다. 따라서 '전통'이나 '고유성'을 절대화하여 민족·민족문화를 단일하게 파악하는 것은 관념의 획일화이다. 민족, 민족문화를 만들고자 하는 주

---

83) 『동아일보』 1926.2.6 사설, 「朝鮮心 朝鮮語」.
84) 전시 파시즘체제 하에서 민족문화·조선문화의 향토문화화에 대해서는 이지원, 2010, 앞의 글 참조.

체와 외포 설정에 따라 그 내용과 현실적인 기능은 달라지는 것이었다. 식민지 근대화 속에서 민족 표상의 다양함에 대한 이해가 '민족 동일성'에 대한 획일화된 관념의 경계를 넘어서고, 또한 21세기에 다민족·다문화가 국가라고 하는 틀 속에서 존재하는 양태와 역할을 구상하는데 마중물 역할을 하기를 바라는 바이다.

재일한인 민족교육의 전사*
-일제강점기 오사카大阪지역 재일한인 학령아동
민족교육과 '정체성'에 대한 검토-

김 인 덕(청암대학교 재일코리안연구소 소장)

1. 서

세계사적으로 볼 때 현재 지구촌은 국민국가의 추락이 예상되면서 국민=민족적 동일성으로 환원할 수 없는 소수자의 존재도 무시할 수 없는 영향력을 갖고 있다는 사실이 밝혀지고 있다. 즉, 세계가 하나의 시장경제에 가속도로 편입되어 가면 갈수록 한편으로는 각종 하위집단이 스스로의 아이덴티티를 찾는 움직임을 강화하고 있는 것이다.[1] 거기에서 때로는 마이너리티 내셔널리즘이라는 말이 발생하게 되어 내셔널리즘이라고 인정되는 집단적 정치행위가 약동하고 있는 것도 사실이다.

이른바 소수자로 역사적 존재인 '재일在日', 재일한인[2]은 일본에서 살

---

* 이 논문은 2011년도 정부재원(교육과학기술부) 한국연구재단 기초연구지원인문사회(단독연구)의 지원을 받아 연구되었음.(과제번호:B00483)

1) 윤건차, 「21세기를 향한 '在日'의 아이덴티티-'관계성'의 모습-」, 강덕상 외, 『근·현대 한일관계와 재일동포』, 서울대학교출판부, 1999, 285~286쪽.

고 있다. 이러한 '재일'의 미래는 중요하다. 이것이 한국 민족주의 구성의 한 실체이기 때문이다. 본고는 한국 민족주의 구성체로서 실재하는 재일 한인 민족교육에 주목하고자 한다.

민족교육이란 민족의식을 기반으로 민족주의 관념에 의거하여 민족문화에 기초한 교육으로 민족적 정체성을 보존하기 위한 일련의 활동이다. 특히 일제강점기 민족의 존엄성과 자유를 지키고 독립을 위한 한국의 민족교육은 그 어떤 민족교육 보다 주목된다.

이러한 민족교육의 전통은 1945년 일본의 패전과 해방의 소용돌이 속에서 일본에 살던 재일한인에 의해 적극적으로 계승, 발전되었다. 재일한인은 민족교육을 통해 민족의 정체성을 지켜내고 새롭게 발전시켰던 것이다.

이른바 민족의 정체성이란 민족의 변하지 않는 본연의 성질性質이다. 이 정체성은 1945년 이후 최근까지 한민족이 살고 있는 해외지역에서 가장 잘 보존된 지역이 재일한인 사회라고 할 수 있다.

일제강점기 이후 오늘날까지 재일한인은 민족교육을 통해 민족의 정체성을 지키고 수호하는 활동을 지속적으로 전개해 왔다. 1945년 해방 이후 재일한인은 일본 사회에서 재력을 축적하여 경제력을 인정받고, 각종 사회 분야에서 실력을 쌓으면서도 민족교육에 높은 관심을 갖고 학교를 설립하여 각종 민족교육을 추진해 왔다.

이러한 재일한인 민족교육에 대해서는 일정한 연구가 진행되어 왔다.[3]

---

2) 일본에 사는 한민족을 통칭하여 '재일코리안', '재일조선인', '재일한인' 등의 용어를 사용하는데 필자는 '재일한인'을 사용한다. 이하 조선과 조선인, 한국과 한국인을 문맥의 필요에 따라 혼용한다.

3) 주요한 국내외 단행본 형태의 연구 결과는 다음과 같이 정리할 수 있다. (金慶海·梁永厚·洪祥進,『在日朝鮮人の民族敎育』, 神戶學生靑年センター, 1982. 조선대학교 민족교육연구소,『재일동포들의 민족교육』, 학우서방, 1987, 小澤有作,『在日朝鮮人敎育論』, 亞紀書房, 1988(오자와 유사쿠 지음, 이충호 옮김,『재일조선인 교육의 역사』, 혜안, 1999), 김대성,「재일한국인의 민족교육에 관한 연구」, 단국대학교 박사학위청구논문, 1996, 金德龍,

이 가운데 일제강점기 재일한인 교육사에서 가장 주목되는 성과로는 오자와 유사쿠小澤有作의 『재일조선인 교육론在日朝鮮人教育論』을 들 수 있다. 오자와 유사쿠는 재일한인 교육문제를 구체적인 자료를 제시하면서 역사적으로 접근하고 있으나, 서술의 중심을 '동화교육'에 두고 있다.[4]

개별논문으로는 다나카 마사후미田中勝文, 오노데라 이츠야小野寺逸也의 연구가 주목된다. 다나카 마사후미는 「戰前における在日朝鮮人教育」[5]에서 전전戰前에 재일한인이 왜 '야학교'를 다녔는지를 규명하고자 했다. 당시 재일한인의 경우 취학을 희망하는 대다수는 빈곤 때문에 야학에서 공부했다고 한다. 그의 연구 성과가 주목하는 내용은 당시 한인이 원하는 공부 내용은 일본어 읽기와 쓰기, 계산, 한글이었고 한글 공부는 민족성 유지의 중심이다고 하는 점이다.[6]

그런가 하면 오노데라 이츠야는 1940년대 일본정부의 일시동인 교육하의 혼합교육이 진행되는 가운데 아마가사키尼崎에서의 재일한인 차별 속에서 진행된 분리교육의 실상에 대해 접근하고 있다. 당시의 이 교육은

『朝鮮學校の戰後史−1945~1972−』, 社會評論社, 2002.(김덕룡, 『바람의 추억−재일조선인1세가 창조한 민족교육의 역사(1945-1972)−』, 도서출판 선인, 2009), 정희선, 「재일조선인의 민족교육운동 연구」, 강원대학교 박사학위논문, 2006). 특히 한신교육 투쟁과 관련해서는 별도의 연구가 진행되었다(金慶海, 『在日朝鮮人民族教育の原點』, 田畑書店, 1979(정희선 외 옮김, 『1948년 한신교육투쟁』, 경인문화사, 2006). 朴慶植, 「解放直後の在日朝鮮人運動(4)−阪神教育鬪爭を中心として−」『在日朝鮮人史研究』 4, 1979, 梁永厚, 「大阪における四・二四教育鬪爭の覺え書き」(1), 『在日朝鮮人史研究』 6, 1980, 梁永厚, 「大阪における4・24教育鬪爭の覺え書き」『在日朝鮮人史研究』 7, 1980, 梁永厚, 「解放後民族教育の形成」『三千里』 48, 1986, 魚塘, 「解放後初期の在日朝鮮人組織と朝連の教科書編纂」『在日朝鮮人史研究』 28, 1998.).
4) 小澤有作, 『在日朝鮮人教育論』, 亞紀書房, 1988(오자와 유사쿠 저, 이충호 역, 『재일조선인 교육의 역사』, 혜안, 1999).
5) 『愛知縣立大學文學部論集』 第18號, 1967.
6) 본 연구는 1930년대 후반에 대해서는 언급하지 않고 있다.

철저한 동화교육으로 평가한다.[7]

본격적인 일제강점기 민족교육에 대한 연구는 이토 에츠코伊藤悅子의 「大阪における『內鮮融和期』の在日朝鮮人敎育」[8]와 「1930年代を中心とした 在日朝鮮人敎育運動の展開」[9]가 있다. 전자의 이토 에츠코의 연구에 따르 면 공적 교육기간의 재일한인에 대한 교육은 동화교육이지만 일정하게는 현장 교육자의 의견과 여론이 반영된 교육정책이 근간을 이루었다고 한 다. 물론 본질은 동화교육이었다는 것이다. 후자의 이토 에츠코의 글은 '민족해방운동'의 입장에서 야학 및 교육운동에 대해 서술하고 있다. 구체 적으로는 노동야학, 민족학교, 친일야학, 공산주의계 학교, 합법야학, 비합 법야학 등으로 야학을 구분하고 일본인에 의한 교육기관=동화교육, 재일 한인에 의한 교육기관=반동화교육, 민족교육으로 나누고 있다. 동시에 이 토 에츠코는 전전기戰前期에 재일한인이 교육을 맡았던 조직은 68개 단체 에 달한다고 했다.

츠카사키 마사유키塚崎昌之는 사이비제4소학교濟美第4小學校의 사례를 통 해 재일한인 융화교육의 실태에 접근하고 있다.[10] 아울러 아이치현愛知縣 지역에서 재일한인을 상대로 한 교육의 실태 연구로 '나고야조선보성학원 名古屋普通學校'을 중심에 둔 니시 히데나리西秀成의 연구가 있다.[11] 또한 양 영후梁永厚의 오사카大阪에서의 내선융화기 재일한인 여자를 대상으로 한 교육에 대한 연구가 있다.[12]

---

7) 小野寺逸也, 「1940年前後における在日朝鮮人問題の一斑－とくに協和敎育と の關連において－」『朝鮮研究』第59號, 1967.
8) 『在日朝鮮人史研究』第12号, 1983.
9) 『在日朝鮮人史研究』第35号, 2005.
10) 塚崎昌之, 「1920年代の在阪朝鮮人「融和」敎育の見直し－濟美第4小學校夜 間特別學級濟2部の事例を通して－」『在日朝鮮人史研究』35, 2005.
11) 西秀成, 「1930年代・愛知縣における朝鮮人の敎育活動－朝鮮普成學院(名古 屋普通學校)とその周邊－」『在日朝鮮人史研究』35, 2005.
12) 梁永厚, 「戰前の大阪における朝鮮人女子の敎育事情」『戰爭と平和』第3號,

이상과 같은 연구는 일본사회의 교육 속에서 재일한인의 교육을 위치 짓는 것이 연구의 주된 성과이고 사례 연구가 이를 보완하고 있다. 실제로 일제강점기 일본 내 재일한인들의 정주화가 늘어나면서 학령아동의 교육 문제는 중요한 현안이었다. 한인들은 교육기관을 자체적으로 마련하여 아동과 무학자에 대한 교육을 담당하는 한편 민족운동의 근거지로 삼았다.

본고는 전후 재일한인 민족교육의 전사前史로 일제강점기 재일한인 학령아동을 대상으로 한 민족교육에 대해 살펴보고자 한다. 특히 학령아동을 대상으로 연구를 수행하는 이유는 재일한인의 교육과 관련하여 민족의 정체성과 관련한 내용을 확인할 수 있는 가장 좋은 대상이기 때문이다. 구체적으로 본고에서는 먼저 재일한인의 도항과 이로 인해 발생한 학령아동의 상황을 확인하고, 일본 정부의 교육정책에 대해 정리하겠다. 그리고 관변야학교의 상황과 재일한인을 대상으로 한 교육기관 설립에 주목하겠다. 또한 여기에 기초하여 민족교육의 성격을 밝혀보겠다.[13]

2. 재일한인의 도항과 교육

1) 도항정책과 도항의 일반 상황

일제에 의해 강제로 합병이 된 이후 한국인의 도항은 일제의 필요에 따라 진행되었다.[14]

1994.
13) 한국의 경우 야학을 중심으로 한 제도교육과 정규학교에서 소외된 교육에 주목하기도 한다(김형목, 『대한제국기 야학운동』, 경인문화사, 2005 ; 천성호, 『한국 야학운동사』, 학이시습, 2009). 본고는 이러한 국내의 연구에서도 소외된 부분이 재일한인을 상대로 한 민족교육이라고 생각한다. 소외된 재일한인의 민족교육은 주로 선행 연구에 기초하면서 오사카의 경우를 주로 채택하고 있음을 밝힌다. 실제로 일제강점기 재일한인 야학의 민족적 정체성과 관련한 연구는 거의 없다고 해도 과언은 아니라고 할 수 있다.

1910년대 조선총독부의 도항정책은 집단적인 노동자 관리를 목표로 단계적으로 취해졌다. 이 정책은 일본 내 자본가의 이익을 도모함과 동시에 조선 내의 노동력 사정과 관련되었다. 조선에서의 노동자 집단 모집이 급증한 것은 1917년경이다.

1920년 일제에 의한 만주통치가 강화되면서 한국인은 반일 감정에도 불구하고 일본 이주를 선택했다. 1922년 12월 여행증명제도가 철폐되고, 1923년에는 '도항증명제'가 실시되었다. 일본 경제는 1923년경부터 만성적 공황상태에 빠지게 되었고, 이에 따라 특수한 경우를 제외하고는 단체 모집이 허가되지 않았다.[15] 그러나 1923년의 관동대지진 때의 파괴된 시가지의 복구를 위해 노동력이 요구되자 일본 정부는 '도항증명제'를 폐지했다.[16] 일본 경제의 상황이 악화되자 내무성은 1925년 8월 도항을 제한해 달라는 요청을 했고, 조선인 노동자의 실업문제가 야기되어 1925년 10월부터 도항저지(제한)가 실시되었다.[17]

1928년 7월 조선총독부는 도항허가 조건을 까다롭게 하여 지참금을 60엔 이상 소지하고 노동브로커의 모집에 의한 것이 아닌 조선인의 도항만 허용했다. 1927년 3월 일본경제는 금융공황으로 큰 타격을 받게 되었고, 1929년 세계공황에 의해 보다 심화되자 일본 기업의 조선인노동자 단체 모집은 제한되었다. 도항은 재도항증명서제로 보다 강력히 통제되었던 것이다.

1930년대 일제의 도항정책은 조선인의 도항과 일본 생활에 결정적인 영향을 미쳤다. 1930년대의 도항정책은 일시귀선증명서제도와 도항소개장 발급제도로 대변된다.[18]

14) 김인덕, 『식민지시대 재일조선인운동 연구』, 국학자료원, 1996, 27~32쪽. 이하의 도항과 관련해서는 필자의 선행 연구를 참조한다.
15) 『朝鮮警察之槪要』, 朝鮮總督府警務局, 1925, 167쪽.
16) 『治安狀況』(1927), 519쪽.
17) 『治安狀況』(1927), 522쪽.

1929년 8월 내무성 경보국장이 각 부현에 내린 통첩 「조선인노동자 증명에 관한 건」을 통해, 조선인은 일시귀선증명서제도 아래 놓이게 되었다. 일본이 이 제도를 만든 것은 일본 내에서 필요한 한인노동자의 이동을 막고, 필요 없는 재일한인을 귀국시키려는 의도에 기인한다. 즉, 그 대상을 어느 정도 확보할 필요가 있는 공장 및 광산노동자를 일시귀선증명서제도로 묶어 두고, 그밖의 다른 직업의 일본 거주 재일조선인이 일시 귀국한 경우에는 재도항을 막고자 하는 것이었다.

일시귀선증명서제도를 통해 도항조선인의 증가를 억제하는 효과는 있었으나, 아울러 도항 한인의 귀환율에도 영향을 주어, 재일한인의 정주화를 강화하는 결과도 낳았다. 따라서 1930년대 중반부터 일본당국의 정책은 거주 조선인의 일본인화에 집중되었다.

일시귀선증명서제도는 1930년 7월 약간의 보완을 거친 후 1930년대 전 시기동안 조선인의 도항을 통제하는 제도로서 역할을 담당했다. 그러나 일시귀선증명서제도를 한층 강화한 1930년대 도항정책의 결정판은 1936년 5월에 경무국이 발송한 규례통첩이라고 할 수 있다.[19] 이 통첩은 당시까지의 모든 도항 관련 규제가 갖는 문제점을 보완한 것으로, 주요한 것은 도항을 원하는 조선인은 본적지나 주소지 소재 관할경찰서장한테 '도항소개장'을 발급받아야 한다는 점과 일본거주 재일한인의 피부양자 도항과 관련한 여러 기준을 마련한 점 등이었다.

이 규정에 의하면 피부양자가 도항을 할 경우에 일본에서 조회를 거친 후 관할경찰서장이 발급하는 도항소개장을 소지해야 했다. 이 도항규제를 통해 일본은 한인의 도항을 더욱 철저하게 저지하고자 했다. 이러한 규제

---

18) 이하 내용 가운데 도항정책 관련 부분은 별도의 주가 없으면 다음의 성과를 참조한다(정혜경, 「일제하 재일한국인 민족운동의 연구-대판지방을 중심으로-」, 한국학대학원 박사논문, 1999).

19) 內務省 警保局, 「特高警察通牒」, 朴慶植, 『在日朝鮮人關係資料集成』(3), 三一書房, 1975, 20~23쪽.

는 강제연행기에 들어서면서 전면적으로 도항정책이 바뀔 때까지 도항정책의 근간을 이루었다.

일제강점기 한국인은 일제에 의해 강제연행되었다. 한국인은 강제연행되어 일본뿐만 아니라 만주, 사할린, 남양군도, 남방지역으로 끌려갔다. 1939년 9월부터 1942년 2월까지는 이른바 '모집'이라는 방식으로 자행되었다. 1942년 3월부터 1944년 8월까지는 '조선인 내지 이입 알선요강'에 의거하여, 조선총독부의 외곽단체인 조선노무협회가 노동자의 알선, 모집사업의 주체가 되어 이른바 '관알선'을 정책적으로 채택했다. 그리고 제3기는 1944년 9월부터 1945년 8월 패전에 이르는 시기로 '국민징용령'이 적용되어, 공공연히 무차별적으로 강제연행이 자행되었다. 이렇게 진행된 강제연행은 일제의 본질, 특히 인력 수탈의 본질을 극명하게 나타내고 있다.

일제에 의해 정책적 필요에 따라 일본에 간 재일한인의 인구 이동의 추이는 <표 1>과 같다.

〈표 1〉 일제강점기 재일한인의 추이[20]

연대	인구수	증가수	연대	인구수	증가수
1904	229	-	1938	799,865	174,187
1915	3,989	3,760	1939	961,591	161,726
1920	30,175	26,186	1940	1,190,444	228,853
1923	80,617	50,442	1941	1,469,230	278,786
1924	120,238	39,621	1942	1,625,054	155,824
1930	298,091	177,853	1943	1,882,456	257,402
1931	318,212	20,121	1944	1,936,843	54,387
1935	625,678	307,466	1945	2,365,263	428,420

필자는 재일한인을 대상으로 한 도항정책에서 주목되는 것이 일본으로의 도항을 억제하려는 목적에서 조선총독부가 실시한 1919년 4월 경부총

---

20) 오자와 유사쿠 저, 이충호 역, 『재일조선인 교육의 역사』, 혜안, 1999, 67쪽, 樋口雄一, 『日本の朝鮮・韓國人』, 同成社, 2002, 206쪽.

감령 제3호라고 생각한다. 이것이 '조선인의 여행 취체에 관한 건'이다. 이를 통해 한국인은 한반도 이외의 지역을 여행할 때 소관 경찰서에서 여행증명서를 받고 한반도를 떠나는 출발지의 경찰서에 이것을 제출하게 만든 것이다. 이후인 1920년, 1922년에 재일한인수는 본격적으로 늘어났고, 특히 1929년 공황 이후 한인의 일본 이주가 절대 다수 증가했다. 그리고 강제연행기에 들어서는 전면적인 증가의 경향을 보인다.

2) 유학생과 학령아동의 도항

재일한인들의 증가와 함께 가족 이주가 증가하면서 자녀수가 점증했다.[21] 이에 따라 이들의 교육문제가 발생하게 되었다.

실제로 1920년대 한국인의 국외유학은 증가현상을 보였다.[22] 이러한 현상은 3·1운동 이후 국내의 향학열이 높아졌기 때문이며, 한편으로 한반도 내에서 일제의 제도교육이 전면적으로 조선인의 향학열을 수용하지 못했기 때문이었다. 따라서 외국유학은 필연적으로 늘어나게 되었고, 결국 일본에 다수의 한국인이 유학하게 되었다.

1910년 이전의 도항유학이 주로 정부 주도로 진행된 것에 반해 1910년 이후의 재일유학은 사비유학이었다. 1910년대까지의 도항유학이 주로 문

---

21) 田中勝文, 「戰前における在日朝鮮人子弟の教育」『愛知縣立女子大紀要』 第18號, 1967. 다나카 마사후미는 한인의 도항이 늘어남에 따라, 그 뒤를 따라 도항하거나 결혼에 의하여 태어나거나 하여, 그 자제의 수도 점증하여 갔다고 한다. 그리고 학령아동수도 증가하였지만, 그 정확한 통계는 알 수 없었다고 하는 편이 옳다고 하면서, 재일한인 인구에 따른 학령아동 추정수를 다음과 같이 말하였다. 1924년 4,000명, 1928년 21,000명, 1931년 40,000명, 1934년 81,000명, 1937년 125,000명, 1940년 202,000명으로 추정했다.
22) 일본 유학은 필자의 다음의 책을 참고한다(김인덕, 『식민지시대 재일조선인운동 연구』, 국학자료원, 1996, 49~52쪽).

벌과 권세 있는 집안의 후예들이 주였다면 1920년대 유학생의 숫자가 늘어나고 구성도 다양해지면서 고학생이 늘어났다.[23]

고학생들은 도쿄東京을 비롯한 교토京都, 오사카大阪, 고베神戸지역에서 신문배달, 인력거 차부, 일용노동자로 노동에 종사하면서 생계를 유지하고 학비를 벌었다. 이렇게 되자 유학기간이 길어졌으며 동시에 유학생은 현실문제에 자연스럽게 관심을 갖게 되었다.

특히 전문학교 이하의 학교에 재학하는 학생들은 학비 때문에 야간에 공부하고 주간에 노동하는 경우가 많았다. 1929년 9월말 유학생 구성은 중등학교, 전문학교, 사립대학, 관공립대학 순이었다.[24] 다수의 유학생들이 다녔던 학교들은 기존에 알려져 있듯이 세이소쿠영어학교正則英語學校, 메이지대학明治大學, 와세다대학早稻田大學, 니혼대학日本大學, 게이오대학慶應大學 등이었다.[25]

고학생이 다수를 차지하게 되면서 재일유학생의 내부구성이 변하여 전업적인 학문 연구보다는 이중적인 생활 속에서 특히 민족·계급적으로 자각하고 운동 단체에 조직되는 수가 늘어났다.

재일한인은 민족, 계급적 착취를 당하면서 인간으로서의 최소한의 생활도 할 수 없는 상태였다. 결국 재일한인에게는 굶주림과 민족적 멸시만이 존재했고 투쟁과 굴종 가운데 하나를 선택해야 하는 입장이었다.

이 가운데 학령아동을 대상으로 한 민족교육은 상당한 부담을 감내해야 하는 부분이었다. 재일한인 민족교육은 1920년 이후 강연과 소규모 야학과 같은 교육 형태를 통해 볼 수 있다. 당시 재일한인은 민족교육을 통

23) 「內地に於ける朝鮮人と其犯罪に就て」, 朴慶植, 『在日朝鮮人關係資料集成』(1), 三一書房, 1975, 275쪽.
24) 「在留朝鮮人の運動狀況」(1929), 朴慶植, 『在日朝鮮人關係資料集成』(2-1), 三一書房, 1975, 1191쪽.
25) 「大正9年6月朝鮮人槪要」, 金正柱 編, 『朝鮮統治史料』(7), 宗高書房, 1970, 677쪽.

해 민족의식을 고취했다. 야학을 통한 교육은 재일한인 노동자가 노동현
실에서 느끼는 민족적 차별의식과 모순을 식민지 지배라는 구조적인 문제
의 인식으로 확대하는데 영향을 주었고, 재일한인 노동자들이 조직화 필
요성을 절감하는 데에도 일익을 담당했다. 재일한인의 정주화가 강화되면
서 아동에 대한 교육은 한인 사회의 새로운 문제로 대두되었다. 1920년대
에는 재일한인 자신의 교육문제가 중시되었으나 1930년대에 들어서면서
학령아동 교육이 현안으로 대두되기도 했다.[26] 그것은 학령아동이 증가하
는데 기인했다. 그 현황은 <표 2>와 같다.

〈표 2〉재일한인 학령아동 증가 현황[27]

연도	재일한인 인구수	학령아동 추정수
1924	120,238	4,000
1928	243,328	21,000
1931	311,247	4,000
1934	537,576	81,000
1937	735,689	125,000
1940	1,190,444	202,000

그런가 하면 1930년대 일본당국의 통제정책과 동화정책이 강화되는
과정에서 학령아동은 소학교의 정식교육을 받아야 했다. 그러나 한인학교
가 인정되지 않았고, 한글교육이 금지되었다. 특히 조선촌朝鮮村에 대한 탄
압은 강도를 더해갔다. 야학을 통해 한글[28] 교육이 이루어지고, 한복의

---

26) 1924년 오사카시 거주 재일한인들은 5~6군데의 소학교에 다녔다. 그 가운
   데 사이비(濟美)제4소학교 야간특별학급에 배치되어 다수가 교육을 받았
   다(塚崎昌之, 「1920年代の在阪朝鮮人「融和」敎育の見直し-濟美第4小學校
   夜間特別學級濟2部の事例を通して-」『在日朝鮮人史硏究』35, 2005.)
27) 오자와 유사쿠 저, 이충호 역, 『재일조선인 교육의 역사』, 혜안, 1999, 95
   쪽.

물결이 출렁이는 조선촌은 동화정책을 정면 위배하는 곳이기도 했다.

필자는 사료상으로 재일한인 학령아동의 총체적인 통계를 아직 확보하지 못했다. 기존의 연구에서 확인되는 내용을 중심으로만 학령아동의 취학 상황을 보면 다음과 같다.[29)]

오사카의 1924년의 취학률은 28%에서 1932년에는 학령아동 7,225명 중 취학자수가 3,437명으로 취학률은 47.57% 상승했다. 그러나 이것은 완전 취학과는 관계가 없었다. 이러한 낮은 취학률은 1930년대 말까지 계속되었다. 당시 일본인 학령아동이 거의 100% 취학률이었던 점과 대비해 보면 극히 저조하다고 하겠다.[30)]

1930년대 재일한인 자녀의 취학 상황을 보면 다음 <표 3>과 같다.

〈표 3〉1930년대 재일한인 학령아동의 취학 상황[31)]

연도/지역	학령아동(나이)	취학자수(명)	취학률(%)
1930/일본	32,782(7-14세)	18,974	53.5
1935/교토京都市	4,749(7-17세)	2,644	55
1932/오사카大阪市	7,225(7-17세)	3,437	48
1935/고베神戸市	2,460(6-15세)	1,885	53.5

이렇게 1930년대 재일한인 자녀의 취학률은 53.5%이었다. 그리고 1932년 오사카大阪市는 48%로 이것은 오사카의 열악한 생황을 반영한 수

---

28) 한글, 조선어라는 용어를 동시에 채용한다.
29) 선행 연구는 다음을 참조한다.(김인덕, 『식민지시대 재일조선인운동 연구』, 국학자료원, 1996, 오자와 유사쿠 저, 이충호 역, 『재일조선인 교육의 역사』, 혜안, 1999, 정혜경, 『일제시대 재일조선인민족운동연구』, 국학자료원, 2001, 도노무라 마사루 저, 김인덕 등역, 『재일조선인 사회의 역사학적 연구』, 논형, 2010.)
30) 樋口雄一, 『日本の朝鮮・韓國人』, 同成社, 2002, 82쪽.
31) 姜在彦, 『在日朝鮮人の日本渡航史』, 신경환군을 돕는회, 1976.

치라고 할 수 있다.

실제로 1931년 내선협회內鮮協會의 오사카시 재일한인 취학아동 조사에 의하면, 주간부 4,386명, 야간부 2,407명, 합계 6,793명으로 이 가운데 35%에 해당하는 2,407명이 낮에는 일하고 야간부에 다녔다. 실제로 졸업생은 취학아동 총수의 18%에 지나지 않았다. 1932년에 <표3>과 같이 7세부터 17세까지의 학령아동 7,225명 가운데 48%인 3,437명이 취학하고 있었던 것으로 나타났다.[32] 1933년에도 14,052명이 취학대상 학령아동인데, 이 가운데 6,583명(46.9%)이 취학하고 있었다.[33]

1935년 오사카에 있었던 사이비2소濟美二小(재학생 149명), 니시노다소西野田小(재학생 110명), 난바사쿠라가와쇼難波櫻川小(재학생 126명) 등 야간소학교夜間小學校는 전원이 한인이었고, 제미제4소학교濟美第四小學校[34]는 550명 중 546명, 나카모토1소학교中本一小學校는 246명 중 235명이 한인이었다.[35]

이와 같이 재일한인 학령아동은 정주화와 함께 늘어 갔다. 이들 학령아동은 경제적, 정치적 이유로 제한적인 교육을 받아야만 했다. 동시에 취학자 중 재일한인 학령아동의 비중은 증가했고, 특히 야학에서 차지하는 재일한인 학령아동의 비율은 급증했다. 몇몇 야학은 재일한인 학교라는 이미지를 갖게 되는 경우도 있었다.

---

32) 大阪府 學務部, 「在阪朝鮮人の狀況」, 朴慶植, 『朝鮮問題資料叢書』 3, アジア問題研究所, 1994, 100~101쪽.

33) 大阪府, 「朝鮮人に關する統計表」, 朴慶植, 『朝鮮問題資料叢書』 3, アジア問題研究所, 1994. 37~38쪽.

34) 塚崎昌之, 「1920年代の在阪朝鮮人「融和」教育の見直し－濟美第4小學校夜間特別學級濟2部の事例を通して－」 『在日朝鮮人史研究』 35, 2005.

35) 이충호 역, 『재일조선인 교육의 역사』, 혜안, 1999, 101쪽. 한편 재일한인 아동수의 증대는 1935년에는 4만 4천이었던 것이 1939년에는 10만을 넘어, 1944년에는 20만 명이 되었다.

3. 일제의 재일한인 교육정책과 관변 야학

1) 일제의 재일한인 동화교육과 분리교육

일제강점기 재일한인에 대한 교육은 근본적으로는 황국신민화, 동화교육이었다.[36] 문제는 정책적으로 재일한인을 어떻게 교육시킬 것인가의 문제였다. 재일한인의 교육정책의 주무관청이었던 척무성拓務省 조선부朝鮮部는 문부성文部省에 재일한인 자녀들의 교육문제에 대해 조회했다. 1930년 5월 척무성 조선부가 '내지 조선인의 학령아동은 소학교령 제32조에 의하여 그 보호자에 대하여 취학의무를 지워야 하는가?'라고 하는 질의를 했다. 이에 대해 같은 해 10월, 문부성 보통학무국장은 '내지 조선인은 소학교령 제32조에 의하여, 학령아동을 취학시킬 의무를 지는 것으로 한다.'라고 회신했다.[37]

이처럼 재일한인 자녀의 교육은 의무교육으로 한다는 입장이 표명되었던 것이다. 조선 내에서는 동화교육이 시행되고 해방 당시까지 의무교육이 실시되지 않았던 점을 감안한다면 재일한인에 대한 우대 조치였다고 할 수 있다. 반면에 내용적으로는 취학의무라고 하는 형태를 취하고 동화교육의 방침을 제시했던 것이다.

이러한 취학의무도 실제로는 일본인 학생을 수용한 후에 학교시설의 여유가 있을 때에 한하여 재일한인 자녀를 입학시키는 내용이었다. 이러한 문부성의 취학의무의 적용은 1930년대 후반 협화회協和會시대까지 지속된 것으로 추정된다.[38]

---

36) 吳圭祥, 『ドキュメント在日本朝鮮人聯盟 1945-1949』, 岩波書店, 2009, 127쪽.
37) 오자와 유사쿠 저, 이충호 역, 『재일조선인 교육의 역사』, 혜안, 1999, 96쪽.
38) 이하 협화시대의 일반 내용과 협화교육은 다음의 책 참조(樋口雄一, 『協和會』, 社會評論社, 1986).

1938년 11월 일본 정부는 재일한인들이 가장 많이 거주하고 있는 31개 지역에 협화회를 설치했다. 모든 재일한인은 협화회에 가입하는 것을 의무화하여 통제기관으로서의 본격적인 활동을 전개했던 것이다.

이 협화회에 의한 협화교육의 목적은 재일한인 자녀의 내부에 '대화혼大和魂을 창조創造'하고, 그것을 통하여 내선일체를 실현하는 데 있었다. 당시 일본인 교사들의 생각으로는 재일한인 학생들이 신민의식, 학력, 일본식 예절의 면에서 뒤떨어져 있다고 보고 이것을 시정하는 것이 협화교육이라고 왜곡된 시야를 갖고 있었다. 이러한 협화교육에서 동화를 방해하는 최대의 장애물은 부모 세대의 민족성 유지를 들고 있다. 특히 재일한인 집단 거주에 의한 언어, 풍습, 습관 등이 보존되는 것을 가장 큰 문제라고 보았다.

실제로 협화사업 전체 속에서의 협화교육의 역할은 재일한인 동화의 첨병으로서의 기능을 기대하고 있었다. 그것은 유년기로부터의 동화의 결정성과 동화된 어린이들 통해 부모들의 동화를 꾀하였던 이중적인 의미를 지니는 것이었다고 할 수 있다.

이렇게 일제강점기 재일한인 자녀들은 황국신민화·동화교육을 받았다. 황국신민화·동화교육은 재일한인 자녀들을 일본제국의 신민 내지는 일본인화를 목적으로 했다. 이러한 이른바 '혼합교육'이 기본적인 교육 형태였다. 따라서 재일한인이 민족학교를 설립하는 것은 전혀 허가가 되지 않았다. 그러나 여기에 일정한 틈이 존재했다. 그것이 '분리교육'이라고 할 수 있다. 이른바 민족학교의 설립이 가능하게 된 것은 일본의 사회·지방자치제·학교로부터의 차별의식에 기초한 이른바 '분리교육'의 추진 때문이었다고 생각한다.[39]

당연히 일제는 민족학교가 재일한인 자녀들에게 민족 주체성을 키워준

---

39) 이 내용은 선행한 오자와 유사쿠의 연구에 기초한다(오자와 유사쿠 저, 이충호 역, 『재일조선인 교육의 역사』, 혜안, 1999, 105~108쪽).

다는 견지에서 바람직하지 않다고 판단했다. 민족성이 강한 재일한인의 일본인화를 위한 동화교육의 과도기적 수단으로 '분리교육'한다고 하는 발상은 격리교육의 차원이었다. 재일한인 자녀들이 집단적으로 다니는 학교나 지역에서는 이들 한인 자녀들이 일본인 자녀들에게 피해를 준다고 여겼기 때문에 '분리교육'이 제안되었다. 그리고 실시되었던 것이다. '분리교육'은 동화의 정책적 요구와 지역사회에서의 한인 배척이라는 차별의식과 타협적 형태로 한인 학생만의 학급 또는 학교를 설치하여 일본인화를 추진하는 특별한 교육제도였다. 따라서 한인의 민족적 권리를 존중하려는 것은 아니었다.[40]

혼합교육이든 '분리교육'이든 재일한인 자녀들이 학교에서 받은 교육 내용은 같았다. 천황제 교육체제 아래 전국 2천여 소학교에서는 정형화된 교과과정과 교과서를 바탕으로 재일한인 자녀들에게 동화·황민화교육을 강요했다. 재일한인 학생들의 학교교육 형태가 혼합교육이든 분리교육이든 그 교육 내용은 일본의 경우 전국에 걸쳐 일률적으로 제정된 교육과정과 교과서에 의거했다.

실제로 일제강점기 재일한인을 대상으로 한 '분리교육'의 전형으로는 효고현兵庫縣의 무고무라武庫村의 관서보통학교關西普通學校를 들 수 있다.[41] 1920년대의 무고가와武庫川 개수공사改修工事에 종사한 한인이 급증하여 학령아동도 늘어나게 되어, 한인 학생을 일본 학생으로부터 분리시켜 1934년에 분교로 사립관서보통학교私立關西普通學校가 설립되었던 것이다.

이러한 분리교육은 오사카, 고베, 효고, 후쿠오카福岡, 야마쿠치山口, 홋카이도北海道 등지의 재일한인의 밀집 거주공간의 학교에서 실행되는 것이 보편적인 모습이었다.

---

40) 오자와 유사쿠는 이를 적극적으로 주장한다.
41) 김덕룡, 「초기 재일조선인 교육에서 쓰인 조선어 교재에 관한 고찰」, 강양원·클레어 유 편저, 『한국 이민초기 교육의 발자취』, 도서출판 선인, 2011, 177~178쪽.

2) 관변 야학

황국신민화·동화교육에 기초한 '분리교육'과 함께 재일한인은 관변 야
학을 통한 교육 기회를 갖게 되었다. 일제강점기 재일한인 사회의 이른바
관변 야학으로 거론할 수 있는 것이 우선 상애회[42]에서 운영했던 경우이
다. 오사카에서는 1923년 5월 오사카 본부, 같은 해 10월에는 센난泉南지
부가 존재했는데, 1923년 7월 츠루하시鶴橋의 이카이노猪飼野에 야학이 설
치·운영되었다.[43] 그리고 1926년에는 이즈미和泉 본부가, 1929년에는 이
즈미 본부의 센난지부泉南支部가 야학을 설치했다. 여기에서는 주로 일본
어, 수신, 선술, 습자와 한글을 가르쳤다.[44] 이와 함께 교토에서도 1921년
야학이 존재했고, 이들 학교는 1920년대 후반에 폐교되었다.

그리고 중요한 관변 야학이 내선협화회內鮮協和會의 야학이다. 1924년 5
월에 보호 구제를 명분으로 오사카 부청大阪府廳 내에 오사카부大阪府 내선
협화회가 탄생했던 것이다.[45] 오사카부 내선협화회는 결성 이후 교화사업
을 주요한 사업내용으로 설정하고 그 일환으로 야학을 6개소에 설치 운영
했다.[46] 그것은 니시구 이마미야西區 今宮, 히가시나리구 츠루하시東成區 鶴
橋, 히가시요도가와구 도요사키東淀川區 豊崎, 미나토구 츠루마치港區 鶴町,

---

42) 김인덕, 「상애회연구」『한국민족운동사연구』33, 2002 참조.
43) 『大阪朝日新聞』1924년 7월 11일 석간.
44) 『大阪朝日新聞』1926년 5월 26일, 1929년 6월 23일.
45) 오사카의 내선협화회는 1923년 10월에 설립되었으나 이듬해 5월 5일에
재단으로 정식 설립 인가를 받았다(梁永厚, 『戰後 大阪の朝鮮人運動』, 未
來社, 1994년, 242쪽).
46) 히가시나리구 소재 츠루하시와 나카모토지역 내선협화회 야간학교에 재학
중인 아동을 대상으로 한 출신도별 조사를 보면, 1928년 10월에 나카모토
야학교 재학생 64명 가운데 전남이 49명, 전북이 4명, 경남이 7명, 경북이
4명이다(大阪市 社會部, 『鶴橋·中本方面に於ける居住者の生活狀況』1928
년 12월, 17쪽).

히가시나리구 나카모토東成區 中本, 사카이시堺市에 설치되었다.

당시 야학에서 가르치는 내용은 수신·국어·산술·이과·지리·역사 등이었다. 매주 1회의 한글 교육도 포함되어 있었지만, 매주 7회씩의 일본어 교육보다 적은 비중을 차지했다. 야학의 교육 내용은 일본어를 중심으로 수신·역사 등 교화과목과 실용적인 과목인 산술·이과 등으로 이루어졌다.[47)]

이 오사카부 소재 야학의 경우 주목했던 교육 과목은 일본어였다. 협화회 측이 일본어 교육을 통해 생활상의 불편함을 없앤다는 명분을 내세웠지만 실질적으로는 수신교육과 동시에 일본의 동화정책 그 자체였다.

이상과 같이 상애회와 협화회 모두 설립 단계부터 한글 수업시간도 있었으나 교과서는 조선총독부가 편집한 것을 사용했다. 그리고 수업은 동화정책에 의거해서 진행되었다고 판단된다.[48)] 그러나 여기에서는 민족의 정체성과 관련한 내용이 수업시간에 자연스럽게 표현되었던 것으로 추측하는 것은 또한 어렵지 않다.

특히 조선어 교육이 재일한인에게 적극적인 의미를 갖고 있다고 한다. 『특고월보特高月報』 1935년 9월호에는 학령아동을 민족적 편견에 기초한 잠재의식에서, 소학교에 취학시키는 것을 기피한다고 전제하고, 내지 재류 아동에 대해서는 그리 긴요하지 않은 일본어를 편중되게 가르치고 있는 것처럼 위장하여, 음으로 조선어 교육만을 하는 경향도 적지 않았다고 적기했다. 더욱이 교사 중에 언동주의가 요구되는 사람이 상당수 존재했고, 아동들에게 민족의 정체성과 공산주의사상의 주입에 노력했다고 평가했다.

이렇게 일제강점기 관변 야학에서는 당시 일부의 교사들은 학원비용으로 자본주의의 모순과 사회주의와 관련한 서적을 구입하여 사상연구에 심

---

47) 樋口雄一, 『協和會』, 社會評論社, 1986, 16쪽.
48) 이후에 협화회 활동이 활발하게 된 1936년 이후에는 일상생활에서 조선어 사용도 금지되는 방향으로 나아갔다.

취하고 아동에 계급의식을 침투시켰다. 그리고 초청 연주회를 개최하여
러시아 혁명가를 가르치거나 계급의식이 표현되어 있는 영화를 보여주었
다. 실제로 8월 1일 반전데이 때는 학생들에게 격문 살포의 임무를 맡겨
이들이 검속당하도록 하기도 했다.[49)

4. 재일한인의 자주적 민족교육

1) 다양한 민족교육 기관 설립

일제강점기 일본에 살던 재일한인 자녀들은 전술했듯이 빈곤과 정치적
인 이유 때문에 야간소학교에 조차 다니지 못했다. 그리고 선택하는 것이
사립학원과 같은 간이교육기관에서 공부하는 것이었다. 이들이 민족교육
기관의 형태를 취하고 민족교육 운동을 전개했다.

『조선일보』 1931년 12월 9일자 「재오사카조선인교육협회 창립」이라
는 기사는 1931년 무렵의 오사카부 내에는 한인이 경영하는 노동학원, 야
학원, 유치원이 30개 남짓 존재했다고 전한다. 또한 여기에는 동광학원東
光學院(1927년 이전 설립)[50), 낭화학원浪華學院(1928년 설립), 신흥학원新興學院
(1928년 설립)[51), 동명학원東明學院(1929년 설립)[52), 근화학원槿花學園(1929년 설
립)[53), 공제학원共濟學院(1931년 설립)[54), 관서공명학원關西共鳴學院(1931년 설립)
등이 확인된다.[55)

---

49) 內務省警保局, 「社會運動ノ狀況」, 朴慶植, 『在日朝鮮人關係資料集成』 2,
   三一書房, 1975, 566쪽.
50) 『조선일보』 1928년 1월 14일자 「일시 비운의 東光學院」.
51) 『조선일보』 1929년 8월 4일자 「무산아동만을 가르치는 오사카 新興學院」.
52) 『조선일보』 1933년 5월 4일자 「오사카 東明學院에 폐쇄 명령」.
53) 『조선일보』 1933년 2월 17일자 「이역의 어린 동포 조선을 향해 호소해」.
54) 『조선일보』 1931년 12월 23일자 「재오사카 共濟學院 낙성식을 거행」.
55) 그리고 神戶市 林田區 소재의 兵庫조선보육원(설립연도 불명), 京都 向上

〈표 4〉 오사카 지역 학령아동 대상 재일한인 관련 학교[56]

설립시기	학교명
1924	勉學院
1927	東光學院
1928	浦生夜學校
1928	浪華學院
1928	新興學院
1929	東明學院
1929	槿花學院
1930	共濟學院
1931	關西共鳴學院
?	耳原學院
1934	勇信會夜學
1934	誠信會夜學
1934	誠心夜間學校
1934	야간간이학교
1935	東曠夜學校
1938	無名夜學
?	大友町夜學
?	東光學院
?	浦江學院

館보육원(당초 교토 중앙보육원이라는 명칭, 1934년 설립), 朝陽유치원
(1935년 설립), 東京 三河島유치원(1928년 설립), 高田學園(1933년 설립),
深川유치원(1936년 설립), 名古屋 보급학교(1933년 설립), 新成學院(1935
년 설립)을 확인할 수 있다. 橫浜市에 鶴見韓國私立學院(1935년)이 있었
다(도노무라 마사루 저, 김인덕 등역, 『재일조선인 사회의 역사학적 연구』,
논형, 2010, 참조).
56) 朴慶植, 『在日朝鮮人關係資料集成』(2)(3), 三一書房, 1975, 伊藤悅子,
「1930年代を中心とした在日朝鮮人敎育運動の展開」『在日朝鮮人史硏究』第
35号, 2005.

이 가운데 중요한 재일한인 학교로 먼저 들 수 있는 것이 낭화학원이
다. 오사카의 나니와구浪速區에 거주하는 제주도 출신 재일한인들은 1928
년 11월에 낭화학원을 설립했다. 당시 10만 명 가까운 재일한인에게는 가
정교육이 없었고, 일본 아이들과 놀 수밖에 없는 구조였다. 여기에서 출발
하여 일본어가 아닌 한글과 조선어 교육이 시작되었다.[57] 그리고 후원회
를 조직하여 학교운영을 담당했다. 1930년 7월 23일에 열린 학예회에서
자본주의의 결점을 내용으로 하는 연설을 하기도 했다.[58] 설립 후에 낭화
학원은 2년 동안 졸업생을 3백 명 배출했고, 야간교육기관으로 상당한 대
중적 기반을 갖고 있었던 것으로 보인다.

또한 최대의 재일한인이 거주하는 히가시나리구東成區 나카모토쵸中本
町 소재 조선촌은 1931년 4월에 관서공명학원을 세우기로 결의하고, 총경
비 1700여원 모금에 나섰다. 건평 37평의 학원건물은 1931년 12월 1일에
낙성식을 갖고 다음 해 1월에 개교했다. 실제로 이 관서공명학원은 몇몇
조선촌이 연합하여 설립한 학교로 150명의 아동을 교육했다. 주된 교육
내용은 일상적인 교과로 한글을 중심으로 진행된 것으로 보인다. 이 학원
은 유지회의 후원 아래 오사카 거주 재일한인의 자랑거리였다. 1932년 2
월 1일 당국에 의해 학생 3인이 검속된 후 7월 25일에는 폐쇄되었다.[59]

관서공명학원과 제휴하여 사카이시堺市에는 이원학원耳原學院이 설립되
어 조선 역사를 가르치기도 했다.[60]

나카카와치군中河內郡 후세쵸布施町에 거주하는 재일한인들도 1930년
10월 16일에 공제학원을 개교하여 미취학 한인 아동에 대한 교육을 실시
했다. 공제학원은 별도의 교사校舍를 갖추지 못하고 학교를 개교했다. 그

---

57) 『동아일보』1930년 11월 8일.
58) 『조선일보』1930년 7월 29일, 7월 31일.
59) 『조선일보』1931년 11월 28일, 『중앙일보』1932년 2월 8일.
60) 內務省警保局, 『社會運動의 狀況』1936, 朴慶植, 『在日朝鮮人關係資料集成』
    3, 三一書房, 1975, 543쪽.

러나 아동이 50명으로 늘어나자 1931년 10월에 학원신축위원을 선정하고 300원을 모금하여 12월 16일에 낙성식을 가졌다.

1934년에는 성심야간학교가 오사카에 개교하여 1942년 10월 15일까지 존재했다. 이봉춘이 설립한 이 학교는 11회 이상의 이전을 통해 명맥을 유지하다가 이봉춘, 고갑평, 김주삼 등이 치안유지법 위반으로 검거되어 문을 닫았다.[61)]

오사카의 미나토구港區에서도 1934년에 야간간이학교가 설립되기도 했다. 1935년 5월에도 문을 연 동광야학교가 재일한인을 대상으로 교육했고 일제의 탄압으로 8월 23일에 폐쇄되기도 했다.[62)]

재일한인의 민족교육이 전면적으로 추진된 동력은 민족운동의 중심이 되었던 노동, 청년운동세력이라고 보인다. 재일한인 노동조합이 중점을 둔 사업에는 노동자를 대상으로 한 교육활동이 있었다. 재일한인 민족운동 단체는 상호부조와 친목을 목적으로 하는 경향에서 노동자계급의 성장과 함께 계급해방을 내건 조직으로 성장해 갔다. 이 가운데 상징적인 노동운동 단체가 재일본조선노동총동맹이다. 재일본조선노동총동맹은 1925년 2월 22일 조직되었다.[63)]

대중적 민족운동 단체인 재일본조선노동총동맹은 조직의 강화를 위해 활동 분자들의 교육을 강화했다. 재일한인 노동자의 70% 이상이 문맹이었기 때문에 계몽사업도 중요했다. 구성원들은 조합 활동의 의의와 한계 등에 대하여 무지한 상태여서 강사의 파견, 교재의 제작 그리고 강좌의 설치에 적극적이었다.

재일본조선노동총동맹 산하의 대판조선노동조합은 1928년 가마모치야

---

61) 김덕룡, 「초기 재일조선인 교육에서 쓰인 조선어 교재에 관한 고찰」, 강양원·클레어 유 편저, 『한국 이민초기 교육의 발자취』, 도서출판 선인, 2011, 173~174쪽.
62) 『민중시보』 1935년 9월 15일.
63) 「안내장」, 大原社會問題研究所.

학교浦生夜學校를 개설했다. 이 학교는 전협[64]으로 대판조선노동조합이 해
소될 때까지 활동했는데, 40여 명의 학생이 공부했다.[65] 구체적인 현황을
정리해 보면, 1928년 7월 15일에 히가시나리구東城區 가마모치쵸浦生町 1
번지 도호쿠東北지부 가마모치 분회 내에 가마모치야학부를 설립했다. 그
리고 7월 23일부터 수업을 시작했다. 교장은 마찬규이고 상무는 권영하,
심황파, 최말룡, 성복기, 보조교사 조규춘, 강사 마희규, 이동화, 김상구,
김광, 김문준 등의 이름이 확인된다. 이들은 주로 대판조선노동조합 간부
들이었다.

한편 1925년 전후부터 도쿄, 교토, 오사카 등지에 조선청년동맹 산하
조직과 기타 청년단체들이 결성되었다. 이들 조직은 1926년 이래 국내 및
일본지역 운동 상황의 변화와 관련하여 통일기관의 필요를 통감했다. 삼
청년동맹공동위원회의 결의로 단일동맹을 조직하기로 한 재일본청년운동
세력은 재일본조선청년동맹 준비위원회가 주도하여 1928년 3월 21일 오
후 6시 오사카 덴노지天王寺공회당에서 창립대회를 열었다. 그리고 재일본
조선청년동맹을 결성했다.[66]

재일본조선청년동맹의 강령 가운데는 '재류조선청년의 의식적 교육과
훈련을 하고 좌익운동을 철저히 한다'고 했다.[67] 그리고 21개조의 행동강
령 가운데 '조선에서의 시행되는 노예 교육정책에 절대 항쟁'을 결의했
다.[68]

64) 일본노동조합전국협의회의 약칭이다.
65) 伊藤悅子, 「1930年代を中心とした在日朝鮮人敎育運動の展開」『在日朝鮮
人史硏究』第35号, 2005, 35쪽.
66) 『대중신문』(1928.4.1.), 朴慶植, 『朝鮮問題資料叢書』5, アジア問題硏究所,
1994, 388쪽.
67) 「在留朝鮮人の運動狀況」, 朴慶植, 『在日朝鮮人關係資料集成』2-1, 三一
書房, 1975, 37쪽.
68) 『청년조선』(1928.7.7.), 朴慶植, 『朝鮮問題資料叢書』5, アジア問題硏究所,
1994, 397쪽.

이러한 재일본조선청년동맹 오사카지부와 대판조선노동조합은 협력하여 민족교육을 진행하기도 했다. 대판조선노동조합은 재일본조선청년동맹 오사카 지부와 함께 히가시나리구 카모노쵸鴨野町에 동광학원東光學院과 니시요도가와구西淀川區 가마모치浦江에 가마모치학원浦江學院을 설립하여 노동자를 대상으로 교육을 실시했다. 이들 학원은 노동자 공동출자로 설립되었으나 경영난에 직면하자, 1928년 3월 4일 청년동맹유지 간담회를 열고 회원 30여 명이 의무적으로 1인 1원 이상을 납부하도록 결정하기도 했다. 이 학원들은 원래 야간부만을 개설했으나 '일선동화정책 반대日鮮同化政策 反對'의 차원에서 주간부를 개설하고 노동자의 의식화와 반일반제 의식을 고취했다.

그런가 하면 융화친목적 성격의 단체에 의한 부분적인 민족교육이 진행되었다. 동광일심회東光一心會의 경우는 야학과 무료진료 등을 사업으로 하고 있었다.[69] 아울러 비슷한 성격의 신정회愼正會도 마찬가지로 야학 강습소와 무료숙박소의 설치를 계획했다. 그리고 조직 안에 지육부, 덕육부, 교풍부, 상담부가 설치되어 있었던 것으로 보아 계몽운동과 상호부조가 중심이었던 것으로 보인다.[70]

1933년 10월 재일한인이 경영하는 야학의 전폐가 일제에 의해 명령으로 내려졌다.[71] 이를 통해 독자적으로 움직였던 다수의 민족교육 기관은 없어지게 되고 학생들은 공립기관으로 흡수되어 갔다. 그러나 이후에도 재일한인의 여러 형태의 학교는 지속적으로 재설립되어 민족교육을 담당했던 것으로 보인다. 1934년 무산청년의 계몽을 위해 용신회야학勇信會夜學이 설립되었고 이후 성신회야학誠信會夜學도 개설되었다.[72] 성신회야학

69) 『朝鮮思想通信』 1927년 11월 24일~26일.
70) 『조선일보』 1927년 6월 1일.
71) 『동아일보』 1933년 12월 15일 석간.
72) 『특고월보』 1943년 3월, 朴慶植, 『在日朝鮮人關係資料集成』 5, 三一書房, 1976, 120~126쪽.

재일한인 민족교육의 전사 *127*

은 겉으로는 일본어와 산술을 가르쳤으나 실제로는 조선어, 조선의 역사를 교수했다. 대상도 취학한 자녀뿐만 아니라 부모도 대상으로 하여 민족교육을 통한 민족적 자각을 촉진하고자 했다.

2) 재일한인 민족교육의 성격

일본에서 재일한인 학령아동을 대상으로 한 학교에서 진행되었던 것은 동화교육, 융화교육, 협화교육의 이른바 황국신민화교육이었다. 여기에서 자라난 재일한인 자제는 황국신민화교육의 피교육자가 되었다.

일제강점기 일본에서 학교 교육을 받았던 대부분의 학령아동 재일한인 피교육자는 부모와 달리 민족의 정체성과 관련하여 상반되는 논리구조를 갖게 되었다. 절대 다수가 빈곤에 처해 있으면서도 부모는 학교에 자녀를 보내고자 했고, 이것이 그 길을 인도했던 것이다. 조선에서 태어나서 자란 아버지와의 대립, 이것을 초래된 상황은 황국신민화교육, 일본인으로서 교육받은 결과였다. 부모가 함께 조선촌의 '조선인의 세계'에서 생활하면서도 자식들은 일본인, 황민 소년으로서 자랐다. 이런 가운데 재일한인의 민족교육이 전개되었던 것이다. 여기에는 일하면서 배우지 않으면 안 되었던 결과가 작용했음은 물론이다.

특히 학령 초과자가 다닌 야간소학교에는 재일한인 학생들의 경우 10대 후반의 청소년이 많았다. 이들은 일하며 공부하고 생활하면서 고향으로 돈까지 보냈다. 물론 다수의 학령아동인 재일한인 자녀들은 야학에 다녔다.

이러한 재일한인의 민족교육은 조선촌이 중심이었다. 생활의 공간, 부조의 장으로서의 조선인 부락과 민족교육을 사수하는 장으로서의 역할 이외에도, 대중적 재일한인 민족운동 단체였던 각종 사상단체와 재일본조선노동총동맹, 재일본조선청년동맹 그리고 전협 활동의 거점이었다. 조선촌에서는 한글 책이 읽혔고, 조선어로 자유롭게 대화가 가능했다. 그야말로 해방구였던 것이다.

조선촌을 중심으로 전개된 재일한인의 민족운동은 민족교육과 깊이 관련되어 있었다. 반일적 성격의 신문, 잡지는 재일한인의 단결이 공고화되는 초석이었고 민족교육의 또 다른 기반이었다. 특히 재일한인이 독자적으로 만든 조선인무산자진료소의 경우도 일제에 의해 탄압의 대상이 되었으나 진료소의 이익금으로 교육기관을 운영하는 모습은 민족운동과 민족교육 그리고 일상생활이 어떻게 결합되어 있는지를 보여주는 증거라고 할 수 있다.

이상과 같은 학령아동을 대상으로 한 재일한인의 민족교육은 교육 방향과 교육 내용이 공부하는 학생들을 직접 민족운동가로 양성하지 않았다. 그러나 이러한 민족교육 기관을 통해 한글과 역사를 배우고 민족적 자부심을 느끼는 것은 보이지 않은 정체성 유지의 근간으로 작용했던 것은 분명하다.

5. 결론

본고는 오사카 지역의 학령아동을 대상으로 일제강점기 재일한인의 민족교육을 중심으로 살펴 본 연구이다. 필자는 해방 이후 재일한인 민족교육의 전사前史로 민족교육의 통사적 관점에서 민족교육과 '정체성'의 상관관계를 학령아동을 대상으로 한 민족교육에 주목해 보았다.

재일한인을 대상으로 한 도항정책은 기본적으로 일본자본주의의 필요에 따른 통제가 기본 방향이었다. 특히 재일한인들의 증가와 함께 가족이주가 증가하면서 자녀수가 점증해 갔고, 이에 따라 이들을 대상으로 하는 교육문제가 발생하게 되었다. 실제로 1920년대 한국인의 국외유학은 증가현상을 보였고, 동시에 학령아동의 경우는 오사카에서의 1924년 취학률은 28%에서 1932년에는 47.57% 상승했다. 낮은 취학률은 1930년대 말까지 계속되었던 것으로 정리할 수 있다.

이들 재일한인 학령아동을 대상으로 하는 일제강점기 교육은 황국신민화교육이었다. 다소간의 시기적 차이는 있으나 정책적으로 재일한인에게 융화, 협화, 분리교육이 실시되었다. 황국신민화교육은 재일한인 자녀들의 일본인화를 지향했다. 이러한 이른바 '혼합교육'이 기본이었고, '분리교육'을 실시했다. 여기에서 일정한 합법적인 재일한인의 민족교육의 존재 공간이 마련되었다.

재일한인의 민족교육은 관변 야학, 간이학교 등지에서 진행되었다. 이들 학령아동을 대상으로 하는 민족교육은 특히 정체성과 관련해서는 공산주의계와 노동운동계 등이 주도했다고 보인다. 특히 주요 재일한인 민족운동 단체가 주도했음은 물론이다.

이상과 같은 재일한인의 민족교육은 정체성 교육을 중심으로 진행되었다. 그 내용은 한글, 조선어 말하기, 한국 역사 등의 교육을 통해 단면이 확인된다.

조선족중소학교에서의 민족정체성교육의 새로운 접근과 대안모색

朴 守 海(중국 연변대학 교수)

1. 서론

중국의 조선족은 해외에 이주하여 살고 있는 한민족 중에서 민족의 언어와 문자, 민족의 전통문화, 그리고 민족정체성을 가장 잘 지켜온 민족으로 알려져 있다. 장장 한 세기 반의 이주와 정착여정에서 농업경제를 기반으로 한 상대적인 집거지의 형성과 유치원으로부터 대학으로 일관된 민족교육체계가 이 같은 민족공동체의 형성과 민족문화의 보존, 민족정체성의 확립을 가능하게 하였던 것이다. 그러나 지난세기 80년대부터 시작된 중국의 개혁개방, 중국의 도농2분체제의 해체, 1992년의 한중수교 등 국내외적인 구조적 전환과 전반적으로 일고 있는 국제화, 세계화의 흐름은 중국경내 조선족의 민족공동체를 송두리째 흔들고 있다. 중국경내 여느 민족에 비하여 대규모적으로 이루어지고 있는 초국적 인구이동으로 조선족사회는 경제적인 부를 이루는 반면에 농촌마을의 공동화, 인구의 마이너스성장, 농촌학교의 폐쇄, 집거지의 축소, 전통문화의 소실 등의 사회전면에 거친 심각한 변화를 초래하게 되었으며 이러한 변화의 이면에는 민족의 정체성마저 미증유의 갈등과 혼란에 직면하게 하였다. 급기야 조선족사회는 그 향방을 가늠할 수 없을 정도로 '위기론', '붕괴론', '적응론' 등 여러 가지 주장들이 혼선을 빚고 있다.

정체성의 갈등과 혼란은 기성세대에만 국한되는 것이 아니라 성장 중에 있는 4~5세의 청소년들에게도 나타난다. 세대 차이와 성장환경의 변이, 중국의 주류문화의 충격과 그에 대한 수용자세의 변화 등 요인으로 젊은 세대들의 민족정체성은 기성세대에 비하여 보다 복잡한 양상을 띠고 있으며 따라서 그들의 정체성에 대한 교육도 하나의 시대적 및 민족적 과제로 떠오르고 있다. 청소년들은 민족의 미래이며 그들의 민족정체성의 확립은 민족공동체의 운명과 직접적으로 연관된다. 오늘날 조선족인구가 날로 줄어들고 민족집거지가 축소되어가는 시점에서 민족정체성교육의 주된 온상은 학교라 해도 과언이 아니다. 민족정체성유지에서의 필수적인 수단인 민족언어와 민족문화교육이 제대로 이루어 지지 않는다면 그 결과는 불 보듯 뻔한 동화로 이어질 것이며 진정한 의미에서의 민족교육도 결국 유명무실하여 질 것이다.

이제 민족교육을 빼놓고는 민족공동체의 발전을 운운하지 못할 정도로 조선족사회에서의 민족교육의 사명은 막중하다. 이에 본고는 민족정체성 확립에서의 학교교육의 당위성과 중요성에 대한 고찰을 토대로, 조선족중소학교[1]에서의 민족정체성교육의 새로운 접근방법 및 그 대안에 대하여 살펴보고자 한다.

---

1) 중국의 중고등학교 명칭은, 초등학교를 소학교로, 중학교를 초급중학교(초중)로, 고등학교를 고급중학교(고중)라고 부르며 학제는 6-3-3학제이다. 본고에서의 중소학교는 소학교로부터 초급중학교, 고급중학교, 즉 기초교육 단계를 전부 포함한다.

2. 조선족중소학교 민족정체성교육의 당위성과 필요성

1) 심각한 인구이동에 따른 집거지의 축소

오늘날 조선족의 거주지가 중국전역, 심지어는 국외로 확대되고 민족
집거지의 조선족인구가 해마다 줄어드는 시점에서 민족정체성확립에서의
학교교육의 당위성과 필요성은 그 어느 때보다도 절실하게 부각된다. 중
국의 조선족은 해외한인 중에서 민족의 전통과 문화를 가장 잘 보존하고
있는 것으로 알려져 있다. 장장 한 세기 반에 가까운 기나긴 세월 속에서
도 타민족의 문화권에서 동화되지 않고 자기민족의 혼과 뿌리를 꿋꿋하
게 지켜낼 수 있었던 가장 큰 힘은 바로 농업생산이라는 경제 형태와 민
족집거지 및 민족교육이었다. 연변조선족자치주와 장백조선족자치현이라
는 민족자치지역과 동북3성 기타지역의 크고 작은 농촌마을을 중심으로
형성된 조선족집거지, 그리고 유치원으로부터 대학으로 일관된 민족교육
체제는 민족문화와 전통 및 민족정체성을 굳건히 지켜낼 수 있었던 토양
과 도경으로 작용하였던 것이다. 그러나 80년대부터 시작된 중국의 개혁
개방과 도농이분체제의 해체, 한중수교와 더불어 일기 시작한 코리안 드
림 등은 전통적인 조선족들의 삶의 환경과 방식에 커다란 충격과 변화를
가져왔다. 동북3성에 한정되어 있던 조선족들의 삶의 반경은 산해관이남
및 한국을 비롯한 기타의 나라에 까지 폭을 넓혀 갔으며 이 같은 인구이
동의 여파로 기존의 민족공동체의 기반역할을 감당하던 농촌마을이 공동
화되어가고 지역공동체를 중심으로 운영되던 조선족학교도 폐쇄의 위기
를 맞게 되었으며 따라서 지역공동체의 울타리에서 대를 이어 자연발생적
으로 전승되던 민족전통문화와 민족의식도 토양을 잃어가고 있다.
<그림 1>에서 보다시피 중국에서의 조선족의 가장 큰 집거지인 연변
조선족자치주의 경우, 조선족인구의 감소는 현저하게 진행되고 있는바,

신중국 건립초기의 1950년, 연변의 조선족인구는 전체 연변인구의 63.3%
를 차지하였으나 2010년에 이르러 36.6%로 하강되었다. 조선족인구의 감
소와 집거지의 축소는 조선족의 언어와 문화를 향유하는 주체와 공간이
줄어듦을 의미하며 특히 학교의 폐쇄와 통합은 민족문화를 전승하고 창달
하는 가장 기본적인 도경과 온상이 소실되어 감을 의미한다.

그림 1.

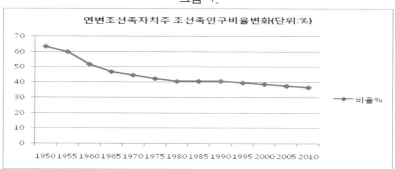

자료: 연도별 「延邊州國民經濟和社會發展統計公報」 및 통계연감에서 작성

2) 주류문화의 충격과 민족문화의 邊緣化

56개 민족으로 이루어진 복합민족국가에서, 그것도 90% 이상이 한족
으로 이루어진 한족중심의 문화권에서 단연 한족의 언어가 국어로 되고
한족의 문화가 주류문화 혹은 보편문화로 자리 잡게 됨은 당연한 일일지
도 모른다. 한족의 주류문화는 8.42%밖에 안 되는 소수민족에게는 동화의
위협적인 인소이면서도 또한 그것을 수용하지 않으면 안 되는 양날의 칼
과 같은 존재였다. 특히 오늘날 중국의 급속한 경제성장과 도시화의 물결
에 따라 나라의 변두리에 위치해 있는 소수민족들은 기존의 보수적인 자
세에서 벗어나 이중언어교육(한어교육과 소수민족언어교육)을 강화함으로 주류

문화를 수용하고 주류문화권에 융합되려는 노력을 아끼지 않는다. 조선족학교도 예외가 아닌바, "정화조어精化朝語, 강화한어强化漢語, 우화외어優化外語"라는 개혁방침 하에 한어교육에 박차를 가하고 있으며 일각에서는 조선어문시수를 줄이고 교수용어도 한어로 하고 한족교사를 채용하고 한족학교의 교과서를 도입하자는 등의 주장도 제기되고 있다.[2]

학부모의 입장에서도 향후 후대들의 중국주류권 진출을 고려하여 결코 강박이 아닌 자원에 의하여 자녀를 한족학교에 보내는 경향이 존재한다. 즉 학부모의 입장에서는 민족의식보다 현실적 이해관계가 더 시급하고 중요하게 느껴진 것이었다. 비록 최근 들어 자녀들을 한족학교에 보내는 비율이 하강의 추세를 보이고 있다지만 아직도 상당수의 조선족학생들이 한족학교에서 공부하고 있다. 현재 연변지역에서 고중단계의 조선족 학생 수는 14,297명으로, 그중의 6,007명, 즉 42%를 차지하는 조선족학생들이 한족고중에서 공부하고 있으며 초중생은 37.2%, 소학생은 평균 22.2%, 소학교 2학년 이하는 18%의 조선족학생들이한족학교에서 공부하고 있다. 따라서 한족학교에서의 조선족학생비율도 만만치 않은바 고중단계에서는 21.4%, 초중단계에서는 11.6%. 소학교단계에서는 6.4%, 소학교 2학년이하에서는 5%를 차지하고 있다.[3]

조선족중소학교 학생들이 주류문화를 대하는 태도도 한반도와의 일체감을 강조하던 1~3세대에 비하여 뚜렷한 차이를 보이고 있는바, 그들은 자민족의 특수성보다 중국주류문화의 보편성에 관심을 가지고 있으며 현실 생활에서의 이해관계를 우선시한다. 일례로 대학입시 후 지망학교를 선정할 때, 70~80년대의 세대들은 연변대학을 선호하였고 졸업 후에도 연변에서 의 취직을 원했지만 지금의 세대들은 대부분 산해관이남 대도시

---

2) 박금해, 「중국조선족교육, 그 向方은－조선족교육의 민족성을 중심으로」 『OKTIMES』 제6기, 2004.
3) 『연변일보』 2011.6.7, 「조선족학생 한족학교입학열기 식어간다」.

의 학교를 선호하고 산해관이남에서 취직하기를 원한다. 배우자의 선택에 있어서도 민족 내 통혼을 주장하던 기성세대의 관례와 요구는 젊은 세대들에게 있어서 별로 의미가 없게 되었다.

13억 인구의 거대한 중국에서 창해일속에 불과한 소수민족으로서의 조선족이 자체의 민족문화와 민족정체성유지를 위한 주체적인 노력이 없다면 타민족에로의 동화는 시간문제일 뿐이다. 집거지와 인구가 날로 줄어들고 주류문화가 거세게 민족문화를 충격하고 있는 오늘날, 조선족학교가 짊어지고 있는 과제와 사명은 그 어느 때보다도 막중한바, 교육본연의 차원을 벗어나 민족공동체를 지탱하고 민족정체성을 생산, 확립하는 산실로 거듭나야 할 시점에 와 있다.

3) 가정교육의 약화

민족 정체성이란 일종의 자기 민족에 대한 소속감이라고 볼 수 있다. 그것은 단기간에 이루어진 것이 아니라 어릴 때부터 오랜 기간 형성되고 누적되어온 문화의 특질이다. 따라서 민족정체성의 형성과 확립에 영향 주는 인소도 다양한바, 가정교육이 바로 그중의 중요한 인소이다. 민족문화 및 민족정체성교육에서의 가정교육의 위치는 상당히 중요한 몫을 차지한다. 유태인의 경우, 1900여 년간 나라 없는 유랑자로 세계각지에 흩어져 살았음에도 불구하고 강한 민족정체성을 유지하게 된 데는 모계를 통한 역사적 기억의 전수가 큰 작용을 하였다고 한다.[4] 우리 민족 역시 개혁개방 전까지만 민족정체성확립에서의 가정교육의 작용이 막강하였다. "옛날 옛적에 …"로부터 시작되는 조부모님들의 옛 이야기, 가정 및 주변에서 쉽게 주고받는 일상의 민족 언어, 가정에서 보고 접하는 의식주문

---

4) 심민수, 「새로운 패러다임의 한민족 정체성 교육을 위한 민족교육 모델 연구」『교육문제연구연구』제35집, 2009, 63~94쪽.

화 등을 통하여 언어와 문자, 풍속, 그리고 선조세대가 경험했던 역사적 기억과 문화가 후대들에게 전수되었고 후대들 또한 이 과정에서 선조들과 동일한 역사적 기억과 문화를 소유함으로써 동일한 문화공동성을 내면화 하게 되었으며 은연중 뿌리의식과 민족의 정체성을 확립하게 되었다. 그러나 오늘날 조선족의 민족정체성교육에서의 가정교육은 거의 그 원초적인 작용을 상실하고 있다.

1992년 한중수교 후 본격적으로 일기 시작한 조선족의 코리안 드림은 오늘에 이르기까지 그 열기가 식지 않고 있으며 규모도 날따라 커져가고 있다. 2011년 현재로 한국에 체류하는 조선족의 수는 '한국계 중국인'으로 등록된 외국인 39만 6천 명과 귀화자 등을 포함해 50만 명 정도로 추산된다.[5] 중국 내 조선족 인구(약 200만 명)의 1/4 이상이 한국에 있는 셈이다. 이 같은 조선족이동의 당연한 결과는 바로 조선족사회의 새로운 군체 — 유수아동留守兒童[6]의 대량 출현으로 이어진다. 지역마다, 학교마다 약간의 차이가 나지만 전체적으로 볼 때 조선족의 유수아동은 50~70%를 점하여 일부 학교들은 77%를 넘고 있다.[7] 가정교육에 기댈 수 없는 현재의 상황에서 민족정체성교육의 사명은 학교에서 전담할 수밖에 없는 형편에 처하게 되었다.

---

5) 『조선일보』 2011.9.17, 신동흔, 「50만 조선족, 일자리가 진화하고 있다」.
6) 留守아동이란, 농민공의 대이동 및 국외노무송출의 규모가 커짐에 따라 부모와 떨어져 농촌의 원 호적지에 남아 있는 농민공의 자녀들을 말한다. 통계에 의하면, 현재 중국의 1.5억 농촌 노동력이 이직 하고 있다. 그 중 60%가 자녀를 그대로 집에 남겨두고 왔는데, 그 숫자가 2000만 명에 달한다. 조선족의 경우, 부모들의 노무송출 및 급증하는 이혼으로 留守아동 현상이 특별히 심각한바, 농촌은 물론, 도시의 유치원 및 학교들에서도 留守아동이 차지하는 비율이 50-70%에 달한다. 留守아동들이 생활하는 가정의 유형도 한부모가정, 조손가정, 친척의탁형, 기숙형 등 여러 가지 형태로 나타난다.
7) 朴今海·鄭小新,「延邊地區朝鮮族留守兒童的敎育與監護問題」『延邊大學學報』 2009年 第1期, 104쪽.

4) 글로벌시대 차세대들의 민족정체성의 혼란

중국의 조선족은 세계 기타지역의 한인과 마찬가지로 큰 틀에서 볼 때 코리안디아스포라로, 그들은 한반도라는 모체에서 떨어져 나와 중국에 정착한 후 이미 4~5세대를 넘어가고 있다. 그들은 한반도에 대한 집단적인 기억과 거주국에서의 정치, 경제 문화적 상호 의존성을 동시에 공유하면서 '민족'과 '국가'라는 두 개의 축을 넘나들며 스스로의 정체성을 설정하여왔다. 과거 중국의 계획경제시대라는 봉폐된 울타리에서 조선족은 중국경내 일개 소수민족이면서도 중국의 국민이라는 양자를 큰 상충이 없이 받아들였지만 오늘날 개방화시대에 들어서서 기존의 정체성은 혼란을 겪고 있으며 유이민으로서의 디아스포라가 겪는 고충과 갈등은 신세대들에게서도 숙명적으로 나타나고 있다. 특히 고국인 한국과의 교류가 밀접해지면서 그들은 한국과 중국, 및 한국인과 중국인사이에 끼인 자신의 정체성에 고민과 갈등을 경험하게 된다. 막연하게 같은 민족으로 생각해오던 한국인들과의 교류에서 중국국적이라는 신분 때문에 이방인으로 간주되고 또 중국인들에게는 배후의 한국으로 인하여 경계의 대상이 되기도 한다. 또한 조선족의 주관적 입장에서도 한국인과의 동질성이 부각될 때에는 한민족임을 더 강조하고 그들에게 불리하게 이해관계가 얽힐 때에는 중국인으로서의 국민성을 내세운다. 결과적으로 개방화시대에 누구나 한번쯤은 '나는 누구인가'라는 질문을 스스로 가지게 되고 또한 타자에 의해서는 '너는 누구냐'라는 정체성에 관한 의문을 받게 된다. 2010년, 필자가 연변대학에 갓 입학한 한족신입생(76명)을 상대로 한 "당신주변의 조선족학생은 자신의 정체성을 어떻게 보는가?"라는 설문조사에 "중국인으로 본다"를 택한 학생이 47.8%를 차지하고 "중국조선족"을 택한 학생이 42.1%를 차지하며 "조선인(한국인)"을 택한 학생이 10.1%를 차지한다. 즉 설문조사에 참가한 한족학생 중 10%에 해당하는 학생들은 조선족학생을 중국인도, 중국조선족도 아닌 한국인과 동일시하고 있다. 조선족은 스스로도, 타자에 의해서도 그 존재와 정체성이 불분명하여 '샌드위치', '박쥐'8) 등에 비유되기도 한다. 오늘날 세계화시대에 다문화의 존중과 수용에 앞서 더욱 성숙된 민족문화의 형성과 그에 대한 교육을 전제로 포괄적인 의미의 문화적 공동체로서의 민족정체성을 확립시키는 작업이 필요한 때이다.

3. 조선족학교민족정체성교육의 좌표정립

1) 조선족학교 민족정체성교육의 특수성

중국의 민족구성과 문화의 주류를 생각해 볼 때 조선족학교에서의 민족정체성교육은 단일민족국가에서의 정체성교육이거나 한국국적을 그대로 유지하고 있는 재미, 재일동포교육에 비하여 복잡한 양상을 띠고 있다. 때문에 조선족학교에서의 민족정체성교육은 그들만이 갖고 있는 특성과 한계점에 대한 파악이 선행되어야 한다.

(1) 피교육대상의 정체성의 복합성(다양성)

현시대 조선족중소학교의 학생은 중국경내 조선족의 4~5세들로, 그들은 그들의 부모세대들과 더불어 중국에서 태어나 중국국적을 부여받고 중국의 국민교육과 주류문화를 거부감 없이 받아들이고 있다. 이들의 특정한 출생과 성장환경, 국적소속, 세대차이로 인하여 그들에게서는 이주초기의 1~3세대들에게 배어 있던 한국이거나 조선에 대한 혈연적인 정감과

---

8) 자신의 이해관계에 따라 때로는 조선족(혹은 한민족)이라는 민족성을, 때로는 중국인이라는 국민성을 강조하는 조선족의 어정쩡한 입장을 포유류이지만 조류 같은 정체불명의 박쥐에 비유해 이르는 말이다.

일체감, 귀소본능, 및 향수 같은 것을 찾아보기 힘들다. 한국이거나 조선
은 그들에게 있어서 단지 할아버지, 할머니의 고국으로, 부모들이 노무를
가고 있는 나라로, 같은 언어와 문화를 향유하고 있는 정도로 기억되고
있다. 민족의 호칭에 있어서도 그들에게는 한민족보다 조선민족이 더 친
근하다. 필자가 2010년 연변대학에 갓 입학한 180명의 조선족대학생을 상
대로 진행한 설문조사에서 조선족청소년들의 다양하고 복잡한 정체성이
잘 드러나고 있다.[9]

〈표 1〉 조선족대학생(신입생)정체성에 관한 설문조사

문 항	선 택 항	비율(%)
중국·한국·조선은 조선족에게 있어서 어떤 의미일까요?	중국은 조국이고 조선·한국은 고국이다.	25.3
	중국은 조국이고 조선·한국은 이웃나라이다.	70.9
	중국·조선·한국 모두 조국이다.	3.8
다른 민족성원이 조선족을 비난할 때 당신의 태도는?	매우 격분하다.	98.5
	아무렇지도 않다.	0.7
	잘 모르겠다.	0.8
한국과 조선의 발전에 대한 당신의 태도는?	매우 관심한다.	58.6
	나와 상관없다.	33.4
	잘 모르겠다.	8.0

9) 조선족청소년들의 민족정체성에 관한 조사는 마땅히 동북3성내의 부동한
지역, 부동한 연령층과 성별에 대한 광범위한 설문조사가 이루어져야 하
겠지만 본고에서는 주로 중소학교 학생들에 대한 민족정체성교육에 초점
을 맞추었기에 설문조사대상도 주로 민족정체성에 어느 정도의 판단과 지
향성을 가지고 있는, 고중을 금방 졸업하고 대학에 들어선 신입생을 대상
으로 하였다. 180명의 설문조사결과가 전체 동일 연령대의 조선족학생들
의 정체성실태를 대변하기에는 부족하겠지만 조선족청소년들의 민족정체
성의 복합성을 설명하기에는 무리가 없다고 생각한다. 중국을 조국으로
간주하거나, 한국을 고국, 혹은 이웃나라로 보는 등등의 복잡한 정체성의
양상은 이미 기타의 연구물에서도 제기되고 있다. 박영균, 「재중조선족의
정체성과 다문화의 사회심리적 토양」(『디아스포라와 다문화: 해외이주민
의 문화적 장벽과 적응』, 건국대통일인문학연구단 공동국제학술심포지움
논문집, 2011).

평소 TV시청시 어느 나라의 프로그램을 더 즐겨 보시나요?	한국프로그램을 더 많이 보는 편이다.	27.3
	중국프로그램을 더 많이 보는 편이다.	8.1
	전문 한국프로그램만 본다.	58.4
	전문 중국프로그램만 본다.	6.2

절대다수의 학생들은 중국을 조국으로 간주하고 있으며 한국·조선을 고국으로 간주하는 학생은 25.3%, 한국·조선을 이웃나라로 간주하는 학생은 70.9%에 달한다. 그러나 다른 한 방면, 디아스포라의 후예로서 이들 또한 어쩔 수 없이 조상들로부터 물려받은 혈통과 그들만이 갖고 있는 언어·문자·풍속 및 역사적 기억으로 타민족과 구별되면서 조선족이라는 공동체에 대한 소속감이 생성되고 그 소속공동체를 지키려는 의식을 가지게 된다. '다른 민족이 조선족을 비난할 때 당신의 태도는?'라는 질문에서 98.5%의 학생은 '매우 격분하다'를 택하고 있었다. 비록 동일민족의 한국·조선을 고국이거나 이웃나라로 설정하지만, 다른 한 방면으로 반수 넘는 학생들은 한반도에 관심을 보이고 있었으며 특히 문화적인 면에서의 동질성을 뚜렷하게 보이고 있었다. 조선족학교의 민족정체성교육은 상술한 조선족학생들의 정체성에서 나타나는 복합성과 다양성을 충분히 인지한 전제에서 국민성과 민족성을 상충 없이 잘 아우르는 방향으로 교육의 좌표를 잡아가야 할 것이다.

(2) 주류문화권속에서의 소수민족교육

중국경내의 조선족교육은 광복과 더불어 중국의 공교육에 편입되었으며 중국정부의 지원을 받고 있다. 단일민족학교라는 점, 민족 언어로 수업한다는 점, 조선어문과를 설치할 수 있다는 점 외에 기타의 학제, 교육방침, 교과과정안배, 교과서 등은 모두 중국의 통일된 체제를 따라야 한다. 흔히들 중국의 학교교육에서 한국사가 어느 정도의 비중을 차지하고 있는가고 묻는다. 또한 조선족의 민족정체성교육에서 역사교육이 잘못되었다고 꼬집는다. 전혀 일리가 없는 말은 아니지만, 적어도 중국의 교육체제와 실정을 파악하지 못한데서 오는 오해와 편견이라 할 수 있다. 학교에서의 민족정체성교육은 그 민족이 소재하고 있는 나라와 지역의 사정에 따라, 또한 그 민족공동체가 갖고 있는 특유의 처지와 특성에 따라 교육에 있어서도 부동한 양상을 띠지 않을 수 없다. 조선족학교에서의 민족정체성교육의 실시도 민족정체성이라는 과제를 중국의 통일된 교육체제 안에서 완성해야 하는 특수성을 띠고 있다. 즉 중국의 통일된 교육체제 안에서 전반 중국의 교육흐름을 잘 타면서도 최대한 중국의 소수민족교육정책을 활용하여 정책이 허용하는 범위 안에서 민족교육자원을 발굴하고 민족문화교육의 장을 개척해 나가야 한다. 다행스러운 것은, 중국은 공교육체제하에서 소수민족교육에 어느 정도의 자율성을 보장해 주고 있다. 이를테면 2000년부터 시작한 제8차 교과과정개혁에서 중국은 '지방과정地方課程'과 '교본과정校本課程'[10]을 통하여 교육에서의 지역적 및 민족적 특색을 부각하도록 하며 과외활동과 기타의 도경을 통하여 소수민족문화의 전승과 보존을 제창한다. 이런 특수성을 도외시하고 일변도적인 민족교과목 설정은 자칫하면 감상적 민족주의에 빠지게 될 것이며 결과적으로 중국에서의 조

---

10) 2000년 7월, 중국교육부는 「기초교육과정개혁요강(시행)」을 반포하여 제8차 교과과정개혁을 실시하여 기존의 국가통일적인 과정교육체제를 國家課程, 地方課程과 學校課程의 3급관리 체제로 전환하였다. 그중 국가과정은, 국가에서 총체적인 기획을 제정하고 또한 통일적인 課程유형과 수업시수 및 國家課程표준을 정하여 거시적으로 전반 과정의 실시를 지도하는 것으로, 국가기초교육과정의 주체부분을 이룬다. 지방과정은 성급교육행정부문에서 국가의 총체적인 과정기획에 따르는 전제하에서 당지 지역의 수요에 근거한 과정을 개발하는 것으로, 지방과정에서는 지역성, 민족성 등이 부각된다. 학교과정은 학교에서 국가과정기획과 과정표준 및 본 학교의 실제정황에 근거하여 학교의 배양목표에 따라 자체의 과정을 설계하고 실시하는 것을 말한다. 지방과정과 학교과정을 통하여 지방과 학교는 과정개발과 설치 및 실시에서 일정 정도의 자율성을 가질 수 있다.

선족의 민족교육의 입지와 경쟁력을 상실하게 될 것이다.

2) 조선족학교 민족정체성교육의 접근방향

1) '한민족=韓國民'의 도식을 넘어선 문화적 정체성교육

중국경내 조선족은 19세기말 및 일제식민지시기에 중국에 이주한 사람들로, 이들은 해방 후 분단되어 스스로 중심을 표방하며 정통성을 내세우는 남과 북의 두 국민국가에 속한 민족집단의 아류가 아니라 중화인민공화국의 창건과 더불어 중국의 국적을 부여받은 민족이다. 특히 오늘날의 조선족의 4~5세들은 그 부모세대들을 포함하여 중국에서 태어나고 중국국적을 가지고 있으며 중국의 국민교육을 받은 집단으로, 그들은 중국의 여러 민족들과 일상적으로 상호작용하면서 민족경계의 다면성과 민족정체성의 다중성을 유지하고 있다. 조선족1~3세대의 민족동질성은 혈통과 모국의식에 기초한 것이라면 4~5세의 민족동질성은 문화적인 유사성의 인식에 근거한 것이라 볼 수 있다. 그들이 중국을 조국으로 보는 국민정체성과 조선족임을 강조하는 민족정체성이라는 2중정체성은 단일민족이면서도 단일민족국가인 한국의 입장에서는 모순되는, 혹은 이해하기 힘든 논리일지는 몰라도(현실적으로 이 같은 이중정체성은 조선족들에 대한 한국인의 불신을 자아내는 요소로 작용하기도 함) 복합민족국가에서 그 나라의 국적을 갖고 있는 소수민족의 입장에서는 지극히 정당한 논리이기도 하다. 장장 한 세기 반에 가까운 디아스포라의 역사, 새로운 거주국과 그 거주국에서 향유하고 있는 정치·경제·문화 제 방면의 권리와 의무 등으로 인하여 조선족에게 있어서 민족이란 공동체는 "역사상의 영역, 공통의 신화와 역사적 기억, 대중적·공적인 문화, 공통의 경제와 법적권리·의무 등으로 이루어진 것으로 문화적인 동시에 정치적인 공동체"라는 스미스(Anthony D.Smith)의 정의[11]보다 '민족은 자기 인식적인 문화 공동체'라는 모틀(Motyl)의 정

의[12)가 더 적합하다. 따라서 민족정체성교육도 국가의존적인 민족정체성,
즉 '한국민'적인 민족정체성이 아닌, 한민족의 아류로서의 '자기인식적인
문화'교육에 중심을 두어야 할 것이다.

'자기인식적인 문화'교육은 단연 뿌리교육, 즉 역사교육부터 시작되어
야 하고 그것이 중심이 되어야 한다. 유태인의 경우 "형체를 지니고 있는
물리적인 유산이 아니라 자신들의 뿌리와 정체성을 확보하는데 의미부여
가 가능한 정신적 가치들을 기억시키고 되새김질시킴으로써 항구적인 민
족역사를 만들어내는 것"[13)과 같이 한반도에서의 민족기원과 발전의 역
사, 중국에로의 이주배경과 동기, 중국에서의 정착과 항쟁, 오늘날의 중국
경내 조선족민족공동체의 창출 등 역사적 기억을 전제로 기타의 문화요소
들을 전달하고 전승하는 과정에 학생들이 자기인식과 소속감, 가타지역
한민족과의 동질성, 나아가서는 민족공동체에 대한 사명감을 갖도록 하여
야 한다.

(2) 국민정체성과 민족정체성의 균형과 조화

조선족의 정체성에 관하여 '며느리론', '이중정체성', '제3의 정체성',
'변연문화론', '사과배론', '100% 조선족론', '박쥐론' 등 다양한 설들이
나오고 있는데, 논쟁의 소지가 다분하지만 대체적으로 대부분 주장의 공
통점은 모두 거주국과 모국에 대한 관계설정을 전제로 하며 결과적으로
중국을 향후 조선족의 삶의 공간으로 간주하는 것이다. 상기의 조선족민
족정체성교육의 특수성에서 보듯이 중국의 조선족은 엄연한 중국국적을

---

11) 정병호, 「문화적 저항과 교육적 대한: 재일 조선학교의 민족정체성 재생산」
　　『비교문화연구』 2003년 제9집 2호, 125~155쪽.
12) 정호영, 「민족공동체의 형성과 변화:역사적, 이론적 접근」, 2005, http://
　　ref.daum.net
13) 심민수, 「새로운 패러다임의 한민족 정체성 교육을 위한 민족교육 모델 연
　　구」『교육문제연구연구』 제35집, 2009, 63~94쪽.

소유한, 중국의 국민이며 세대가 넘어갈수록 스스로 중국을 조국으로 받아들이는 비중이 높아진다. 그러나 그들은 또한 중국의 국민으로 살면서 자신의 뿌리를 확인하려는 의식과 한반도 및 세계 각 지역의 한인들과의 연대모색을 중요시한다. 이 같은 이중적인 특수성을 감안하여 조선족학교의 교육은 중국의 국민교육과 민족정체성교육에서의 양자택일이 아닌, 양자를 아우르는 방향으로, 화합과 공존에 초점을 맞추어 나가야 한다. 만약 일변도적으로 민족정체성교육을 강조할 경우, 스스로 자신의 입지와 경쟁력을 떨어뜨리게 될 것이며 반대로 일방적으로 주류문화를 쫓아 갈 경우 민족동화의 결과를 자초하게 된다.

중국에서 살면서 한반도에 두 개의 고국을 둔 과계민족으로서의 조선족의 국가정체성과 민족정체성은 변수를 가지고 있는 상대적인 존재로, 해당 나라들 간의 외교관계의 변화, 민족정책 등 요인에 따라 상충될 가능성도 없지 않지만 대체적으로 보아 조선족은 거주국과 고국 양쪽에 모두 좋은 감정을 지니고 있으며 국민성과 민족성에 큰 갈등을 느끼지 않는다. 또한 객관적으로 중국의 민족구역자치정책을 비롯한 민족정책은 중국 국민으로서의 입지구축과 소수민족으로서의 민족성분을 상충 없이 아우를 수 있게 하고 있다. 특히 21세기에 들어와 소수민족문화보존의 당위성과 필요성에 대한 논의가 일면서 소수민족문화의 다양성에 대한 존중의 목소리가 높아지고 있으며[14] 민족언어·문자의 사용, 단일민족학교의 설

---

14) 2004년, 중국의 최고의 지성인들로 조직된 "2004文化高峰論壇"에서 채택한 「甲申文化宣言」이 그 예인바, 「갑신문화선언」에서는 문화의 다양성에 대하여 다음과 같이 주장하였다. "그 어떤 국가나 민족이든지 모두 자기의 전통문화를 보존할 권리와 의무를 가지고 있으며 외래문화를 자주적으로 선택, 수용하거나 또는 불완전하게 접수하거나 일부 영역에서는 완전히 접수하지 않을 권리와 의무를 가지고 있다. 뿐만 아니라 인류가 공동하게 관심하는 문화문제에 대하여 자기의 의견을 발표할 수 있는 권리를 가지고 있다 … 국가의 대소, 역사의 장단, 국력의 강약을 불문하고 문화적인 내왕과 교류에서 응당 평등한 권리를 향유하여야 한다 … 우리는 중국정

립 및 교과과정개혁에서의 '지방과정'과 '교본과정' 등을 통하여 지역문화와 소수민족문화의 보호, 전승을 부축하고 있다. 이러한 시대적 변화와 개혁은 조선족학교들에서 국민교육과 민족교육을 균형 있게 아우를 수 있는 정책적 환경과 토대를 제공해 주고 있다.

(3) 세계화를 지향하는 개방적 민족정체성교육

오늘날 국경의 의미가 점점 희박해지고 세계화의 추세가 불가항력적으로 다가오고 있다. 조선족차세대들의 활동범위도 기존의 동북3성을 벗어나 중국, 나아가 한국일본 및 유럽으로 뻗치고 있으며 조선족의 생존공간은 이미 세계화되어가고 있다. 세계화의 도래는 결코 민족이나 국가의 작용이나 계선을 완전히 약화시키고 나아가서는 민족이나 국가의 조락을 초래하는 것이 아니라 부동한 나라, 부동한 지역, 부동한 민족의 존재와 차이점을 즉 다원문화에 대한 존중과 이해 및 수용을 전제로 하고 있다. 56개 민족으로 이루어진 중국에서, 또한 다인종, 다문화로 특징지어지는 글로벌시대에 나에 대한 뿌리의식과 사명감도 중요하지만 거기에 국한하지 않고 다양한 민족, 다양한 인종과 더불어 살아가는 다문화주의 교육과 개방적 삶의 방식에 대한 교육이 필요하다. 즉 민족정체성 교육의 최종 목적은 '다르다는 것,' '특별하다는 것' 등의 자민족의 우수성만을 강조하는 파시즘적 민족주의 교육이 아닌, 상호 유대와 공존의 인식을 위한 민족정체성 교육이 되어야 한다. 더구나 바야흐로 도래하게 될 동북아시대, 더 나아가 세계화의 시대에 조선족학교의 민족정체성교육은 민족에만 국한되지 말고 아시아, 세계를 하나의 시스템으로 파악하여 상호의존적 세계

부를 포함한 각 나라 정부에 적극적이고 유효한 문화정책을 실시하며 세계문명의 다양성을 보호하며 이질문화를 이해하고 존중하며 각 나라 각 민족의 문화전통을 보호하며 공평한 여러 가지 문화형태의 표달과 전파를 실현할 것을 호소한다 ⋯"

에서 타민족간의 차이를 다양성으로 개념화하여 대립하기보다는 공동협력체제로 나가도록 효과적으로 살아가기 위한 지식, 태도, 기술을 기르는 개방된 교육이어야 한다. 물론 이러한 지역화 세계화는 단순히 국제사회의 일원이 되는 것으로서의 세계화가 아닌 주체적인 자신의 문화와 정체성을 가지고 세계에 나아가는 것이어야 하며 그에 합당한 교육은 일차적으로 민족교육의 색채를 띠어야 할 것이다.

3) 조선족학교민족정체성교육의 문제점

1) 목적의식의 결여

이 몇 년래 교육행정당국과 학교차원에서의 민족문화교과에 대한 관심은 그 어느 때보다도 고조되고 있다. 중국의 교육과정상 국가에서 통일적으로 규정한 교과과정 외에 지역문화전수를 목적으로 '지방과정'과 '교본과정'이 소학교로부터 초급중학교 2학년까지 매 2주당 1시간이 배당되어 있다. 연변의 경우 지방교육당국에서 민족문화교육을 지방과정으로 설정하여 중소학교에서 필히 설치하여야 할 필수과정으로 제정하였을 뿐만 아니라 중소학교과정계획에 넣어 통일적으로 기획하고 관리하고 있다. 연변지역의 민족문화교육의 원칙과 목적은 아래의 도표와 같다.

〈표 2〉 학년별 민족문화과정의 목적·형식·내용

	목적원칙	학년	형식방법	내용
소학교	정감배양 행위양성	1~2학년 3~4학년 5~6학년	음향교재 文本교재 文本교재	기본예의, 규률규범, 행위준칙, 위생보건 민족언어·문자의 규범화사용, 사회행위, 인간관계, 민족전통예절, 전통·명절, 전통의식, 민속습관, 건축문화, 음식문화, 민족복장 민족예술 민족체육
초	知情統一	1~2학년	文本교재	조선족역사문화교육

중	知行統一 애국주의 민족의식함양		실천교육	

자료: 연변조선족자치주교육국, 「關於在全州朝鮮族中小學開展朝鮮族民族文
化敎育的指導意見」, 2007

　그러나 구체적인 실천과정에서 입시교육의 체제, 전문교사의 부족, 행
정당국과 학교책임자의 인식부족 등으로 민족문화교육이 규범화되지 못하
고 있으며 더욱 중요한 것은 무엇 때문에 민족문화교육을 진행하는가 하
는 목적의식이 뚜렷하지 못하며 과학적이고 체계적인 방안이 결핍하다. 대
개의 경우, 상급교육행정부문의 요구에 피동적으로 영합하고 있으며 교육
의 내용에서도 주체성의 각인이거나 민족의식의 환기 등 심층적인 목적을
노리지 못하고 '수박겉핥기'식의 피상에 머무르는 경향이 존재하고 있다.

(2) 내용과 형식의 편협성

　상기의 표에서 보다시피 조선족문화교육의 내용은 대체로 예의범절에
관계되는 행위훈련과 풍속문화, 예술에 중점을 두고 있으며 역사의식교육
은 초중 1~2학년에 집중되어 있다. 그러나 정작 교육의 실제 현장에서
민족역사가 차지하는 비중은 매우 적으며 그 내용도 체계성과 연관성이
별로 없는 단편적인 사실들의 나열이다. 그리고 교육자원의 발굴 및 교육
의 형식에 있어서도 주변에 많은 생생한 역사문화유적지들이 산적하여 있
음에도 불구하고 현장학습, 체험학습 등 다양한 형식을 통한 학생들의 능
동적인 참여를 끌어내지 못하고 교실에서의 수동적인 풍속문화의 재현,
서면지식의 전수 등으로 이루어지고 있으며 남에게 보여주기 위한 '쇼'와
같은 형식의 교육이 주류를 이루고 있다.

(3) 교과서와 전문교사의 부족

조선족학교의 민족문화교육은 한정된 시간과 공간에서 민족의 문화를 전수하여야 하는 한계성을 띠고 있기에 교육의 지침서역할을 하는 교과서의 편찬은 내용과 체계 면에서 고도의 함축성과 과학성을 요구하고 있다. 현재 연변지역에는 소학교단계의 『예의범절』, 『바른생활 바른 예절』, 『조선족풍속』등 교과서와 중학교단계의 『조선민족문화』등의 교과서들이 출판되어 있다. 허나 이들 교과서들은 상호연관성과 체계성 및 주안점이 부족하여 중복되거나 단편적인 지식의 조합 등의 폐단을 갖고 있으며 지침서거나 교과서라고 하기보다 소개책자에 가깝다. 특히 민족문화교육에서의 가장 중심 고리인 초중단계의 조선민족문화교과서는 그 착안점이 역사교육임에도 불구하고 역사, 지리, 문학, 풍속, 무용, 음악, 체육 등 방방면면을 아우르는 백과사전식으로 되어 있어 허다한 부분이 전단계의 교육과 중첩될 뿐만 아니라 교과서의 중점이 돌출되지 못하여 민족에 대한 심층적인 이해에 크게 도움을 주지 못하고 있다.

전문교사의 부족도 문제점으로 떠오른다. 대개의 경우 학교의 여유인력에 민족문화과를 일임하는 경우가 많으며 설사 해당내용 과목의 교사라 할지라도 그 자신이 민족문화에 대한 전문적인 교육이거나 연수를 거치지 않았기에 흔히 '여차여차 하다'는 식의 지식전달에 그치고 '왜 그런가?'하는 질문에는 그들 자신도 말문이 막히기 일쑤다.

4. 민족정체성교육의 대안

민족정체성교육을 교육이라고 규정할 때 그것은 보다 광범위한 내용과 다양한 분야를 포함하는 개념임을 알 수 있으며 그 실천도경도 보다 넓은 시각에서 다양한 방식으로 접근하여야 한다.

1) 교과과정을 통한 민족정체성교육

조선족학교에서 소학교로부터 고급중학교에 이르기까지 민족성을 부각하고 민족의식을 심어주는데 가장 핵심적인 커리큘럼은 조선어문과와 중국의 과정체계에서의 '지방과정'과 '교본과정'이다. 따라서 학교에서의 민족정체성교육은 무엇보다도 먼저 상기의 교과과정을 통한 교육의 효과를 최적화하는데 노력을 기울여야 한다.

첫째, 조선어문교과를 단순한 언어교과가 아닌, 민족문화교육의 종합교과로 활용하여야 한다. 민족정체성이란 다양한 분야를 포함하는 교육이지만 조선족교육의 특정상 조선어문과가 가장 중심의 위치에 놓여 있다고 할 수 있다. 조선어문과의 민족문화교육의 효과를 최적화하기 위해서는 무엇보다도 먼저 교과내용의 선정에 중시를 돌려야 한다. 중국의 소수민족교육의 특성상 소수민족은 자기의 언어와 문자를 사용할 권리가 있으며 또한 자민족의 어문과 한어교과서를 자체로 편성할 수 있는 자율성을 가지고 있다. 때문에 조선어문과 한어문교과서 개발에 있어서 단순한 언어교과의 차원을 넘어 민족문화의 내용을 체계적이고 연관성 있게 삽입, 편성하여 조선어문교과가 민족교육의 주된 장으로 자리매김하도록 하여야 한다.

둘째, 중국교과과정개혁환절에서의 지방과정과 교본과정을 잘 활용하여야 한다. 전 단계의 실천과 경험을 토대로, 교육목적, 교육내용, 교과서, 교사진영 등 제 방면에서 재정비를 가함으로써 지방과정과 교본과정이 민족문화교육과 정체성확립에서의 규범화된 교과로 정립할 수 있도록 하여야 한다.

셋째, 교사의 전문성과 사명감을 제고하여야 한다. 전술하다시피 교사자신이 민족교육의 당위성에 대한 인식이 낮고 민족문화방면의 전문지식이 박약하기에 교수내용의 발굴, 전수방법 등 방면에서 능동적으로 학생을 유도하고 감화시킬 수 없으며 서책의 지식을 전달하거나 간단한 행위 훈련에 머무르는 등의 한계를 지니고 있다. 교육행정부문과 학교 및 사회 각 분야, 특히는 연변대학의 자원을 충분히 활용하여 집중교수프로그램, 연수 등을 통하여 일선교사들의 전문지식과 사명감을 제고하여야 한다.

2) 교과외의 다양한 경로의 모색

기존의 조선족학교의 민족정체성교육은 개인의 능동적인 수용과정을 도외시하고 간과한, 민족의 전체성 혹은 집단성을 일방적으로 주입하는 등의 폐단이 있었다. 이제는 일방적인 주입식이 아닌, 학생들의 능동적인 참여를 통해 전인적인 수렴이 가능한 다양한 방법론이 모색되어야 한다.

(1) 현장학습

조선족이 거주하고 있는 지역은 '산마다 진달래요, 마을마다 열사비'[15] 라고 일컬어지는 곳으로, 어디를 가든지 민족의 역사가 숨 쉬고 민족의 혼이 깃들어져 있는 곳들이다. 조상들이 개척한 강토, 항일의 전적지, 민족교육의 요람, 위인들의 생가 등 민족의 뿌리를 알려주는 산 교과서가 각지에 산적하여 있지만 그것이 민족교육의 자원으로 활용되지 못하고 있다. 역사현장학습은 학생들이 현장을 체험하는 순간 단순히 역사적 사건의 전달이 아니라 사건현장에 동참하는 것 같은 동일시의 효과를 노릴 수 있을 뿐만 아니라 은연중 민족사명감이라는 강렬한 의미부여가 가능해지

---

15) 1986년 8월 중국의 저명한 극작가이며 시인인 하경지가 연변조선족자치 주 방문 시, 연변지역의 곳곳에 세워져 있는 열사기념비를 보고 감개무량 하여 즉석에서 "山山金達萊, 村村烈士碑. 紅心振雙翼, 延邊正起飛"라는 시를 만들어 연변주위에 증정하였다. 그 뒤 '山山金達萊, 村村烈士碑'는 항일전쟁과 중국국내해방전쟁시기 조선족의 공헌이 컸다는 의미로, 또한 조선족의 역사적 공헌에 대한 긍정의 의미로 많이 이용되고 있다.

게 만든다. 야유회, 소풍 등과 현장체험학습을 유기적으로 연관시켜 학생
들의 능동적인 참여를 유도하는 노력이 필요하다.

(2) 각종 행사, 계기교육

국가마다 민족마다 고유의 명절과 축제들이 있다. 명절은 관습적이면
서도 그 민족의 생활양식의 일면을 반영하고 있으며 다른 민족문화양식과
의 차이로 나타난다. 명절에 내포된 상징적 메타포의 과정은 무의식중에
학생들에게 동일성과 소속감을 각인시키는 작용을 한다. 조선족에게도 광
복절, 9·3절, 광복절 학교건립일 및 각종 역사사건의 기념일이 있다. 이런
명절과 기념일을 교과과정과 과외의 각종 학교축제와 결부하여 학생들에
게 큰 부담감이 없이 그들의 취미에 영합하는 프로그램으로 활용할 수 있
다. 그리고 민족관련의 주제반회, 각종 공모전도 학생들의 적극적인 참여
를 끌어낼 수 있는 훌륭한 도경이다.

(3) 과외활동

민족문화교육은 단순한 교과과정을 벗어나 과외활동으로 범위를 넓힐
수 있는바, 현재 조선족학교들에서 추진하고 있는 전통적인 음악, 무용,
체육의 보급에 취지를 둔 써클활동, 이를테면 사물놀이, 민족무용, 그네뛰
기, 널뛰기 등 다양한 활동이 이채롭다. 또한 복도문화[走廊文化]를 중심으
로 한 환경문화건설과 민족문화분위기 고양도 진일보 모색해 나가야 할
과제이다.

3) 사회 제반분야의 참여를 토대로 하는 네트워크의 형성

중국경내 조선족민족공동체의 형성과 발전에서 민족교육이 차지하여
온 지위와 역할을 감안해 볼 때, 조선족학교의 민족정체성교육은 단지 학

교차원의 과제뿐만 아닌, 전반 조선족민족공동체사회의 공동의 과제이며 따라서 사회 각 분야의 전폭적인 성원과 지지를 떠나서 운운할 수 없다. 특정한 신앙적 구심점이거나 인적 구심점을 갖고 있지 않는 조선족에게는 교육이 그 공동체를 유지해나가는 기반이며 민족정체성 생산의 산실이다. 교육이 무너지면 공동체도 무너지게 된다. 오늘날 새로운 디아스포라가 형성되고 삶의 반경도 그 폭을 넓혀가고 있는 현실에서 시대의 발전에 알맞은 디지털, 사이버, 테크놀로지 등을 도입하여 시간과 공간을 넘는 네트워크를 조성하여야 한다. 2006년부터 KTF의 후원으로 중국경내의 조선족학교들에 설치되고 있는 문화교실,[16] 그리고 연변화동정보교류유한회사에서 운영하고 있는 우리학교 사이트(http://ourac.com) 등을 통한 다양한 콘텐츠의 개발은 민족정체성교육의 발전에서 상당한 역할을 하고 있다. 특히 '우리학교'와 같은 사이트는 조선족학교가 날로 줄어들고 산재지역의 조선족학교의 정보공유가 어려운 현실에서 학교소개·학교소식·수업자료·교육논단·컴퓨터공부·교류와 후원 등 다양한 프로그램으로 각지에 널려 있는 학교사이의 정보교류와 민족문화교육에 일조하고 있다. 물론 민족문화내용의 발굴, 사회참여도 등 면에서 아직 보완해야 할 점이 많지만 향후 조선족학교의 민족정체성교육에서의 바람직한 도경이 아닐 수 없다.

---

16) 현재 중국경내 조선족학교에 문화교실이 설치되어 있는 학교들로는, 길림성 연길시 연북소학교, 흑룡강성 해림시 조선족중학교, 흑룡강성 할빈시 동력조선족소학교, 길림성 훈춘시 제5중학교, 료녕성 심양시 조선족제4중학교, 내몽골 우란호트시 조선족중학교, 흑룡강성 오상시 조선족실험소학교, 길림성 장백조선족자치현 제2실험소학교, 길림성 장춘시 록원구 조선족소학교, 흑룡강성 계동현 조선족중학교 등이다. 이들 문화교실에서는 전통의상, 전통음식, 전통놀이, 전통문예, 민속 절기 등 프로그램으로 학생들에게 민족문화를 전수하고 있다. 위의 프로그램에서 볼 수 있다시피 전통문화교육은 주로 민속문화에 치우치고 민족문화의 가장 핵심적인 부분인 민족역사, 즉 뿌리교육에 대한 프로그램이 아직 제대로 개발되지 못하고 있다.

5. 맺음말

어떤 민족이든 그 장래의 운명을 결정짓는 것은 두말할 것도 없이 교육에 달려있다. 그러므로 그 교육의 기본 방향을 어떻게 설정하느냐에 따라 민족의 진로가 좌우된다 할 것이다. 특정한 종교거나 인적 구심점을 통한 응집력을 기대할 수 없는 조선족의 경우, 민족교육이 가지는 의미를 어떻게 강조하여도 과하지 않다. 소수민족교육으로서의 조선족교육은 교육본연의 사명뿐만 아니라 민족공동체로부터 부여되는 사명을 짊어져야 할 특수성이 있으며 시대적 또는 정치. 사회적 상황에 따라서 당면한 문제들을 극복하기 위하여 특별히 강조. 강화되어야 할 부분이 있기 마련이다. 오늘날 조선족의 초국가적인 이동으로 전통적인 집거지와 지역 단위로 운영되던 조선족학교가 폐쇄되고 이러한 변화의 소용돌이 속에서 민족정체성도 미증유의 갈등과 혼란을 겪고 있는 시점에서 민족문화창달과 전승의 온상이며 민족공동체존속의 최후의 방선이나 다름없는 조선족중소학교교육이 떠메야 할 사명이 그 어느 때 보다도 막중하고 절실하다.

조선족학교에서의 민족정체성교육의 실시는 무엇보다도 먼저 조선족학교 민족정체성교육의 특수성과 한계점에 대한 파악이 선행되어야 한다. 디아스포라의 후예로서의 조선족 4~5세는 그들의 국적소속, 성장환경, 주류문화에 대한 수용자세의 변화 등으로 1~3세대의 비하여 뚜렷한 차이를 보이고 있으며 한국국적을 그대로 소유하고 있는 재일, 재미동포의 정체성에 비하여서도 다른 양상을 띠고 있다. 또한 중국의 조선족교육은 광복 전의 순수한 민족교육이 아니라 중국의 공교육에 편입된, 중국교육의 일부분이다. 때문에 중국조선족학교의 민족정체성교육은 '국가=민족'의 도식을 벗어나 문화정체성의 시각으로 접근되어야 하며 그 내용에서도 단연 '자기인식적인 문화'에 초점을 맞춘 뿌리교육을 중심으로, 문화적인 동질성을 부각시켜야 한다. 구체적인 실천에 있어서 정규교과과정의 조선어

쉽지 않았을 것이다.

『삼국사기』에도 비슷한 사례가 보인다.

> 11월에 왕이 북한산에서 돌아왔다. 왕이 거처 지나온 주군州郡의 일년간 조租와 조調를 면제해 주고 그 지역의 죄수 가운데 두 가지 사형죄[二死]를 제외하고는 모두 용서해 주었다.[1]

이 기사에서 새로 점령한 한강 유역의 백성들에게 조세를 면제시켜주고, 죄수를 사면하고 있다. 뒤집어 말하면, 이 지역 백성들이 신라에 흡수되어 살고 있었다는 의미가 된다.

물론 비슷한 경우에도, 본국에서 송환해가는 경우가 있다. 중원에 당唐이 들어선 다음 수隋와 고구려의 전쟁에서 잡힌 백성들을 되찾아 간 기록이 남아 있다.

> 당나라 고조高祖가 수나라 말기에 전사들이 우리나라에서 많이 사로잡힌 것을 유감으로 여기고 왕에게 조서를 내려 말했다.

> "짐은 삼가 하늘의 명을 받들어 온 땅에 군림하여, 3령에 공손히 순종하고 모든 나라를 불러 쓰다듬으며, 넓은 하늘 아래를 골고루 어루만지고 사랑하여, 해와 달이 비치는 곳을 모두 평안케 하였다. 왕은 요동을 다스리며 세세토록 번복藩服에 머물면서, 정삭正朔을 받들고, 멀리서도 조공을 바치려고 사신을 보내 산천을 넘어 정성을 나타내었으니, 짐은 매우 가상하게 여긴다. 이제 천지 사방이 평안하고 사해四海가 잘 다스려져서, 옥백玉帛이 통하고 도로가 막힘이 없으니, 바야흐로 화목함을 펴서 오랫동안 교분交分과 우의友誼를 두텁게 하고 각기 강토를 유지하면, 어찌 훌륭하고 아름다운 일이 아니겠는가? 다만 수나라 말년에 전쟁이 계속되고 난이 일어나, 싸우는 곳에서 각각 그 백성을 잃어, 마침내 골육이 헤어지고 가족이 나뉘고, 여러 해 지나도록

---

1) 『三國史記』「新羅本紀」 眞興王 16년.

홀어미와 홀아비의 원한을 풀어주지 못하였다. 지금 두 나라가 화통하여 의리에 막힘이 없게 되었으므로 이곳에 있는 고구려 사람들을 모아서 곧 보내려고 한다. 왕은 그곳에 있는 우리나라 사람들도 놓아주어 편안히 기르는 방도를 힘써 다하고, 어질고 딱하게 여기는 도리를 함께 넓혀야 할 것이다."

이리하여 중국사람을 모아서 보냈는데 수가 만여 명에 이르렀다. 고조가 크게 기뻐하였다.[2]

하지만 이런 경우는 사료에 나타나듯, 국가간의 협상에 의거하여 돌려보내는 것이라고 보아야 한다. 국가에 대한 소속감의 발로에 의한 백성들의 자발적인 귀환이라는 의미로 보기가 곤란한 것이다.

이와 달리 전근대에도 외국에 잡혀가서 본국에 대한 충성심을 보이는 경우가 없는 것은 아니다. 대표적인 사례가 박제상의 경우이다. 이런 경우를 현대의 역사 인식에서는 조국에 대한 충성으로 해석하고 교육시키는 경향이 있다.

하지만 이런 문제는 좀 더 세밀하게 살필 필요가 있다. 박제상 같은 경우, 충성의 대상이 신라 같은 국가였겠느냐는 점은 의문이다. 특히 대중문화에서는 이런 혼선을 부추기는 경향이 있다. 그러한 사례로 최근 종영된 한 사극에서 왕이 "내가 싫으면 백제를 위해서 하라"라 말하는 대사가 자주 등장했다. 이 드라마 뿐 아니라 다른 사극에서도 왕과 국가를 확실하게 구분해서 취급하는 경우가 많다.

하지만 전근대 왕정체제에서는 있을 수 없는 일이다. 당시에는 국가가 곧 왕이므로, 국가와 정권을 구별하는 개념이 확립된 상태가 아니었다. 따라서 국가에 대한 충성이란 곧 왕 같은 통치자에 대한 충성이 된다.

이는 박제상의 경우에도 적용되어야 한다. 그가 고문을 당하면서 왜에 대하여 충성할 것을 강요받았을 때의 대답이 "나는 계림鷄林의 신하다"였

2) 『三國史記』 「高句麗本紀」 榮留王 5년.

다. 이를 피상적으로 해석하면 신라라는 국가에 대한 충성심의 표현이라고 느끼기 쉽다. 하지만 국가와 통치자를 구별하지 않았던 당시의 상황을 의식하고 보면, 이런 경우는 통치자인 주군主君에 대한 의리와 충성이라는 측면이 강하다. 이른바 '불사이군不事二君'이라는 관념의 소산일 수 있는 것이다.

더욱이 이와 같이 통치자에 대한 의리나 충성을 고수하는 경우는, 비중이 극히 적은 사회 상류층에 국한되는 측면이 강하다. 통치자와 직접 접촉할 기회가 거의 없는 백성들에게 의리나 충忠 같은 관념이 체화體化되기는 어려웠을 것이기 때문이다.

당시 하층 계급인 백성들이 인식했던 국가개념도 동질감을 가진 사람들이 모여 자치권을 가진 국가를 세우는 '민족국가' 개념이 아니라 자신들을 보호해줄 수 있는 주군主君 밑으로 들어가는 개념에 가깝다. 그렇기 때문에 이들에게는 자신들을 보호해주지 못하는 주군에 대한 충성에 집착하지 않기 쉽다.

전근대 국가에서는 정권의 교체나 심지어 이민족에게 정복당하는 사태가 일어나도 하층계급은 이러한 변화를 비교적 쉽게 수용하는 양상을 보인다. 이질적인 문화에 대한 거부감이나 충돌이 보이는 경우는 제법 나타나지만, 생존에 지장을 받지 않는 이상 지속적으로 저항하는 경우가 두드러지지 않는 것이다. 물론 국가 권력도 무리하게 문화적 동화同化를 추진하는 경우가 많지 않다.

국적을 통한 정체성 인식에 있어 근대 이후와 전근대에 이와 같은 차이가 있음을 전제한다면, 이런 개념의 국가와 현대 국가의 계승성을 따지는 것 무의미하다. 전근대 국가와 근대 국가의 계승성을 따질 때 유효성을 가지는 경우는 전근대에서 근대로 전환되는 과도기의 정도에 국한된다. 중국이 추구하는 '동북공정'도 이러한 측면에서 비판을 받아야 한다.

이른바 '동북공정'은 국가에 대한 개인의 정체성과 소속의식이 전혀 달랐던 전근대 인식을 현대적 국가개념에 접목시켜 원하는 역사상을 조작해낸 것이다. 그래서 십억이 넘는 중국인에게 왜곡된 역사관을 심고, 이를 바탕으로 주변 국가를 압박하는 수단으로 이용되고 있다. 국가에 대한 개념과 그로 인한 소속감과 정체성 인식이라는 주제가 철저하게 검증되어 확립된 상태라면 통하기 어려운 명제命題다.

3. 성씨에 의한 정체성 인식의 변화

한 개인의 사회적 정체성을 규정하는 데 중요한 역할을 하는 또 다른 요소가 성씨이다. 이는 사회의 가장 기본적인 조직인 가족과의 관계를 표시하는 동시에, 혈연적으로 연결되어 있는 집단인 가문家門에 대한 소속을 표시하기도 한다.

특히 한국인은 자신의 정체성을 확인하는 데에 성姓에 집착하는 성향이 강하다. '내 말이 틀리면 성姓을 간다'는 말은 그만큼 성姓과 혈연에 집착한다는 의미다. 입양이 잘 되지 않는 이유도 여기에 있다는 분석이 설득력 있게 받아들여지고 있다.

그런데 이와 같이 강한 집착을 보이는 성姓에 대한 관념 역시 현재와 같은 형태로 확립되기 시작한 시기는 그리 먼 과거의 일이 아니다. 적어도 이러한 관념을 '전통'이라 여기는 사람들이 의식하고 있는 것보다는 가까운 과거이다. 기껏해야 조선 후기 이전으로 올라가기 어려운 것이다.

성씨의 원래 개념도 시대와 지역마다 조금씩 달랐다. 성씨는 성姓과 씨氏가 합쳐진 용어이다. 동아시아 성씨 제도의 기원이라 할 수 있는 중국에서 사용했던 개념부터 살펴보자. 그 근거는 『좌전』左傳에서 찾는다.

여기에 "天子建德 因生而賜姓" "祚之土而命之氏"라 해 천자가 제후를 봉할 때 그 조상의 출생지로 씨를 명명했다는 기사가 나온다. 그러나 동일한 혈통을 가진 자가 각지에 분산될 때는 그 지역을 씨로 정한다. 그러

므로 중국 고전에서 말하는 성姓은 혈통의 연원, 즉 혈족집단을 표시하는
것이요, 씨는 지역으로 분별한 것이므로 우리의 본관에 해당한다고 할 수
있다.[3]

원칙적으로 성씨는 일정한 인물을 시조로 해서 대대로 이어내려 오는
단계혈연집단單系血緣集團(unilinial kin group=linage)의 명칭이다.[4] 따라서 씨족
氏族·성족姓族·족성族姓 등 족族의 문제와 관련이 있다. 그리고 성씨가 사
용되면서부터는 적어도 부계출자체계父系出自體系가 유행했다. 이는 중국
식 출자율出自律(desent rule)의 의미를 내포하고 있는 것이었다.[5]

원래 성姓은 여계女系, 혹은 모권부중母權部衆을 말하는 것으로서 혈족집
단血族集團으로 불린 데 비해, 씨는 남계혈족男系血族을 칭했다. 하지만 춘
추시대에 성이 쇠퇴하고 씨가 성행해 성과 씨가 혼동되어 오다가, 전국-
진秦대에 이르러 성=씨가 되었다.[6]

씨성제가 비교적 늦게 자리 잡기 시작한 일본 역시 비슷한 개념에서
시작했다. 씨氏(우지)란 원래 혈연을 바탕으로 한 정치·사회적 조직이었다.
호족들의 역할을 구분하여 동족집단을 씨라 하고, 그 통솔자를 우지가미
氏上, 그 구성원을 우지비토氏人라 했다.

성姓(가바네)은 본래 이름에 붙은 존칭에 기원을 두고 있다. 이를 천황이

---

3) 李樹健, 『한국의 성씨와 족보』, 서울대학교 출판부, 2003. 72~73쪽.
4) 李樹健, 앞의 책, 71쪽.
   李純根, 「新羅時代 姓氏取得과 그 意味」 『韓國史論』 6, 서울대 국사학과,
   1976, 8쪽.
5) 李純根, 앞의 논문, 9쪽.
6) 西山榮久가 「支那의 姓氏와 家族制度」라는 논문에서 그렇게 주장한다.
   그러나 일부학자들은 성과 씨를 구분할 근거가 없다고 주장하기도 한다.
   인류사회가 원시시대부터 혈연을 중심으로 발달해 왔기 때문에 씨족의 관
   렴이 강했고, 처음에는 어머니만 알고 아버지는 모르기 때문에 성도 여성
   을 대표로 명명되었다. 神農의 어머니가 姜水 가에 살았으므로 성을 姜이
   라 했고, 黃帝의 어머니가 姬水 가에 살았으므로 성을 姬라 했다. 성 자체
   가 '女字邊'을 딴 것이다.(李樹健, 앞의 책, 96쪽.)

씨족의 수장에게 사여함으로써 성姓이 성립된 것이다. 성姓은 직무나 가문의 공적과 지위, 씨氏의 서열을 나타내며 세습되었다.

씨성제를 시작되었던 시기의 통치집단인 야마토 정권의 경우, 정치적 관계가 없는 씨족 집단에는 씨氏의 명칭이 없었고, 성姓이 없는 씨족도 많았다. 반대로 야마토 정권과 밀접한 관계를 유지한 씨족의 경우, 관직·지위는 씨에 따라 세습되었다. 일족을 통솔하는 우지가미[氏上]는 우지가미氏神을 받들고 천황에게 성姓을 받아 조정에 봉사하는 구조였다.

성姓에는 호족에게 내려준 기미[君]·오미[臣]·무라지[連]·아타이[直]·미야쓰코[造] 등과 도래인들에게 내려준 오비토[首]·후비토[史]·이미키[忌寸] 등 30여 개가 있었다. 이 칭호는 야마토 조정에서 수여하였으며, 씨족 구성원에게 공유 세습되는 것이었다. 당연히 마음대로 바꿀 수 없었다. 또한 야마토 정권의 율령체제에서는 관리임용 자격의 기준이 되었다. 헤이안[平安]시대 중기 이후에 가서야 그 기능을 상실하였다.

이에 비해 한국 역사에 있어서는 조금 달랐다. 지금 사용하고 있는 성姓은 중국식인 이른바 '한성漢姓'이다. 이 개념이 들어 온 시기는 성=씨가 통용되던 진秦 이후다. 한국 역사에서는 애초부터 성과 씨의 구별은 없던 상태에서 시작되었다고 해야 할 것이다.

『삼국사기』·『삼국유사』 등의 기록에 의하면, 고구려는 주몽朱蒙이 국호를 고구려라 했기 때문에 성을 고高씨라 했고, 백제는 온조溫祚가 부여夫餘에서 나왔다 해 성을 부여라 했다고 한다. 그리고 신라는 박朴·석昔·김金 3성의 전설이 있고, 3대 유리왕 때 6부촌에 이李·최崔·정鄭·손孫·설薛·배裵씨 등 6성이 주어졌다고 하며, 금관가야의 수로왕首露王은 성을 김씨라 했다는 전설이 있다.[7]

이와 같이 초기국가 시대부터 중국식 성姓을 쓴 것처럼 되어 있으나, 이는 모두 중국문화를 수용한 이후에 사용된 것이었다. 신라 진흥왕

---

7) 위의 책, 96쪽.

(540~576) 때 세운 4개의 순수비나 578년(진흥왕 3)에 세운 무술오작비戊戌塢
作碑·남산신성비南山新城碑 등 7세기 이전의 금석문에 성을 가진 사람이 보
이지 않기 때문이다.

지금처럼 성姓을 쓰기 시작한 흔적은 나라마다 조금씩 다르게 나타난
다. 고구려는 장수왕 때, 중국에 보내는 국서에 고씨 성을 썼다. 백제는
근초고왕(346~374) 때부터 여씨餘氏라고 했다가, 무왕(600~640) 때부터 부여
씨라 했으며, 신라는 진흥왕 때 김金씨를 썼다.[8]

이와 같이 삼국은 6세기를 전후해 왕족이나 귀족을 중심으로 성姓을
쓰기 시작해 평민으로 확산되어 갔다. 성姓이 본격적으로 자리 잡게 된 시
기는 고려초기라 해야 할 듯하다.

왕건은 940년(태조 23)에 군현제를 개편하고, 공신이나 귀순해 온 호족
들에게 토성을 분정했다. 이들은 읍격邑格에 따라 신분이 다르고 지배, 피
지배관계가 정해지게 되어 있었다. 이들에게는 왕씨를 비롯한 성씨를 사
성賜姓하거나, 당의 씨족지氏族志·군망표郡望表·신라성新羅姓을 따서 쓰게
하거나, 지명, 관직명, 가축명, 이름 등에서 성을 따서 자칭하게 했다. 귀
화인은 사성을 하거나, 본래 성이 있으면 사관賜貫하고 처가의 고향을 본
관으로 삼도록 했다.

여기서 주목해볼만한 측면이 있다. 성씨의 기원을 보면 대체로 통치질
서가 확립되는 과정에서 파생되어, 그 전통이 확립되어 왔음을 알 수 있다.

한국의 역사에서도 현재 개념의 성姓에 집착하는 것은 그리 멀지 않은
과거의 일이다. 이 점을 의식한다면 그 이전의 시대, 특히 고대古代 사회에
서는 성씨로 인한 사회적 정체성과 그로 인한 행동양식에도 많은 차이가
있었음을 알 수 있다.

우선 주목해 볼만한 사례 하나가 고대古代사회에서는 성姓을 바꾸는 사
례가 종종 나타난다는 사실이다.

---

8) 주 7)과 동일.

··· 보덕왕 안승(安勝)을 불러 소판으로 삼고 김씨의 성을 주어 서울에 머물게 하고 훌륭한 집과 좋은 토지를 주었다. ···[9]

또 다른 사례가 북연北燕의 첫 황제인 혜의제惠懿帝 고운高雲이다. 그의 할아버지는 342년에 전연前燕으로 끌려간 고구려 출신 고화高和이다. 고운은 고화高和의 손자이고, 고발高拔의 아들인 것이다.

그는 모용보가 태자로 있었을 때, 동궁東宮의 무예급사武藝給事를 지내며 모용보를 섬겼다. 모용보에 대한 반란이 일어났을 때, 군사를 거느리고 싸워 반란군을 진압했다. 이 공으로 인해 모용보의 양자가 되고 석양공夕陽公이 되는 한편 모용씨를 하사받아, 이후 모용운慕容雲이라는 이름을 썼다. 혜의제는 황제가 되고 나서 자신의 성을 본래의 성인 고高로 다시 고쳤다.

이러한 사례들은 당시 성姓이 혈연관계를 통한 개인의 정체성 확인이라는 의미가 지금에 비해서 약했다는 의미가 될 수 있다. 성姓의 기원과 관련지어 해석해보면 이를 바꾸는데 지금에 비해 상대적으로 저항감이 적었던 이유를 이해할 수 있다. 당시에는 성姓이 혈연적 소속감을 확인시켜주는 것보다 중요한 의미가 있었다. 고대古代는 신분제가 강력한 통제력을 가지고 있던 시대였다. 그 신분제도 과거제도 이전에는 혈연을 중심으로 한 신분제였다.

원래 통치자가 씨족의 수장에게 사여함으로써 성姓이 성립되었다는 그 기원에서 보이는 것처럼 성씨란 통치자와의 관계를 표시하는 지표이기도 했던 것이다. 이는 특정 성씨를 가진 집단의 신분·계급과도 밀접한 관계를 가진 문제였다. 즉 성姓 자체가 신분을 표시하는 의미를 가지고 있었다.

이런 시대에 성을 바꾸는 경우는 사성賜姓을 받을 때가 많다. 이때 내려주는 성姓은 보통 높은 신분의 것이다. 즉 사성은 신분이 상승된다는 의

<hr>
9) 『三國史記』「新羅本紀」神文王 3년.

미를 가지고 있었던 것이다. 저항감을 가질 문제가 아니라, 특권적인 혜택을 받는다는 의미였던 것이다.

물론 반대의 경우도 있었다. 고대古代 일본에서는 황족의 숫자가 지나치게 늘어나는 것을 막기 위하여 일부 천황은 자녀에게까지 다른 성姓을 하사하여 신민臣民으로 삼았다. 이 때 다른 성姓을 받은 입장에서는 신분이 강등된 셈이다. 어떤 경우이건 이들 경우에는 성姓이 혈족 표시보다 신분 표시에 중점을 두고 있음을 알 수 있다.

이러한 풍조는 혈족 관계를 통한 정체성 인식에도 현재와 다른 차이를 만들 수밖에 없었다. 그 중의 하나가 근친혼 문제다. 한국 사회에서 조선시대 이후 현재에 이르기까지 매우 강력한 금기사항에 속한다. 심지어 최근까지도 근친의 범위에서 벗어나는 동성동본同姓同本과의 결혼이 금지되어 있었다. 그만큼 아직까지도 혈연관계에 집착하는 풍조가 강하게 남아있다는 의미다.

하지만 고대古代로 가까이 갈수록 사정이 달랐다. 근친상간近親相姦 수준에 이르는 정도의 근친혼이 성행했던 것이다. 남매끼리 혼인시켰던 이집트의 파라오는 극단적인 사례지만, 비슷한 수준의 근친혼이 한국사회를 비롯한 동아시아 사회에서도 성행했다. 고려 때까지만 해도 인종仁宗의 3번째와 4번째 왕비는 이모뻘이 되는 이자겸의 딸이었다. 가까운 혈연관계끼리의 혼인이나 성性생활에 도덕적 금기禁忌가 작용하지 않았다는 의미다.

당시로서는 그럴 수밖에 없었다. 신분적 폐쇄성이 심한 사회에서는 근친혼의 성행도 필연이다. 부모 중 한쪽이라도 상대적으로 급이 떨어지는 신분에 속했을 경우, 대부분 그 자녀는 아래쪽 신분에 소속되게 하는 게 원칙이었다. 뒤집어 말하면 신분의 강등을 막기 위해서는 근친과 혼인할 수밖에 없었다. 즉 신분 유지를 위하여 통혼권이 제한될 수밖에 없는 뜻이다. 자연스럽게 인척관계에서 극심한 혼란이 유발될 수밖에 없었다. 이러한 혼란을 감수했던 이유는 당시 상위 신분층에게 혈연관계를 통한 정

체성 확인이라는 의미보다 성씨로 표시되는 신분 유지가 훨씬 중요한 현
안이었기 때문이다.

이러한 상황을 무시하고 당시를 현대적 관습의 틀에서 해석하면 엉뚱
한 역사상을 그려낼 수 있다. 당시를 '성적性的으로 문란한 사회'라고 피
상적으로 해석하거나, 심지어 그런 상황을 있을 수 없는 일도 치부하는
사례가 종종 나타난다.

여기 해당하는 사례는 흔하다. 일례로 화랑세기 필사본에 나타나는 신
라의 왕족과 귀족들의 '문란한 혼인과 성性관계'를 있을 수 없는 일로 간
주했던 경우가 있다. 현재 통용되고 있는 도덕관념에 비추어 볼 때, 납득
할 수 없는 내용이 수록되어 있기 때문에 이러한 내용을 담은 화랑세기
필사본이 위작이라는 것이다.[10] 신라의 상류 신분층이 이렇게 문란한 성
생활을 했다고 인정할 수 없다는 것이 이러한 주장의 기본 발상인 셈이다.

화랑세기 필사본의 진위여부에 대하여 본고에서 결론을 내릴 필요는
없을 것이다. 하지만 현대의 기준으로 볼 때 납득하기 어려운 인간관계나
성관계가 나타난다고 해서, 그 기록 자체를 가짜로 몰아가는 발상에 문제
가 있다는 지적은 할 수 있다.

비슷한 사례를 하나 더 들어보기로 하자. 삼국사기 초기 기록에 보면
혈연관계에 비추어 볼 때 납득하기 어려운 상황이 나타난다. 내물奈勿의
할아버지인 구도仇道가 내물보다 200년이나 앞선 2세기 후반에 활동하는
것도 의문이라는 점이 지적되었다.[11] 유리儒理와 장자長子 일성逸聖, 차자
次子 파사婆娑의 즉위년을 보면 파사는 56년, 일성은 110년이라는 차이가
나며, 파사의 5세손이라는 박제상과 그 조부인 아도阿道의 활동연대 차이
가 지나치게 크다는 지적도 있다.[12] 우로于老와 부자관계인 흘해訖解의 즉

---

10) 盧泰敦, 「筆寫本 花郎世紀의 史料的 價値」 『역사학보』 제147집, 역사학
　　회, 1995, 348~350쪽.
11) 姜鍾薰, 「新羅 三姓 族團과 上古期의 政治體制」, 서울大學校 大學院 博士
　　學位論文, 1997, 6~9쪽.

위년대에 차이가 나는 것과 구도仇道와 미추味鄒, 그 동생 말구末仇의 아들인 내물의 활동연대와 즉위연대의 차이에 대한 의문[13]도 제기된다.

이러한 기사들을 근거로 삼국사기 초기기록 자체를 조작으로 몰아가고 있다. 해결 방법으로 삼국사기 초기기록의 기년을 조정해야 한다는 점을 제기하기도 한 것이다. 그런데 내막을 알고 보면 이것은 완전히 다른 차원의 문제일 수 있다. 이렇게 이해하기 어려운 기록이 나타나는 이유가 기년의 조작과 상관없는 문제인 것이다.

이를 뒷받침하는 것이 일성逸聖의 계보에 관한 기록이 사서史書마다, 심지어 같은 사서에서조차 혼선을 빚고 있다는 사실이다. 『삼국사기』에조차 일성이 유리의 장자라는 설과 일지갈문왕日知葛文王의 아들이라는 설이 갈리고 있으며, 『삼국유사』에는 유리의 형의 아들라는 설과 지마祗摩의 아들라는 설이 갈리고 있다. 이를 어떻게 보던 간에 『삼국사기』나 『삼국유사』를 편찬하던 시기에조차 일성의 계보에 대해서는 어느 것이 옳은지 구별을 못할 정도로 혼선을 빚고 있었다는 사실은 분명하다.

이와 같은 현상이 『삼국사기』 초기기록이 조작된 근거라는 주장은 당시의 상황을 이해하려 하지 않은 데에서 나온 발상일 뿐이다. 내막을 알고 보면 이러한 현상이 나타나는 이유는 간단하다.

근친혼이 횡행하던 시절에는 친족관계가 매우 난잡하게 얽힐 수밖에 없다. 가계도에 있어서도 이런 상황이 반영되는 것이 당연하다. 그러니까 역사서를 편찬하던 사관史官조차 어느 것이 옳은지 구별을 못할 정도로 혼선을 빚고 있었던 것이다. 그럼에도 불구하고 이를 근거로 삼국사기 초기기록 자체를 조작으로 몰고 있다.

고대 사회의 성姓 인식이 현재와 같이 바뀐 요인도 분명하게 나타난다.

---

12) 宣石悅, 『『三國史記』新羅本紀 初期記錄 問題와 新羅國家의 成立』, 釜山大學校 大學院 博士學位論文, 1996, 17~19쪽.
13) 宣石悅, 위의 글, 24~27쪽.
   姜鍾薰, 위의 글, 29~32쪽.

골품제 같은 신분질서가 강력했을 경우에는, 성씨도 통치 집단과의 관계성이 더 중요했다. 하지만 과거제도가 실시되고 신분질서도 관직 위주로 바뀌어 나아가면서 성씨로 표시되는 신분 자체로 인한 특권은 사라져갔다.

따라서 관직 귀족으로의 체제변화 이후로는 가문을 기초로 하는 집단 안에서의 관계성이 강조되었던 것이다. 이렇게 보면 성씨라는 것도 혈연을 기초로 한 인척관계에 있어서 절대적인 도덕성의 기준이 된다기보다 생존과 기득권 확보를 위한 수단이었던 셈이다.

이와 같은 상황을 고려하지 않고, 현재의 기준과는 다른 과거 역사를 복원하다보니 역사를 왜곡시키는 결과를 낳는 것이다. 이 점을 의식한다면, 성씨를 기준으로 한 관계를 사회적 정체성의 절대적 기준으로 삼는 처사에 대해서는 회의를 느끼지 않을 수 없다.

사실 현재 남아 있는 족보族譜 대부분은 가짜라고 보아야 한다. 16세기 말까지는 안동권씨·문화류씨·순흥안씨·강릉김씨·동래정씨·능성구씨 등 족보를 가진 성씨는 10여 개밖에 되지 않고, 가첩 등 초보 형태의 족보를 가진 성씨도 30여 성밖에 되지 않았다. 그러던 것이 17세기 이후 족보 편찬이 활발해지는 동시에 그 편찬 방법도 바뀌었다. 17세기 이후 성리학의 발달과 예학의 심화로 자녀 균분상속제가 장자봉사제로 바뀌고, 양자제가 정착되어 부계혈통이 강조되었기 때문이다.

16세기 이전에는 아무리 명문벌족이라 하더라도 아들이 없으면 양자를 하지 않고, 유아사망률이 높았기 때문에 대가 끊어지는 경우가 많았다. 그러나 17세기부터는 양자를 들여 후대까지 가계를 이어가는 일이 유행했다.[14]

지금과 같이 혈연에 집착하게 된 배경도 독특한 시대상황의 변화에서 비롯된 것이다. 17세기 후반기가 되면 당쟁이 심해지고, 동족부락이 늘어나 명족들은 가문의 결속을 다지기 위해, 신흥세력은 신분을 상승시키기

---

14) 이수건, 앞의 책, 62쪽.

위해 족보를 경쟁적으로 만들었다. 이 때에는 성리학이 발달하고 예학이 심화되어 동성혼同姓婚이 동성불혼同姓不婚으로, 남귀여가제男歸女家制가 친영제親迎制로, 자녀윤회봉사子女輪回奉祀가 장자봉사長子奉祀로, 자녀균분상속子女均分相續이 자녀차등상속子女差等相續으로 바뀌었다.

왜란과 호란을 겪으면서 명문가가 몰락하는 대신 신흥세력이 대두해 족보를 경쟁적으로 만들기 시작했다. 명문가는 가문의 명예를 지키기 위해서 족보를 보강했고, 신흥세력은 미천한 가계를 은폐하고 가격家格을 높이기 위해 족보를 위조하거나 본관을 아예 바꾸었다. 더구나 조선후기에는 양반이 향리를 천시하고, 양반이 아니면 군역을 져야 했기 때문에 신흥세력은 결사적으로 족보를 위조해서라도 양반의 반열에 끼고자 했다.[15]

국가에서는 전쟁 전후에 국가재정이 부족해 공명첩空名帖을 팔아먹고, 군공면천軍功免賤을 시켜주며, 천인들을 무과에 응시할 수 있게 할 뿐 아니라 속오군에 편제시켜 신분질서가 해이해져 갔다. 이들은 국가가 양반으로 공인한 이상 신흥세력으로 자처했다.

이들 신향新鄕은 명문가인 구향舊鄕과 대립하면서 군현의 관속官屬이 된 좌수座首·별감別監을 차지해 국가에 협조함으로써 그들의 사회적인 지위를 높이려 했다. 이에 신·구향의 향전鄕戰이 벌어지고 이를 위해 족보위조는 만연되어 갔다. 또한 당시에는 당쟁이 심하고 동족부락이 유행했다. 그로 인하여 같은 성씨나 같은 본관을 가지고 있으면 동족이라는 관념을 이용, 족보를 위조하는 사람이 늘게 되었다.

신흥세력이나 명문이 아닌 축들은 남의 가계에 절손이 된 뒤를 잇거나, 형제 수를 늘이거나, 한 대를 더 끼어 넣거나, 아예 별파로 편입하는 방법으로 명문가에 들어오려 했고, 이를 묵인해 주는 경우가 많았다. 이른바 수족收族이 그것이다.

이와 같이 조선 후기에는 족보를 위조해 명가의 후예로 편입되고자 했

---

15) 이수건, 위의 책, 64쪽.

다. 명가에서도 본래는 같은 성이었다고 해 동성동본, 아니 동성이본까지도 끌어들여 가세家勢를 늘이고자 했다. 무후无後에 잇거나, 형제를 늘리거나, 한 대를 늘리거나, 아예 별보別譜를 만들어 뒤에 끼어 넣는 일도 많았다. 대개 돈을 받고 이런 일을 자행했던 것이다. 그리하여 19세기에 이르면 모든 가문이 양반가문으로 둔갑했고, 벽성僻姓이 없어지며, 유명 성관으로 통폐합되는 현상이 벌어졌다.

더구나 1894년의 갑오개혁으로 신분제가 혁파되자 족보 편찬은 더욱 난맥상을 보여 족보를 신용할 수 없는 지경에 이르렀다.[16] 이러한 현상은 지금도 계속되고 있다. 결국 동성동본 불혼 같은 법규는 허위에 불과한 근거를 가지고 강요했던 규범이었던 셈이다.

조선 후기에 접어들면서 당쟁이 심해지고 양반의 특전이 고착화되자, 가문의 단결을 꾀하고 특권을 누리고자 하는 노력이 강화되면서 족보에 대한 집착도 강해졌다. 근본적으로는 이 역시 생존과 기득권 확보 차원이라 할 수 있다.

현대 사회에서 그렇게 큰 의미를 갖는 발상이라 하기는 어렵다. 따라서 '전통'을 내세워 기존의 인식을 고집하는 것은 사회적 갈등의 원인이 될 수 있다. 현재에서도 감안해야 할 요소다.

4. 정체성 인식의 변화 방향

앞장에서는 주로 정체성을 인식하는 기준이 시대에 따라 많이 달랐다는 점과 이러한 사실을 무시했을 때, 역사와 현실 인식에 많은 문제를 초래할 수 있다는 점에 대하여 주로 언급했다. 그런데 이와 같은 문제는 과거 역사적 사실인식과 관련된 사안에만 발생하는 것이 아니다.

---

16) 이 내용에 대해서는 이성무, 『조선시대 사상사연구』, 지식산업사, 2009, 참조.

정체성 인식의 변화는 과거에만 있었던 일이 아닌 것이다. 현재에도 사회적 정체성 인식은 바뀌고 있는 중이고, 사회 변화가 급격해 짐에 따라 변화 속도도 빨라지고 있다.

특히 현재에는 근대 민족국가 성립과정에서 절대적 기준의 역할을 했던 국가와 민족이라는 개념에 대해서도 회의적인 시각으로 바라보는 풍조가 형성되고 있다. 국가와 민족에 대한 수사학修辭學(rhetoric)적 정의를 통하여 개인을 희생시켜 왔던 풍조에 대한 반발이라고 할 수 있는 것이다.

'민족국가'라는 개념에 대한 수사학적 정의 자체가 근본적인 한계를 가지고 있다는 시각도 확산된다. 본질적으로는 수사학이라는 것 자체가 특수한 가정假定을 전제로, 생략추론법省略推論法적인 논증을 통하여 사람들을 설득하는 성향을 가지고 있다. 그래서 수사학 전통이 지니고 있는 특징에 실재의 세계가 아닌 개연蓋然의 세계를 추구하는 성향이 상존한다. 즉 수사학적 정의 자체가 의사意思를 설득력 있게 표현하는 언어구사법일 뿐이지, 여기서 정의된 개념이 절대성을 가질만한 것은 아니라는 뜻이다.

결과적으로 이는 현실과 동떨어진 개념을 많은 사람들의 뇌리에 강요해놓고, 행동을 통제하는데 이용될 수 있다. 심지어 민족국가에 소속된 국민이라는 의식을 악용한 민족주의가 오히려 국민을 압박 내지 탄압하는 수단으로 전락할 수 있다는 자각도 확산되고 있다. 실재로 독재를 했던 많은 정권이 민족주의 이념에 의지했던 것도 사실이다. 이 배경에는 '민족국가'와 '민족주의'에 대한 절대적 당위성 설정이 존재하고 있었다.

따지고 보면 근대민족국가 체제라는 것 자체가 현실에 대한 정확한 인식의 결과라기보다, 국가에 대한 근대적 이상의 표출에 불과한 측면이 있다. 그 결과 의도했던 하지 않았건 다른 민족과 국가에 대하여 배타성을 가지는 경향을 초래한 측면도 생긴다.

그렇기 때문에 최근에 와서는 '민족국가'라는 용어 자체가 현실이 아닌 수사학적 표현에 불과하다는 인식이 나타난다. 민족주의에 대해서도 회의를 느끼는 경향도 나타나고 있다. 즉 민족주의란 민주주의, 공산주의 등의 이념과 마찬가지로 수사학적 정의에 불과할 뿐, 절대적 당위성을 부여할만한 개념이 아니라는 것이다.

한국사회에 있어서 그러한 수사학적 표현의 사례가 존재한다. 한국이 '단군檀君이래 이어져 온 단일민족국가'라는 슬로건이다. 중국의 동북공정에서 내세우는 '중화민족' 역시 비슷한 맥락의 슬로건이라 할 수 있다.

사실 완전히 고립되어 인적人的 교류가 차단되어 있었지 않은 한, 유구한 역사를 이어오면서 '단일민족국가'라는 것이 성립할 수는 없다. 한국사로 인식되는 범주 속에서 실제로 외부 집단의 사람들이 귀화해서 융화되는 사례는 얼마든지 찾아볼 수 있다.

과거로 갈수록 지배집단 자체가 외부에서 와서 국가를 장악하는 경우도 많았다. 그러한 상황이 명백히 나타나기 때문에 '한국은 단일민족국가'라는 명제는 성립할 수 없다. 이와 같이 민족국가에 소속된 구성원으로서 개인의 정체성을 규정하는데 대한 문제점이 지적되면서, 현재는 이와 같은 수사학적 정의에 의한 정체성의 강요를 거부하고 저항하는 경향이 강화되고 있는 상태다.

그렇기 때문에 최근에는, 주어지는 정체성에 대한 반발이 강해지는 경향이 있다. 영화 '실미도'의 흥행 성공은 이러한 풍조가 확산되고 있다는 지표로 볼 수 있다. 개인의 정체성이 민족국가 구성원으로만 강조되던 시기에 비하여, 국가조직이 개인을 이용하고 돌보지 않는데 대한 비판적 시각이 강화되고 있음을 보여주고 있는 것이다.

급격한 사회변화 역시 근대적인 사고체제에 의하여 규정된 정체성 인식만으로는 갈등요인을 포용하기 어렵게 만드는 원인이 되고 있다. 그러한 사례 중 하나가 이른바 '다문화 가정'을 꼽을 수 있다.

외국인과의 혼인 사례가 극소수였던 과거에는 역사와 현실에 비추어 명백히 어폐가 있는 '단일민족국가'라는 수사학적 정의로 한국인의 정체성을 규정할 수 있었으나, 다수의 다문화가정이 존재하는 현실에서 그러한 정의만으로 한국사회를 이끌어 나아가는 데에는 무리가 따른다.

단일민족국가라는 수사학적 정의로는 한국사회가 수많은 혼혈들을 포용하는데 난제를 만들어낼 것이기 때문이다. 마찬가지로 한국인의 정체성을 단일민족이라는 기준만으로 정의할 경우, 사회 안에서 심각한 차별을 야기할 수밖에 없다. 또한 대외적으로는 타국의 인종차별을 비판하면서, 내부에서의 차별을 숨기고 미화하는 모순을 드러내는 결과가 될 수도 있다.

아이러니컬하게도 대한민국의 경제적 성장과 국제적 위상 향상이 근대적 정체성 규정을 고집할 수 없는 원인이 되고 있는 듯하다. 과거 대한민국의 정치·경제적 사정이 열악했을 시기에는 관계를 맺는 외부 집단도 극소수였다. 이 때문에 심각한 차별도 극소수의 문제로 덮고 넘어 갈 수 있었다. 한국의 민족주의도 '약자의 자기보호 장치'로서의 관대하게 받아들여주는 측면이 있었다.

실제로 대한민국 성립 이후, 한국 사회는 외국인이 정착하기 어려운 사회에 속했다. '아시아에서 화교華僑가 경제권을 장악하지 못한 나라는 한국과 일본'이라는 현실이 보여주듯이, 한국사회는 외국인에게 많은 제약을 가하는 사회였음은 사실이다. 하지만 대한민국의 비약적인 성장으로 인하여 세계 여러 지역을 나라들과 밀접한 관계를 맺어 나아가야 하는 상황에서 더 이상 폐쇄적인 정체성을 고집하기는 곤란할 것이다.

또한 현대에는 사회적 입장과 개인적 입장이 충돌할 때, 후자를 앞세우는 풍조가 강해지고 있다. 이와 함께 정체성 인식도 국가나 가문 같은 조직사회에 대한 소속감으로 파악하기보다 개인의 내면세계가 원하는 방향으로 설정되는 경향도 확산된다. 심지어 국가사회의 발전보다 개인의 행복을 우선으로 여기기기도 한다.

'전통傳統'을 강조하는 보수적 인식 속에서는 개인보다 조직사회 속에서의 정체성을 강조하는 성향이 있다. 즉 개인을 조직사회의 일원이라는 측면에서 파악하는 셈이다. 이러한 기준은 개인의 자유를 앞세우는 측과 충돌할 수밖에 없다.

여기서 어느 쪽이건 경직된 사고방식을 고집하면, 갈등의 증폭은 필연이다. 그렇기 때문에 앞으로 사회적 갈등을 줄이기 위해서는, 사회적 정체성을 정의하는데 있어서도 유연성을 가져야 할 듯하다.

5. 맺음말

이상으로 시대에 따른 사회적 정체성의 기준 변화를 국적과 성씨라는 요인을 중심으로 살펴보았다. 보통 '전통傳統'이라고 인식하고 있는 정체성 인식의 기준 대부분은 사실상 가까운 과거에 형성된 것이다. 먼 과거에는 현재 통용되고 있는 기준과는 완전히 다른 것이 많았다.

국적 인식에 있어서는 '국민國民'보다 '신민臣民'이라는 개념이 일반적이었다. 그래서 국가에 대한 소속감은 물론, 국가 자체를 인식하는 틀도 달랐다. 성씨 또한 혈연적 유대감의 표시 이외에, 신분 표시의 의미가 강했다. 성씨의 기원 자체가 통치자와의 연대에 의한 역할과 관계를 표시하는 데에서 시작되었다고 해도 과언이 아니다.

그렇기 때문에 성姓을 통하여 얻고자 했던 것도 달랐다. 성姓을 바꾸는 일이 아무렇지 않은 차원을 넘어 영예와 실리를 얻을 수 있는 일로 여겨지는 경우가 많았던 것이다.

이와 같이 현재 통용되고 있는 정체성의 두 가지 요소는 역사 속에서 절대적인 기준이 아니었다. 주관성이 강한 자아 정체성은 물론이고, 개인에게 주어져 나아가는 사회적 정체성에 있어서도 절대성은 없는 셈이다.

그리고 이러한 변화는 지금도 현재 진행형으로 나타나고 있다. 지금 통용되고 있는 기준들은 근대에 접어들면서 민족국가 설립이라는 명제를 두고 생겨난 것이다. 현대에는 근대적 관념에 의거해 생겨난 수사학적 정의에 반성과 비판이 가해지고 있다.

그 결과 민족국가라는 수사적 정의로 규정된 국가에 대한 소속감과 충성심이 희미해지는 현상이 나타나고 있다. 심지어 '국가'와 민족을 내세워 개인의 자유를 억압하는 점을 더 큰 문제로 인식하는 경향으로까지 발전하고 있는 듯하다. 이러한 변화의 이면에는 대한민국의 성장이라는 요소가 작용하고 있다. 국력의 성장이 오히려 국가를 통한 연대의식 자체를 약화시키는 아이러니를 보여준다고 하겠다.

이와 함께 국가사회보다 개인의 행복을 우선시하는 풍조가 강하지고 있다. 이는 대중문화와 사회현상 전반으로 확산되며 나타난다. 이러한 변화는 역사상 어떤 시기보다 빠르게 이루어지고 있다. 빠른 변화 속에서 경직된 가치관 고수는 많은 갈등을 야기할 것이다. 변화의 시대에는 유연한 사고방식이 요구된다고 하겠다.

역사계승의식과 정체성의 경계
-'고려高麗'국호를 중심으로-

조 경 철(한국학중앙연구원 객원연구원)

1. 머리말

'고려高麗'란 국호는 흔히 918년 왕건王建에 의해 건국된 나라의 이름으로 알려져 왔지만 이미 왕건 이전에도 쓰인 국호였고, 왕건의 고려 이후에도 국호의 후보로 오르기도 하였다. 예를 들면 왕건이 몰아 낸 궁예弓裔가 세운 나라를 보통 후고구려後高句麗로 알고 있지만 실은 고려였다. 또한 삼국 가운데 하나인 고구려高句麗도 언젠가 국호를 고려高麗로 바꾸었다. 한편 해방解放이후에는 여운형呂運亨이 한때 고려를 국호로 고려한 바가 있다. 이처럼 고려란 국호는 삼국시대부터 현대에 이르기까지 여러 나라의 국호로 사용되었고 유력한 국호의 후보로 상정되기도 하였다. 또한 고려는 외국에는 Corea로 알려지게 된 국호[1]이기도 했다.

역사계승의식이란 현재의 나라가 과거의 나라에 대하여 갖는 계승의식

---

1) 서양 각국에 Corea로 알려지게 된 동기를 대체적으로 왕건의 고려와 관련을 맺지만 고구려로 소급될 수 있다고도 한다. 최남선, 1946, 「국호」『조선상식문답』; 최남선 지음·최상진 해제, 2007, 『조선의 상식』, 두리미디어, 26~27쪽.

을 말한다. 나라를 세운 나라는 전 왕조를 부정하고 일어났지만 전왕조의 계승을 표방하는 것이 상례다. 조선이 고려를 멸망시킬 때 그들이 부정한 것은 고려 말의 혼탁한 상황이었지 고려 자체는 아니었다. 왕건이 궁예를 몰아낼 때도 그가 부정한 것은 태봉泰封이었지 궁예가 세운 고려[후고구려]가 아니었다.

그런데 여기서 왕건이 궁예가 한때 국호로 사용한 고려를 자신의 국호를 삼은 것은 주목할 만하다. 왜냐하면 나라 이름을 그대로 삼은 것은 역사계승의식의 측면에서는 매우 강렬한 계승의식을 표방한 것으로 볼 수 있기 때문이다. 물론 왕건이 고려를 국호로 택한 이유는 궁예 이전 이미 삼국시대의 고려[고구려]란 국호가 있었기 때문에 이를 유념한 측면이 보다 컸다고 볼 수 있다.

본 글에서는 '고려'란 국호를 표방한 나라들의 역사계승의식의 정체성과 더불어 주변 나라에서는 고구려의 고려와 왕건의 고려란 국호에 대해서 어떻게 인식하고 있었는지 살펴보고자 한다. 아울러 고구려가 국호를 고려로 바꾸었다면 현재적 입장에서 우리는 이것을 어떻게 존중해 주어야 하는 가를 논의해 보고자 한다.

2. 고구려의 고려로 국호 개명

고구려가 고려로 국호를 개명한 것은 역사적 사실이다.[2] 그럼에도 우리가 고려보다 고구려란 국호가 친숙하게 느껴지는 이유는 김부식의 『삼국사기』에서 고구려란 국호를 택했기 때문이다. 삼국의 역사를 전하는 현

---

2) 고려가 고구려의 略稱이라는 견해도 있다. 馬大正 外, 2001, 『古代中國高句麗歷史總論』, 黑龍江敎育出版社 ; 마대정 외 지음·서길수 옮김, 2007, 『중국이 쓴 고구려 역사』, 여유당, 126~140쪽. 하지만 중국은 정식 역사서인 25史에서 압도적인 빈도로 고구려보다 고려란 칭호를 쓰고 있다. 따라서 고려가 고구려의 약칭이란 견해는 따르기 어렵다.

존하는 가장 오래된 기록이 『삼국사기』이지만 여기선 국호개명의 사실을 언급하고 있지 않기 때문에 고구려의 국호 개명에 대해서는 이보다 먼저 편찬된 중국의 여러 역사서가 참조된다.

고구려의 국호는 중국 기록에 구려句麗, 구려句驪, 구려駒驪, 고구려高句麗, 고구려高句驪, 고려高驪, 고려高麗로 나타나고 있다.[3] 이들 여러 국호의 구체적인 의미에 대해서 논란이 있지만 대체적으로 성城의 의미를 갖고 있다는 정도에서 마무리하고 주로 고구려高句麗란 국호가 언제부터 고려高麗란 국호로 사용되었는가에 대해서 초점을 맞추고자 한다.

고려란 국호가 처음 등장하는 중국 사서는 『송서宋書』[4]이다. 『송서』에는 고구려高句驪, 고려高驪, 고려高麗란 세 가지 국호가 나오는데 여기에 고려高麗가 보인다. 이후 『남제서』 등 여러 사서에서 고려高麗는 구려句麗, 구려句驪, 고구려高句麗, 고구려高句驪, 고려高驪 등과 병칭되었다. 다만 고려高麗란 명칭이 본기本紀에서 주로 보이고 있는 점으로 보아 다른 명칭보다 고려高麗가 공식적인 명칭인 것으로 보인다.[5] 그러다가 『수서隋書』, 『구당서舊唐書』, 『신당서新唐書』 이후 대부분 고려高麗란 국호만이 보이고 있다.

『송서宋書』의 고려란 국호의 초출初出은 본기 소제 경평 원년 423년(장

---

3) 이에 대해서는 다음 논문을 참조
   이병도, 1956, 「고구려국호고」 『서울대학교인문사회과학논문집』 3 ; 1976, 『한국고대사연구』, 박영사.
   정구복, 1992, 「고구려의 고려 국호 개칭」 『호서사학』 19-20 ; 2008, 『한국고대사학사』, 경인문화사.
   박용운, 2004, 「국호 고구려·고려에 대한 일고찰」 『북방사논총』 창간호 ; 2006, 「국호 고구려·고려에 대한 일고찰」 『고려의 고구려 계승에 대한 종합적 검토』, 일지사.
4) 『宋書』는 남조의 송(420~479)의 역사를 梁의 沈約(441~513)이 488~489년에 편찬한 사서이다. 100권으로 된 이 『송서』는 북송 초에 이미 완전히 전하지 않고 많은 부분이 산일되었다. 현전하는 본은 『남사』 등을 이용하여 보완된 것이다. 정구복, 2008, 앞의 책, 247쪽.
5) 정구복, 2008, 앞의 책, 246쪽.

수왕 11)이다.[6] 그런데 같은 책 본기 무제 영초 원년 420년(장수왕 8년)에는 고구려라고 하고 있다.[7] 한편 『위서魏書』[8]에는 423년 보다 앞서는 제기 태조 천흥 원년 398년(광개토왕 영락 8년)에 고려가 보이고 있으며 같은 책 제기 세조 태연 원년 435년(장수왕 23)에도 고려라고 하고 있다.[9] 그리고 『남사南史』 고구려전에서는 안제 의희義熙 9년 413년 고려의 방물 헌납과 고려왕 책봉기사가 보이고 『진서晉書』 본기 안제 의희 9년(413)에는 고구려가 방물을 바쳤다는 기록이 보인다.[10]

위에서 살펴본 『송서』, 『위서』, 『남사』, 『진서』등에 의하면 398~435년을 전후해서 고려로 국호가 바뀐 것으로 보인다. 대체적으로 427년 평양 천도를 전후하여 국호가 변경되었을 것은 확실하며 적어도 000년(?) 기사는 고려의 국호변경을 확실하게 보여주는 것이라고 하였다.[11]

하지만 그 시기를 평양천도 이전 광개토왕이나 장수왕 00년? 이전으로 앞당길 수도 있다. 『위서』의 경우 398년 고려란 국호가 보이므로 398년(광개토왕 영락 8년) 이전에 국호 변경의 가능성을 유추할 수 있다. 다음

---

6) 『송서』 권4, 소제, 경평 원년, "三月壬寅 孝懿皇后祔葬于興寧陵 是月 高麗國遣使朝貢"
　　『송서』 권4, 소제, 경평 2년, "二年春二月癸巳朔 … 高麗國遣使貢獻"
7) 『송서』 권3, 무제하, 영초 원년, "征東將軍高句驪王高璉進號征東大將軍"
8) 위(386~549)의 역사를 魏收(505~572)가 편찬한 책으로 총 130여 권에 달하였으나 완본이 전하지 않았다. 현전하는 본은 趙宋 초에 館閣에서 빠진 부분을 보충한 것이다. 정구복, 2008, 앞의 책, 247쪽
9) 『위서』 권2, 태조, 天興 원년 정월, "辛酉 車駕發自中山 至于望都堯山 徙山東六州民吏及徒何 高麗雜夷三十六萬 百工伎巧十萬餘口 以充京師"
　　『위서』 권4, 세조, 太延 원년 6월, "丙午 高麗鄯善國並遣使朝獻"
10) 『남사』 권100, 열전, 고구려, "晉安帝義熙九年 高麗王高璉遣長史高翼奉表 獻赭白馬 晉以璉爲使持節 都督營州諸軍事 征東將軍 高麗王 樂浪公"
　　『晉書』 권10, 안제, 의희 9년, "是歲 高句麗倭國及西南夷銅頭大師並獻方物"
11) 정구복, 2008, 앞의 책, 264쪽
　　박용운, 2006, 앞의 책, 35쪽

『남사』의 경우 413년 고려란 국호가 보이므로 413년(장수왕 2년) 이전 국
호변경의 가능성도 열려있다.

물론 398년의 경우 기록의 신빙성에 대해서 의문이 제기된 바 있고[12]
『남사』의 413년 기사도 같은 내용을 전하고 있는 『진서』에서 고구려로
표기되어 있으며, 『남사』의 413년의 고려도 원래 고구려였는데 이를 후
대 고려로 소급하였다는 견해도[13] 있으므로 속단할 수는 없다.

그런데 여기서 한 가지 유념할 점은 국호가 변경되었더라도 일시에 변
경사실이 반영되었다고 볼 수 없다는 것이다. 고구려에서 국호가 고려로
바뀐 이후 기록에도 혼동의 여지가 생겼다고 볼 수 있다. 즉 전거자료에
따라 고구려와 고려를 혼동하여 쓴 경우가 있다는 것이다. 고려로 국호를
변경한 이후 이전의 고구려를 고려로 바꾼 경우도 있고 바꾸지 않은 경우
도 있을 수 있다. 아니면 고려로 국호를 바꾼 이후에도 고구려로 쓴 경우
도 있었을 것이다.[14]

이런 경우를 염두해 두고 구체적으로 그 연대를 가정해 보도록 하겠다.

---

12) 물론 위 기록의 신빙성에 대해선 의문이 제기된 바가 있다. 정구복, 2008,
　　앞의 책, 261쪽
13) 정구복. 2008, 앞의 책, 248쪽
14) 예를 들어 아래의 『고승전』은 梁의 慧皎(497~554)가 지은 저술로 아래 ①
　　은 지둔 도림(314~366)이 高麗道人에게 축법심의 고덕을 소개하는 서간
　　을 보낸 기록이고 ②는 曇始가 태원 연간(376~396)의 말에 고구려에 불교
　　를 전했다는 내용이다. 시기가 앞서는 ①에서는 高麗라 하고 있고 시기가
　　뒤지는 ②에서는 高句麗라 하고 있다.
　　①『高僧傳』卷4. 대정장, 50-348a, "竺潛字法深 姓王 瑯琊人 … 後與高
　　麗道人書云 上座竺法深 中州劉公之弟子 體德貞峙道俗綸綜 往在京邑維
　　持法網 內外具瞻弘道之匠也 …"
　　②『高僧傳』卷10, 대정장, 50-392b, "釋曇始 關中人 自出家以後多有異迹
　　晉孝武大元之末 齎經律數十部往遼東宣化 顯授三乘立以歸戒 蓋高句驪聞
　　道之始也 義熙初復還關中開導三輔 始足白於面 雖跣涉泥水未嘗沾涅 天
　　下咸稱白足和上 時長安人王胡 …"

먼저 398년 이전의 경우 광개토왕 영락 원년(391)을 상정할 수 있다. 391년 영락이란 연호를 반포하고 국사國社를 정비한[15] 광개토왕이 고려로 국호를 변경하여 새로운 나라 건설의 의지를 표명하였다고 볼 수 있다.[16] 그 다음 412년(장수왕 원년)이나 광개토왕의 3년상이 끝나는 414년 장수왕의 치세를 열면서 국호를 변경했을 수도 있다.[17] 이 가운데 414년의 가능성이 제일 높은 것으로 생각된다. 391년 혹은 412년 혹은 414년의 가능성을 배제하더라도 적어도 427년 평양천도 이후에는 고려란 국호가 정식 국호임은 사실인 것으로 보인다.

중국 사서를 통해 고구려에서 고려로의 국호 변경 사례를 유추할 수 있지만 당대 고구려가 남긴 기록에 의해서도 국호 변경의 사례를 찾을 수

---

15) 조경철, 2008, 「광개토왕대 영락연호와 불교」『동북아역사논총』20. 國社의 정비 기사는『삼국사기』에 고국양왕 9년으로 나오지만, 이는 광개토왕 영락 원년(391)의 일로 보고자 한다.

16) 『十六國春秋補』권62, 南燕錄(五)에 418년(광개토왕 영락 18년) 高麗가 사신을 바쳤다는 기록이 보이고 있다. 광개토왕대 고려 국호 변경을 알려주는 또 하나의 사례인데, 정구복(2006, 앞의 책, 261쪽)은『십육국춘추』가 北魏의 崔鴻이 편찬하였다고 전해지지만 그 補는 후대의 것이어서 의심스러운 바가 있다하면서 국호 변경은 광개토왕 연간이 아닌 장수왕 연간으로 보고 있다.

17) 『삼국사기』에 의하면 장수왕의 즉위연대가 413년이지만 <광개토왕릉비>에 의해 기년을 조정하여 실제 장수왕이 즉위한 연대를 412년으로 보고 있다. 하지만 광개토왕의 영락 연호가 유년칭원법에 의한 것이고 광개토왕이 36개월의 3년상을 치렀다면 그가 즉위한 해는 390년이 되고 죽은 해는 411년이 된다(조경철, 2008, 앞의 논문). 그렇다면 장수왕이 즉위한 해도 411년이 된다. 장수왕이 국호를 개칭했다면 즉위한 411년 보다는 그 이듬해인 유년 칭원에 해당하는 412년일 가능성이 높다. 아니면 광개토왕의 3년상이 끝나는 414년일 가능성도 있다. 한편 馬大正 外, 2001, 『古代中國高句麗歷史總論』, 黑龍江敎育出版社 ; 마대정 외 지음·서길수 옮김, 2007, 『중국이 쓴 고구려 역사』, 여유당, 126~140쪽에서 고려를 고구려의 약칭으로 보면서 약칭이 대두한 시기는 4세기말 5세기 초라고 보고 있다. 약칭에 대해선 견해를 달리하지만 대두한 시기는 필자와 비슷하다.

[자료 1] 경남 창녕에서 발견된
연가 7년명 불상

[자료 2] 연가 7년명 불상의 광배.
오른쪽 1행 아래 부분에
'고려국(高麗國)'이란 명문이 보인다.

있다. 1963년 경남 의령에서 연가 7년명 금동여래 입상[자료 1]이 발견되었는데 고구려 불상임이 밝혀졌다. 이 불상의 광배에 '고려국高麗國'이란 명문[자료 2]이 보이고 있다.[18] 또한 1979년 중원고구려비가 발견되었는데 여기에도 고려태왕高麗太王[19]이란 명문이 보이고 있다. 연가 7년명 불상이나 중원고구려비의 제작연대를 확실하게 밝힐 수 없지만 고구려가 언젠가 고려란 국호를 썼다는 사실을 보여주는 명백한 자료라 할 수 있다.[20]

---

18) 연가 7년명 금동여래입상의 명문은 다음과 같다.
　　延嘉七年歲在己**未高麗國樂良**」東寺主敬弟子僧演師徒人」造賢劫千佛流布
　　第廿九回現」義佛比丘供養」(꺽쇄는 행바꿈 표시, 이하 동)
19) 중원고구려비 명문의 일부는 다음과 같다
　　五月中**高麗太王**祖王令▨**新羅寐錦**世世爲願如兄如弟」

3. '고려'란 국호의 전개과정

1) 중국

고구려가 국호를 고려로 바꾸었다는 사실은 중국의 사서에서 유추할 수 있지만 그들은 고구려와 고려의 국호를 명확하게 구분하여 사용하지 않은 것으로 보인다. 물론 공식적으론 고려란 국호를 인정하고 있지만 고구려 멸망 당시 까지 고려와 고구려를 혼용하여 사용한 것으로 보인다. 후진後晉의 유후劉煦 등이 940~945년에 걸쳐 편찬한 『구당서』에 고구려의 멸망 사실을 자세하게 기록하면서 고려란 국호만을 사용한 이래 이후 중국에서는 고려란 국호로 불리게 되었다.

왕건의 고려가 들어서기 전에 중국의 입장에서는 사실 고구려라고 하든 고려라 하든 같은 나라를 가리키므로 그렇게 큰 의미는 없었다. 그러나 왕건의 고려가 들어선 이후 고려라 하면 고구려의 고려인지 왕건의 고려인지 혼동의 우려가 생겼을 것이다. 그런데 고려에 사신을 온 송나라의 서긍이 편찬한 『고려도경』에 의하면 고구려에서 고려로 국호가 변경된 사실을 말하고 이후 고구려를 고려로 표기하고 있다.[21] 고구려의 고려를 전고려前高麗로 하여 왕건의 고려와 구분하지 않고 그냥 고려라 하고 있는 것이다. 고려라 해도 문맥상 이것이 고구려를 말하는지 왕건의 고려를 말

---

20) 소위 요녕성 의현 출토 기유년명 불상의 명문에 大高句麗란 국호가 보이고 있다. 이 불상은 耿鐵華, 『高句麗儒釋道三教合一的形成與影響』에 소개되어 있다. 윤병모, 2011, 『고구려 요서진출연구』, 경인문화사에서 재인용. '大高句麗'란 국호가 생소하므로 명문에 대한 재검토의 여지가 있다고 생각한다.

21) 『고려도경』권1, 始封, "至紇升骨城而居 自號曰 **高句麗** 因以高爲氏 而以**高麗**爲國"; 권2, 王氏, "王氏之先 蓋**高麗**大族也"; 권3, 封境, "唐貞觀間 李勣大破**高麗**於南蘇"; 이하 예는 생략 : 조동원 외 공역, 2005, 『역주고려도경』, 황소자리, 48쪽, 57쪽, 72쪽.

하는지 알 수가 있었기 때문일 것이다. 물론 두 고려를 구분할 필요가 있
을 경우 왕씨고려王氏高麗란 표기도 하고 있지만[22] 송~청에 이르기까지
고구려의 고려나 왕건의 고려 모두 고려라 부르는 것이 통례였다.[23]

그러나 현 중국에서는 고구려를 고려라 부르지 않고 고구려로 부르고
있다. 언제부터 중국에서 고려보다 고구려로 더 많이 불리게 되었는지 확
인할 수 없지만 1,000년 이상 고구려를 고려라 불렀던 경험에서 인지 최
근 논문 제목에도 고려라 한 것을 일부 찾을 수 있다. 1987년 방기동方起
東의 논문(197쪽), 1988년 후비운候丕勛의 논문(11쪽), 1999년 유거劉炬의 논
문(365쪽), 2000년 이건재李健才의 논문(98쪽) 제목에 고려라 하고 있다.[24] 한
편 2001년 양보융楊保隆은 논문 제목에는 고구려라 하지 않고 高氏高麗라
하고 있다.[25]

22) 宋, 志磐, 『佛祖統紀』 卷14, 대정장 49-223b, "僧統義天 **王氏高麗國**文宗
仁孝王第四子"
23) 元, 『釋氏稽古略』 卷2, 대정장 49-809c, "時**高麗**百濟新羅三國使者將還
各請舍利於本國起塔供養 詔許之"
청, 『金剛經持驗記』 卷1, "隋蕭瑀梁武帝玄孫 入隋 爲中書令 封宋國公
女爲帝后 瑀篤信佛法 常持金剛經 因議伐**高麗**"
24) 方起東, 1987年 1期, 「唐高麗樂舞札記」 『博物館研究』.
候丕勛, 1988年 2期, 「隋對高麗和江南的戒備」 『四川師範大學學報』.
劉炬, 1999年 3期, 「唐太宗征高麗勝敗辨」 『北方民族』.
李健才, 2000年 1期, 「再論唐代高麗的扶余城和千里長城」 『北方文物』.
앞의 목록들은 다음 책을 참조하였다. 權熙英·王禹浪·劉秉虎, 2005, 『東
北亞古代史研究論文目錄-中國東北部分-』, 한국학중앙연구원. 본문의 00
쪽은 이 책의 인용을 말한다.
25) 楊保隆, 2001, 「高氏高麗與王氏高麗无前後相承關係辨識」 『古代中國高句
麗歷史論叢』, 黑龍江敎育出版社出版.(앞의 논문은 박용운, 2006, 앞의 책,
14쪽, 주 9)에서 재인용).

2) 일본

720년에 편찬된 『일본서기』는 고구려가 멸망한지 50여 년 뒤에 쓰여진 편년체 역사서로 고구려, 백제, 신라 삼국에 관한 기록도 많이 실려 있다. 그런데 여기선 고구려의 시작부터 멸망한 이후까지 줄곧 고구려란 국호를 사용하지 않고 고려란 국호만을 사용하고 있다. 일본의 입장에서 고구려가 고려로 국호를 변경한 사실을 알고 일괄적으로 고려로 대체한 것으로 보인다.

<광개토왕릉비>에 의하면 391년 이래로 왜가 한반도에 건너와서 고구려와 대적한 사실이 보이는데 이 당시의 기억은 일본에 각인되었을 가능성이 높다. 만약 광개토왕대 고구려의 국호가 고구려였다면 어떤 형태로든지 고구려란 국호가 남아있을 법한데 그렇지 않은 것을 보면 광개토왕대 이미 고려로 국호가 변경되어 고구려란 국호가 『일본서기』에 남아있지 않은 것인지 모르겠다.

일본의 입장에서도 왕건의 고려가 건국된 이후 고구려의 고려와 왕건의 고려를 구분할 필요성이 대두되었을 것으로 추정되는데 문맥상 누구의 고려를 말하는 지 알 수 있기 때문에 특별히 두 고려를 구분한 것으로 보이진 않는다. 1322년 편찬된 코칸 시렌(1278~1346)의 『원형석서元亨釋書』에도 고구려의 승려를 모두 고려 승려로 표기하고 있다.[26]

현재 일본에서는 중국과 마찬가지로 고려 대신 고구려란 국호를 사용하고 있다. 언제부터 고려 대신 고구려로 불리게 되었는지 모르지만 1891년 관정우菅政友, 1896년 조거용장鳥居龍藏은 논문에서 고려란 국호를 사용했다.[27] 한편 1915년 금서룡수西龍은 논문에서 왕건의 고려를 그냥 고려라

---

26) 高麗 慧灌(권1), 高麗 慧便(권16), 高麗 慧慈(권16), 高麗 僧隆(권16), 高麗 曇微(권16); 정천구 역주. 2010, 『원형석서』(상하), 씨아이알 참조.
27) 菅政友, 1891, 「高麗好太王碑銘考 1」 『史學會雜誌』 2-22, 大成館.

하지 않고 왕씨고려王氏高麗라 하였다.[28] 이때까지 고구려란 국호보다 고려란 국호가 여전히 친숙하게 불리고 있었음을 알 수 있다.

3) 한국

중원고구려비에 의하면 이 당시 고구려의 국호는 고려였으므로 신라인들도 고려란 국호의 변경사실을 알고 있었을 것이다. 고구려가 멸망한 다음에도 최치원은 여전히 고구려를 고려高麗로 부르고 있다.[29] 궁예나 왕건이 고려란 나라를 세운 다음 신라가 두 고려를 어떻게 구분했는지는 알수 없지만 궁예나 왕건이 두 고려를 구분하지 않았으므로 신라도 마찬가지였을 것으로 생각된다.

발해에 대한 기록은 중국의 『구당서』와 『신당서』에 기록되어 있다. 『구당서』에서는 발해를 고려의 별종이라 하였고 『신당서』에서는 속말말갈과 연결시키고 있다.[30] 10세기 중반 『구당서』를 편찬할 당시에는 고려의 여운이 남아있어서 발해를 고려의 별종이라 한 것 같고 11세기 중반 『신당서』를 편찬할 당시에는 남송시대로 북방에 금나라가 있었기 때문에 고

鳥居龍藏, 1896, 「遼東半島ニ於ケル高麗ノ遺跡卜唐代ノ古物」 『東京地學協會報告』, 東京地學協會.

28) 今西龍, 1915, 「王氏高麗朝に於ける修史に就て」 『芸文』 6-7, 京都大學京都文學部.

29) 『삼국사기』 권46, 열전, 최치원전, "攷其文集有上太師侍中狀云 伏聞東海之外有三國 其名馬韓卞韓辰韓 馬韓則**高麗** 卞韓則百濟 辰韓則新羅也 **高麗**百濟全盛之時 强兵百濟 南侵吳·越 北撓幽燕齊魯 爲中國巨蠹"
다만 최치원이 찬한 <봉암사지증대사비>("… 昔當東表鼎峙之秋有百濟蘇塗之儀若甘泉金人之祀厥後西晉曇始始之貊如 攝騰東入**句驪**阿度度于我如康會南行 …")의 **句驪**의 경우1세기의 攝騰[섭마등]이 동쪽으로 들어 올 때 이므로 이때는 아직 高麗로 국호가 개칭되기 이전이다.

30) 『舊唐書』 권199, 열전, 발해말갈, "渤海靺鞨大祚榮者 本高麗別種也"
『新唐書』 권219, "渤海. 本粟末靺鞨附高麗者 姓大氏"

려의 여운이 그 만큼 더 사라졌기 때문에 발해를 속말말갈과 연결시킨 것
으로 보인다.

발해는 물론 국호를 진振에서 발해로 바꾸었지만 필요에 따라 자신을
고려의 계승자라고 하였다. 발해가 일본에 보낸 국서에서는 자신의 나라
가 고려의 옛 땅을 회복하였다고 하였고[31], 일본에서도 발해군이 옛 고려
국이라 하였다.[32] 일본에 전달한 국서에는 자신의 왕을 고려국왕高麗國王
이라 함은 물론 일본의 답신에도 고려국왕이라 하고 있다.[33] 발해가 멸망
한 이후 대광현을 비롯한 발해인들이 왕건의 고려로 귀부했는데 고려를
계승했다고 하는 발해가 고려와 같은 국호를 사용하는 왕건에 대하여 호
감을 가졌을 것은 당연하다.

보통 왕건의 고려란 국호는 고구려에서 왔다고 얘기하지만[34] 정확하

31) 『續日本紀』卷10, 神龜五年（七二八）正月, "甲寅 天皇御中宮 高齊德等
上其王書幷方物 其詞曰 武藝啓 山河異域 國土不同 延聽風猷 但增傾仰
伏惟大王 天朝受命 日本開基 奕葉重光 本枝百世 武藝忝當列國 濫惣諸
蕃 **復高麗之舊居** 有扶餘之遺俗 但以天崖路阻 海漢悠悠 音耗未通 吉凶
絶問 親仁結援 庶叶前經 通使聘隣 始乎今日 謹遣寧遠將軍郎將高仁義
游將軍果毅都尉德周 別將舍航等廿四人 齎狀 幷附貂皮三百張奉送 土宜
雖賤 用表獻芹之誠 皮幣非珍 還慚掩口之誚 主理有限 披瞻未期 時嗣音
徽 永敦隣好 於是高齊德等八人並授正六位上 賜當色服 仍宴五位已上及
高齊德等 賜大射及雅樂寮之樂 宴訖賜祿有差"

32) 『續日本紀』卷10, 神龜四年（七二七）十二月, "丙申 遣使賜高齊德等衣
服冠履 **渤海郡者舊高麗國也** 淡海朝廷七年冬十月 唐將李勣伐滅高麗 其
後朝貢久絶矣 至是渤海郡王遣寧遠將軍高仁義等廿四人朝聘 而着蝦夷境
仁義以下十六人並被殺害 首領齊德等八人僅免死而來"

33) 『續日本紀』권22, 天平宝字三年（七五九）正月, "庚午 帝臨軒 **高麗使揚
承慶等貢方物** 奏曰 **高麗國王大欽茂言** 承聞 在於日本照臨八方聖明皇帝
登遐天宮 攀號感慕 不能默止 是以 差輔國將軍揚承慶 歸德將軍揚泰師等
令齎表文幷常貢物入朝 詔曰 **高麗國王遙聞先朝登遐天宮** 不能默止 使揚
承慶等來慰 聞之感痛 永慕益深 但歲月既改 海內從吉 故不以其礼相待也
又不忘舊心 遣使來貢 勤誠之至 深有嘉尙"

게 말하면 고려란 국호를 그대
로 가져왔다고 말해야 한다. 물
론 왕건 보다 먼저 고려란 국호
를 그대로 가져온 것은 궁예이
다. 송나라 사신이 서긍이 『고
려도경』이란 책에서 고려라 한
것은 중국에서 전통적으로 고려
로 부른 것에서 기인하기도 하
지만 당시 고려에서도 고구려를
고려로 부르는 정황과 다르지
않았을 것으로 여겨진다.

[자료 7] 삼국유사 왕력
아래에 '고려高麗'가 보인다.

그런데 김부식은 『삼국사기』
에서 고구려의 정식 국호를 고
구려로 못을 박았다.[35] 물론 『삼국사기』의 기록 가운데 고려라 한 부분도
찾아지지만 대부분 고려를 고구려로 바꾸어 일괄 기록하고 있다. 정사正史
로서 권위를 가진 『삼국사기』의 고구려란 국호는 이후 조선시대를 거쳐
현재까지 그대로 이어져 오고 있다.

그러나 『삼국사기』보다 후대에 편찬된 『삼국유사』에서는 고구려와 고
려란 국호를 혼용하고 있지만 『왕력王曆』에서 고구려의 표제를 고려로 한
것을 보았을 때 고구려의 고려란 국호가 당대에 널리 쓰이고 있었음을 알
수 있다.

예를 들어 이규보의 『동국이상국집』에는 당나라가 고려를 정벌했다고
하였고, 이곡도 『가정집』에서 당태종이 고려를 쳤다고 하였고, 정몽주의

---

34) 서희가 거란의 소손녕과 담판을 할 때 "我國即**高句麗**之舊也 故號國號 都
平壤"(『고려사』 권94, 서희전)라 한데서 고려가 고구려를 계승했음을 알
수 있다.

35) 정구복, 2008, 앞의 책

『포은집』에 고려가 당나라에 유학을 보냈다고 하였다.[36] 특히 정몽주는 1373년(명 홍무 6년, 공민왕 22) 명나라에 사신으로 다녀와서 명나라 황제의 명을 전하고 있는데 여기서 두 고려를 구분하지 않고 모두 고려로 부르고 있다.

조선시대에 들어와도 고구려가 주로 쓰였지만 고려란 국호가 사용되기도 했다. 정도전, 서거정, 최부 등의 저술에 고려라 하였다. 한편 권근은 왕건의 고려를 그냥 고려라 하면 될 것을 왕고려王高麗[37]라 한데서 아직까지 고구려의 고려란 국호의 전통이 강하게 남아 있었음을 알 수 있다. 이후 고려란 국호는 사라지고 고구려란 국호만 남게 된 것으로 보인다.

4. '고려'란 국호에서 살펴본 역사계승의식과 정체성

1) 중국과 일본의 '고려'란 국호의 의미

중국은 『송서』와 『위서』이래 고구려에서 고려로의 국호 변경을 반영한 이래 『구당서』·『신당서』이후 고려란 국호를 줄 곧 사용하여 왔다. 김부식이 『삼국사기』를 편찬한 이후에도 여전히 중국에서는 고구려보다는 고려란 국호를 자주 사용하였다. 그러다가 근래 고구려란 국호로 통일되었다.

---

36) 『동국이상국집』 권38, 祭蘇挺方將軍文, "太宗將臣伏萬國 混一文軌 使將 軍統師 侵軼我高麗"
  『가정집』 권8, 代言官請罷取童女書, "高麗本在海外 別作一國"
  『포은집』, "六年癸丑七月 先生還自京師 宣帝命曰 **高麗**在唐太宗時 遣子 弟入學 **今王**(공민왕=필자 주)亦請遣之 誠爲盛事 但**高麗**距京師 水陸萬餘 里 父母必懷其子 子必思其親 聽其父母 情願者遣之 又每年數次貢獻 …"
37) 『양촌집』 권24, 進三國史畧箋, "三國鼎峙 力莫能於合幷 日相尋於田兵 時 僅有其國史 記傳聞則多涉於荒怪 錄所見則未盡其詳明 逮**王高麗** 有臣富 軾 凡例取法於馬史 大義或乖於麟經 且一事之始終 率再書於彼此 方言俚 語之相雜 善政 …"

중국이 오랜 기간 고구려란 국호 대신 고려란 국호를 사용한 것은 그것이 역사적 사실이고 또한 국호 변경의 의지를 존중한다는 입장일 수도 있겠다. 하지만 또 다른 이유를 상정할 수 있다. 중국은 고구려와 수차례 전쟁을 벌였고 당나라는 신라와 연합전선을 형성하여 백제를 멸망시키고 숙원이었던 고구려를 멸망시켰다. 당나라가 멸망 시켰던 고구려는 당시 국호가 고려였고 고려의 멸망은 『구당서』와 『신당서』에 대서특필되었다. 따라서 당이 멸망시킨 나라인 고려란 국호는 당의 위엄을 드러내는 국호로 볼 수 있다. 따라서 이후 송~청에 이르기 까지 고려란 국호가 그대로 쓰여 왔다고 할 수 있다.

그런데 20세기에 들어와 고구려란 국호로 달리 부르게 된 이유는 무엇일까? 한국이 고구려로 부르고 있는 상황을 존중해서 일까? 아니면 숨겨진 이유가 있을까? 중국은 동북공정을 통해 고구려와 발해의 역사가 한국의 역사가 아니라 중국의 역사라고 주장해 오고 있다. 그러면서 어느 나라가 고구려를 계승했다는 사실은 단지 누구의 의해 계승되었다는 의미 이상은 아니고, 중요한 것은 고구려가 당시 누구에게 속했는지가 중요하다고 주장한다.[38]

동북공정의 입장에서 왕건의 고려가 고구려를 계승했다는 것은 그들의 입장에서도 아킬레스 건으로 작용할 수 있는 부분이다. 그런데 실은 고려가 고구려를 계승한 것이 아니고 고려를 계승했다는 점은 앞서 살펴본 대로이다. 김부식이 고려를 고구려로 바꾸면서 두 나라의 계승성을 약화시킨 점을 고려하면 중국도 이와 마찬가지 일 것으로 생각된다. 중국의 입장에서도 고려가 고려를 계승했다고 말하면서 고려가 자신의 역사라고 주장하는 것은 앞뒤가 안맞는 주장으로 보여 질 수 있다.

---

38) 孫進己, 2004, 「동북아 각국의 고구려 토지·인민·문화에 대한 계승」『북방사논총』 창간호, 51쪽. 위와 같은 견해는 현재 중국 학계에서 일반적으로 받아들여지고 있는 듯하다.

일본은 『일본서기』이래 고려란 국호만을 사용하다가 중국과 마찬가지로 근래 고구려란 국호로 통일되었다. 일본이 현재 고려란 국호대신 고구려란 국호를 사용하는 것은 한국에서 편의상 고구려라 하고 있기 때문에 이를 따른 것으로 생각된다.

2) 고려高麗란 국호의 회복

최근 이름을 바꾸는 개명 사례가 늘어나고 있다. 이는 부모가 지어준 이름을 바꿀 수 없다는 유교적 관점보다는 개인의 정체성을 중시하는 경향이 강조되는 것과 무관하지 않다. 따라서 어떤 사람이 이름을 바꾸었다면 당연히 바뀐 이름을 불러 주는 것이 그 사람의 정체성을 인정해 주는 것이다. 부르는 사람의 편의에 따라 개명 전의 이름을 부르는 것은 그 사람을 무시하는 것으로 비춰질 수 있는 것이다. 더구나 개명 이후의 이름이 다른 사람과 같다고 하여 개명전의 이름을 불러 주는 것은 더더욱 자존감에 상처를 줄 것이다. 한 개인의 개명이 이와 같다면 한 나라의 이름을 바꾸는 것은 어떨까?

역사상 많은 나라는 나라 이름을 바꾸었다. 기록에 나와 있는 것 이상으로 그 예는 많을 것이다. 백제는 십제十濟에서 백제百濟로 바꾸었고, 신라는 사로斯盧에서 신라新羅로 바꾸었고, 발해는 진振에서 발해渤海로 바꾸었다. 궁예는 고려高麗에서 마진摩震, 다시 태봉泰封으로 바꾸었다. 역사는 지금 바꾼 이름을 존중하여 백제, 신라, 발해, 태봉 등으로 부르고 있다. 그런데 고구려는 고려로 국호를 변경했음에도 불구하고 고려라 부르지 않고 고구려로 부르고 있는 것이다.

김부식은 『삼국사기』에서 고구려와 고려란 국호 가운데 바뀌기 전의 이름인 고구려로 국호를 통일하였다. 김부식이 몸담고 있는 고려란 나라와 고구려의 고려란 나라를 구분하기 위해서 편의상 고구려란 국호를 사

용했다고 이해할 수 있다. 그러
한 순수한 의도라면 적어도『삼
국사기』에 고구려가 고려로 국
호를 변경한 사실을 어디엔가
기록했어야 하지 않을까? 김부
식의 입장이라면 왕건의 고려란
국호가 고려가 아닌 고구려에서
온 것이 되므로 고구려와 고려
의 역사계승성은 의미가 반감될
수밖에 없다.[39]

『삼국사기』보다 후대에 쓰여
진『삼국유사』는 고구려와 고려
와 왕건의 고려에 대한 혼동을
전혀 개의치 않고 있다. 문맥을
통해서 충분히 어느 나라의 고

[자료 8] 충청북도 중원고려비
비문에 '고려태왕高麗太王'이란 명문이
새겨져 있다.

려인지 구분할 수 있기 때문이다. 굳이 구분하고 싶다면『삼국유사』의 예에
서 나오는 전고려前高麗의 예처럼 김부식 자신의 고려를 그냥 고려라 하고
고구려의 고려를 전고려前高麗로 하면 될 것이다. 고려와 조선 양조兩朝에
걸쳐서 벼슬을 한 양촌 권근은 왕고려王高麗란 국호를 사용하고 있다. 조
선의 입장에서 고구려의 고려와 왕건의 고려를 구분할 때 고구려의 고려
란 국호에 손을 대지 않고 왕건의 고려에 손을 대서 왕고려王高麗라 한 것
이다.[40] 그러나 정사인『삼국사기』의 위력은 조선 이후 절대적인 힘을 발

---

39) 정구복, 2008, 앞의 책

고려의 고구려 계승과 신라 계승의식의 상관관계에 대해선 하현강, 1975,
「고려시대의 역사계승의식」『이화사학연구』8 ; 이우성·강만길 편,『한국
의 역사인식』, 창작과비평사, 재수록 : 박용운, 2006,「고려시기 사람들의 고
려의 고구려 계승의식」『고려의 고구려계승에 대한 종합적 검토』, 일지사.

정체성의 경계를 넘어서

휘하였다. 또한 조선시대에 전대前代의 역사를 말할 때 신라고려新羅高麗를 이어 조선朝鮮이 건국됐다는 말이 자주 쓰이면서 고려란 국호는 사라지고 지금은 고구려만 남은 것이다.

역사는 1차적으로 역사적 사실을 존중해 주어야 한다. 그리고 그 시대를 살다 간 사람들의 꿈과 이상을 존중해 주어야 한다. 후대인들의 편의에 의해 역사적 사실과 그 사람들의 꿈과 이상이 무시되어서는 안 된다. 고구려가 평양천도를 전후하여 고려로 국호를 변경한 것은 부정할 수 없는 역사적 사실이며, 거기에는 우리가 알지 못하는 고구려인들의 꿈과 이상이 배어 있는 것이다. 그렇다면 늦은 감이 없지 않지만 우리는 그것을 존중해 주어야 함은 물론 직접 실행에 옮겨야 한다고 생각한다.

역사상 고려란 국호는 세 번 사용되었고 한번은 후보에 오른 적이 있다.[41] 첫 번째는 고구려가 국호를 바꾼 고려이고, 두 번째는 궁예의 고려이고 세 번째는 왕건의 고려였다. 지금은 이 세 고려를 구분하여 고구려,

---

40) 『삼국유사』의 천사옥대, 황룡사9층탑조나 『신편제종교장총록서』, 『호산록』 등 고려시대 편찬된 기록에 보이는 後高麗가 왕건의 고려를 후고려로 부른 것으로 보기도 하지만(박용운, 2006, 앞의 책, 18쪽) 後를 단지 '나중에'란 의미로 썼을 가능성도 있다. 마찬가지로 <태자사낭공대사비>의 "以大師於唐新羅國景明王之天祐年中化緣畢已 明王諡號銘塔 仍勑崔仁渷侍郞使撰碑文 然以世雜人猾難爲盛事 是以年新月古未立碑文 至後高麗國几平四郡鼎正三韓 以顯德元年七月十五日樹此豊碑於太子山"의 경우 비문은 신라 경문왕때 지어 졌고 비는 顯德元年(954, 광종5)에 세웠겠으므로 '至後高麗國'이하의 해석은 '후고려국이 —함에 이르러'(이지관, 1994, 『校勘譯註 歷代高僧碑文』高麗篇1)가 아니고 '뒤에 고려국이 —함에 이르러'로 보는 것이 좋을 것 같다. 따라서 918년 이후의 '후고(구)려'란 용례의 경우 왕건의 고려를 말하는 것이 아니고 後가 단순히 '나중에'란 뜻이 있을 수 있음을 유의해야 한다.

41) 여운형이 1945년 9월 5일 조선인민공화국을 선포하였는데 이때 후보로 거론된 국호는 朝鮮, 大韓, 高麗, 大震이었다고 했다. 『조선인민보』, 1945년 10월 3일 ; 심지연, 2006, 『이강국연구』, 백산서당, 46쪽, 주 31) 재인용.

남한 거주 북한 이탈 주민의
정체성 제고를 위한 연구

정 지 웅(통일미래사회연구소 소장)

1. 서론

북한을 떠나 사회문화적으로 생소한 땅에서 타향살이의 어려움을 겪고 있는 북한이탈주민은 말 그대로 경계인이다. 북한에서 태어나 자랐지만 생계유지조차 어려운 상황에서 고향을 등지고 이들은 참으로 힘든 과정 속에서 목숨을 걸고 희망의 땅 한국으로 왔다. 북한과 중국 혹은 제3국 등을 거치는 북한이탈과정에서 굶주림과 질병, 강제노역, 인신매매와 잔혹한 폭력행위, 가족들과의 이별과 강제북송 등 그들이 경험하게 되는 심리적인 고통과 충격은 감히 상상을 초월한다.

그렇지만 현실에서의 남한생활이 매우 어려움을 호소하고 있다. 우선 북한과는 전혀 다른 체제인 자본주의에 적응하기가 쉽지 않다. 작년 8월 현재 북한이탈주민들의 실업률은 8.8%로 남한 전체 실업률 3.3%보다 배 넘게 높은 것은 이러한 북한이탈주민들의 어려움을 나타내는 하나의 지수다.

대다수 북한이탈주민들이 중국을 거쳐 왔다고 해도 독재주의 사고에 완전히 벗어나기란 쉽지 않고 같은 민족이지만 여러 격차로 인해 발생되는 이질감을 견디지 못하고 우울증에 시달리거나 자살을 선택하기도 한다. 국내에 입국한 북한이탈주민들의 자살원인은 생활고와 한국 사회의 냉대와 차별 때문이다. "국회 외교통상통일위원회에 따르면 지난 2009년 북한이탈주민 자살률이 16.3%였다. 세계에서 자살률이 가장 높다는 대한민국의 평균수치보다 3배가량 높은 수치다.[1]" 참으로 안타까운 일이다. 북한이탈주민들은 단기간에 다양한 구조들을 경험하면서 거주 공간의 상징적 질서 속에서 타자화되었다. 그리고 자신의 의지와 무관하게 형성된 북한이탈주민 정체성과 조응하고 갈등하면서 정체성 혼란과 위기를 경험했다. 그러므로 북한이탈주민의 남한에서의 생활에 대한 정체성을 높여주는 것이 무엇보다 필요하며 북한이탈주민들의 이러한 정서적 어려움을 다양한 차원에서 접근하여 도와주는 사업들이 절실히 필요하다고 하겠다.

2. 북한이탈주민의 정체성

현재 국내에 들어와 있는 북한이탈주민들은 국방부가 관리하고 있는 국가정보원, 경찰청, 국방정보본부, 정보사령부, 기무사령부 등 5개 기관이 합동으로 운영하고 있는 군 보안공사(이후 「대성공사」)에 도착해서 1주에서 1개월 동안 북한이탈동기의 진위 여부를 판단하는 조사과정을 거친다. 이 과정이 지나면 2주에서 5개월간 정보조사 및 사회적응 교육과정이 있다. 조사가 일정 정도 진행된 후부터는 남한의 신문과 텔레비전, 강의, 현장체험 교육 등을 통하여 남한생활을 서서히 익히게 된다.[2]

북한이탈주민들은 일정한 정부기관의 조사와 사회적응교육과정을 끝내면 전국의 대도시들을 중심으로 주공 아파트단지와 국민임대주택들을 주거지로 제공받게 된다. 그들은 서울 동북부지역인 노원과 서부지역인

---

1) 크리스챤 월드모니터, 2011.2.24.
2) 통일부 홈페이지 참고. "북한이탈주민 보호와 지원 현황", 2001.

양천구, 강서구에 가장 많이 살고 있으며 경기도 권에는 인천, 광명, 부천, 과천, 군산, 안양, 안산, 평택, 포천지역과 지방으로는 대구, 부산, 광주, 천안, 청주, 대전, 목포, 울산, 제주도를 비롯한 여러 지역들에 분포되어 살고 있다.[3]

1) 북한이탈주민은 누구인가?

시대의 변화와 북한이탈의 동기에 따라 북한이탈주민에 대한 정의도 부르는 용어도 변천과정을 겪었다. 1세대 북한이탈주민은 분단 이후부터 1990년대 중반 식량난으로 대량북한이탈이 있기 전까지의 북한이탈주민으로 과거 귀순용사 등으로 불리며 '사선을 넘어 자유대한의 품에 안긴' 북한 체제에 대한 비판적 시각을 가지고 있는 정치적 북한이탈주민이라 할 수 있다. 이들은 남북 간 첨예한 대립구도 속에서 체제 우월성을 입증하는 상징에 희소가치까지 더해져 특별대우를 받았다.

2세대 북한이탈주민은 북한의 1990년대 중반 극심한 식량난인 '고난의 행군' 때부터 식량난이 진정되어 가는 2000년대 초반까지 주로 경제적 동기로 북한이탈한 사람들로, 북한 이외의 지역에 머무는 재외북한이탈주민과 남한으로 입국한 새터민으로 나눌 수 있다. 이 시기에는 남한에서 북한이탈주민이 급격하게 늘어나 정부는 1997년 「북한이탈주민의 보호 및 정착지원에 관한 법률」을 제정, 시행하였고, 북한이탈주민들의 국내 정착 교육시설로 1999년 7월 하나원을 설립하였다.

3세대 북한이탈주민은 2000년대 초반에서 현재까지의 북한이탈주민로, 현대판 이산가족인 북한이탈주민이 북한이탈브로커를 통해 북에 남은 가족과의 결합을 위한 북한이탈, 남한 사회에 대한 동경과 더 나은 삶을 위

---

3) 이빌립, 「북한이탈주민을 통해서 본 통일교육」, 2011년 1월 12일 기독교 통일학회 발표논문, 51쪽.

208 정체성의 경계를 넘어서

한 북한이탈, 2000년대 초 기획북한이탈 사건으로 신변위협을 받은 재중 지역의 북한이탈주민들이 강제송환의 위험을 피해서 남한으로 온 북한이탈 등 그 동기가 다양한 그룹이다.

4세대 북한이탈주민은 남한에 정착하여 남한 국적을 취득한 후 남한사회에 적응하지 못하고 다시 유럽이나 미국으로 가서 난민신청을 하여 정착하거나, 북한이탈하여 제3국에 있다가 한국을 최종 정착지로 선택하지 않고 다시 미국이나 유럽 등 제3국을 선택하여 망명하는 형태의 북한이탈주민이다.[4] 1, 2, 3, 4세대 북한이탈 유형은 시기별 빈도의 차이일 뿐 복합적으로 함께 현재진행형이다.

2) 지나온 '조국'을 부정해야 살 수 있는 현실

이명박 정부 들어서 남북관계는 악화되었고 남북한이 힘들게 쌓아왔던 화해와 협력의 분위기가 다시 불신과 적대관계로 돌아가려 하고 있다. 남북관계 악화는 북한이탈주민들의 삶에도 영향을 끼치고 있다. 북한이탈주민의 37.3%는 남북관계 악화가 자신들에 대한 남한 주민들의 인식에 부정적인 영향을 미칠 것이라고 봤다.[5]

'북한인'이라는 정체성이 더 강한 북한이탈주민들이 다수인 현실 속에서도, 북한이탈주민 단체, 북한인권단체를 통해서 북한의 현실을 강하게 비판하는 북한이탈주민들의 증언이 잇따르고 있고, 이러한 증언들은 남한의 북한에 대한 담론의 근거로 작용해 왔다. 그러나 '증언'을 이용하는 주체와 몸값을 높이려는 북한이탈주민들의 이해관계 속에서 과장되고 거짓된 증언이 북한의 현실 정보처럼 가공되고 중요 정책에 반영되기도 하여 문제의 심각성을 드러내기도 한다.[6] 대부분의 북한이탈주민들은 한국 사

---

4) http://blog.daum.net/kjdai5200/7573472, 검색일, 2011년 12월 2일.
5) 『연합뉴스』 2009.7.3.

회에 정착하여 열심히 살고 있음에도 일부 북한이탈주민들의 이런 행동들은 전체 북한이탈주민들의 부정적인 이미지를 고착시키는 기제로 작용하면서 북한이탈주민들의 삶을 더욱 어렵게 만들고 있다.

3) 정체성의 혼란－"나는 북한인인가? 남한인인가?"

만약에 남북한이 상대팀으로 만나 축구 경기를 한다면 북한이탈주민들은 누굴 응원할까? 그들은 북에서는 배신자, 남에서는 이방인으로, 분단국가의 경계에서 자신의 정체성의 혼란을 경험하게 된다. 국내에 정착한 북한이탈주민의 58.4%가 자신을 남한이 아닌 북한 사람으로 여기는 반면 남한 사람이라고 인식하는 사람은 6.3%에 불과한 것으로 나타났다.[7] 이 설문조사는 국내정착 북한이탈주민들 사이의 정체성의 현주소를 보여준

---

6) '7인의 북한이탈주민' 중 한사람인 김운철을 사칭한 박모씨 사건에서 보듯이 국내 한 북한인권단체에 의해 이 가짜 증언이 유엔 인권위원회에 제출되어 북한인권 국제사회 이슈화에 영향을 끼쳤고(『조선일보』 2001.7.16 기사), 이모씨의 미국 의회에서의 북한 기독교인 생체실험 증언은 북한이탈주민들조차 의구심을 가질 정도로 비현실적이고 거짓과 과장된 증언이지만 이 증언은 미 의회가 북한인권법을 통과시키게 된 계기로 작용하였다.(『시민의 신문』 2005.3.13 기사) 이밖에 대한민국 국적을 취득한 북한이탈주민의 미국 정부에 의한 망명 인정으로 이슈가 된 마모씨 사건도 '북한인권단체'의 활동가조차 주민등록말소 등이 한국의 현실상 내부적으로 망명 사유가 되지 않는다고 주장(『연합뉴스』 2006.4.16 기사)하여 북한이탈주민 증언의 논란은 한층 가열되었다. 또한 대형교회 등에서 북한이탈주민 간증으로 증언되는 인육먹기, 생체실험, 심지어 5·18 민주화운동에서 북한 특수부대가 있었다는 '자유북한군연합'의 주장(『뉴시스』 2006.12.20 기사), 북한 장애아 생화학 실험 동원 같은 최근 증언(조선닷컴, 2009.7.27 기사) 등 증언이 선정적이고 한층 강도가 세지고 있지만 이에 대한 검증절차가 없는 가운데 확산되고 있다는데 문제의 심각성이 존재한다.
7) 『연합뉴스』 2009.7.3.

다. 식량난이라는 비정치적 북한이탈동기를 가진 북한이탈주민이 대부분인 현실과 '조선민족제일주의, 내 고향, 내 조국'을 강조해 온 북한의 사상정책, 그리고 고향에 대한 그리움, 북에 남아있는 가족 등으로 인해 자신을 남한 사람으로 인식하기보다는 '북한인'이라는 정체성에 더 무게를둘 수밖에 없는 것이다.

북한이탈주민들은 민족국가의 정체성의 혼란을 겪는다. 북한에서는 민족적 정체성과 국가적 정체성이 일치했으나 중국과 한국, 경우에 따라서는 다시 제3국 등으로 이동하면서 이들의 정체성은 혼란을 겪는다. 북한이탈주민들이 경험하는 기존 질서와 새로운 질서들, 이동과정에서 경험하는 구조들과의 단절과 새로운 만남이 이들에게 정체성의 혼란을 더욱 일으킨다. 제4세대 북한이탈주민들처럼 한국 사회를 떠나는 현상은 이들이한국 사회에서 살아가는 정체성에 대해 회의하고 있다는 반증이다. 현행법인 1997년에 제정된 관련법에서 '북한이탈주민'은 인도주의적 차원에서의 보호대상이지 더 이상 '동포'와 같은 민족주의적 시각에서의 유대의대상이 아니다.[8] 이들은 이제 동남아시아에서 온 사람들보다 더욱 존중받지 못한다고 하소연한다. 실로 이들은 정체성의 위기를 맞이하고 있다.

3. 북한이탈주민들의 남한 거주 정체성 위기의 원인

1) 남한사회 정착에 관한 교육 부족

완전히 다른 문화와 체제의 적응이 필요한 북한이탈주민들에게 3개월의 하나원 교육 후 곧바로 지역사회에 정착하기에는 심리적, 물리적 부담과 저항이 있다. 또한 하나원 퇴소 후 북한이탈주민들을 위한 교육과정이있으나, 집단적인 모임을 기피하는 특성과 돈을 주는 곳에만 모이는 잘못

---

8) 오원환, 「북한이탈 청년의 정체성 연구」 *Korea Policy*, vol 8, pp.94-95.

된 관행이 심어져서 비자발적이고 실효를 거두기가 어렵다.

낯선 남한 사회에서 새로운 삶을 시작하게 되는 북한이탈주민들은 일
상생활의 모든 것을 처음부터 배워나가야 한다. 지역의 지리나 교통편을
이용하는 것, 공공기관이나 봉사기관을 이용하는 것, 자녀들의 교육 및 진
로지도, 생활용품 구입, 합리적인 소비생활을 하는 것, 결혼과 이성교제를
위한 정보를 얻는 것 등등 일상생활의 세세한 부분에까지 많은 어려움을
겪고 있다.[9)]

2) 잦은 이직과 취업부진

북한이탈주민의 대부분은 북한에서나 제 3국에서 정상적인 노동을 해
본 경험이 오래되어 본인의 의지와 관계없이 우리 사회가 요구하는 정도
의 노동 강도를 따라갈 만한 능력이 부족한 부분이 있다. 일부 북한이탈
주민들은 남한 사회 정착과정에서 인력난을 겪고 있는 소위 3D 업종 등
은 피하고, 괜찮은 직장만 찾아다니다가 허송세월을 하는 이들이 있다. 이
러다보니 열심히 살려고 노력함에도 불구하고 잦은 이직을 하게 되고 취
업도 편견과 능력부족 등으로 쉽지 않은 것이 현실이다.

3) 가정불화와 이혼율 증가

가족 내 문제를 보면 자녀 양육에 대해 부모가 가지는 어려움을 지적
할 수 있다. 학교문화, 아동에 대한 부모의 양육태도 등이 북한의 상황과
다르기 때문에, 혹은 남한 사회에서 적응해야하는 과정을 온 가족이 함께
경험하고 있기 때문에 가족 내 문제나 갈등이 더 심각해 질 수 있다. 북한

---

9) 통일부, 『북한이탈주민 정착도우미 활동 표준 매뉴얼』, 2009, 94쪽.

이탈주민들에게 있어 가족 갈등 상황은 빈번히 목격되는데, 특히 부부사이의 폭력, 잦은 다툼, 이혼, 배우자 중 한 사람이 가출하거나 청소년 자녀의 반항 등 가족갈등이 심화되어 가족해체를 맞게 되는 경우도 흔히 있다. 전형적인 해체 과정의 예를 든다면, 남편의 취업 실패 또는 정착금 탕진으로 인한 경제적 자립 실패 → 아내의 노동시장 참여와 남편의 장기적 실업 → 남편의 불안감과 아내의 스트레스 → 부부싸움 및 자녀를 포함한 가족갈등 심화 → 남편 혹은 아내의 가출 → 이혼 혹은 편부모 가정화로 이어진다.[10]

북한의 가부장적 보수성향이 강한 북한이탈 남성들의 의식이 쉽게 변화되지 않는 반면, 남녀평등문화와 사회구조를 빠르게 받아들이는 북한이탈 여성들의 심리차이에 따른 스트레스 증가는 곧바로 가정불화와 이혼율의 증가로 이어진다.[11]

4) 의사소통의 어려움

남북한 용어가 다른 것 중 하나로 지적된 어휘 정체성의 경우 북한의 언어는 외래어 대신 고유어와 한자어를 사용, 남북한 언어가 차이를 가지게 된 극명한 결정적 이유가 됐다. 또 남북 교과서 용어에서 서로 차이나는 원인으로 '표기법에 따른 차이', '어형에 따른 차이', '외래어 수입원에 따른 차이', '어휘의 정체성에 대한 태도에 따른 차이', '기타 표현의 차

---

10) 이기영·배화숙, 「탈북자의 남한사회적응에 대한 사회복지의 역할」, http://cafe.daum.net/saenuri8291/Fq7W/124, 검색일, 2011년 12월 1일.
11) 북한이탈주민의 가족은 동일한 시점에서 형성되었다기보다는 기입국한 최초 가족의 지원으로 시차를 두고 입국하였을 가능성이 크다. 이로 인하여 해체·재결함에 따른 가족 내 갈등이 예상되는 바, 이에 따른 가족적응프로그램이 가족단위로 지원되는 것이 필요해 보인다. 통일부, 『5년경과 북한이탈주민 생활수준연구』, 2009, 155쪽.

이'가 지적된다. 특히 북한 용어는 구를 형성하는 예가 많아 용어의 형태론적 특징이 두드러지나 남한 용어는 단순한 명사들의 조합인 합성어가 많다. 또 북한 용어는 통사적이거나 비통사적인 합성어 용어 쓰임이 컸다. 예를 들어 남한 용어 '비음'의 경우, 한자어 명사들의 결합으로 이루어진 합성어이지만, 대응되는 북한 용어에서는 '코안소리'와 같이 구를 형성하고 있다.[12]

남한은 상용 한자 1,800자가 일상에서 사용되기도 하고, 남북한 언어 중 의미가 다른 뜻으로 이해되는 어휘가 약 3,000단어 정도 된다고 하니 분명 의사소통의 문제가 있을 수 있다. 특히 우리사회에 범람하는 영어, 외래어, 한자성에 등에 대한 이해 부족으로 의사소통 및 교감에 장애를 느끼게 되어 사람만나는 것을 기피하거나 적극적인 의사표현을 하지 않는 행동을 하기도 한다.

5) 개인적 정신 건강의 문제

(1) 열등감

이들이 가지는 열등 의식은 차별감과 괴리감 같은 자신들의 정체성과 관련된 것과, '지적 열등감'과 같은 일상 생활을 통해서 체험하는 부분으로 나누어 볼 수 있다. 전자는 북한이탈주민들이 '대한민국' 사람으로 새롭게 인정되기를 원하지만 남한 주민들은 그렇게 자신들을 대해주지 않으며, 북한이탈주민라는 고정된 시각으로만 대하기 때문에 남한 주민들로부터 차별되고 열등시되는 느낌을 받는다는 것이다. 이들의 상당수는 자신들이 남한 정부나 주민들로부터 '이방인', '2등 국민', '귀찮은 존재'로 인식되고 있다고 느끼고 있으며, 이러한 감정은 정착 시기가 길어질수록 증

---

12) 정지웅·박찬석·정영순, 『남북한 교과용어 비교 교재 개발』, 한국교육개발
    원보고서, 2011, 1~2쪽.

가하는 것으로 밝혀졌다. 후자는 북한이탈주민들이 남한에서의 사회생활 중 전반적인 남한사회에 대한 자신들의 무지와 남한사람들과 비교해 자신들의 지적 능력이부족하다고 느끼는데서 비롯된다고 볼 수 있다.

(2) 외로움

외로움의 문제를 보면 이것은 가족, 친지, 친구, 선후배 등 북한이탈 이전의 모든 인간관계가 한꺼번에 사라졌기 때문인 것으로 보인다. 그리고 기존에 유지하고 있던 인간관계의 단절로 인한 결과 외에도 몇 가지 심리 사회적 부적응의 모습들이 있다. 남한의 개인주의 문화를 수용하기 힘들어하는 그들이 남한 사람들과 인간적인 접촉을 할 기회도 적고 직장에서조차 동료들과 사교적인 대화를 자연스럽게 할 기회가 매우 부족하기 때문이다.

(3) 불안감

불안감으로 인한 문제다. 불안감은 북한이탈주민들이 공통적으로 경험한 '북한이탈과정에서의 극심한 불안과 공포'에서 비롯된 것이 북한이탈 후 그러한 심리적 충격이 해소되지 않았다는 것을 의미한다. 최근 입국하는 많은 북한이탈주민들은 중국등지에서 체류하면서 불법체류의 신분 때문에 남녀노소 할 것 없이 최악의 인권유린의 희생물이 되고 있다고 보고되고 있다. 특히 여성들의 상당수가 매매혼 혹은 매춘의 경험을 가지고 있고 연소자 북한이탈주민들도 반복되는 탈출과 체포의 삶을 살고 있다. 국내에 정착하는 북한이탈주민들이 가지는 불안감의 또 다른 원인 중 하나는 남한 사회에서의 미래에 대한 불확실성이다. 이는 미래에 대한 계획을 세울 수 없고 경제적 자립에 대한 부정적인 인식이 짙어지면서 불안감이 형성되는 것이라고 볼 수 있다.[13)

---

13) 이기영·배화숙, 「탈북자의 남한사회적응에 대한 사회복지의 역할」, http://cafe.

(4) 외상후 스트레스 장애와 우울증

북한이탈주민은 북한 탈출, 제3국 체류, 그리고 남한 입국 과정에서 다양한 외상을 경험하는 것으로 알려져 있다. 특히 이들의 외상 경험은 지속적이고 복합적인 양상을 띠고 있어, 외상 후 스트레스 장애의 유병율이 높다. 그 뿐만 아니라 남한사회에 정착하는 과정에서 겪게 되는 다양한 스트레스로 인해 우울, 불안, 분노 등 심리적인 어려움을 갖게 되어 적응에 어려움을 초래할 가능성이 높다.[14] 특히 남한사회에서 사용되는 외래어에 대한 이해부족으로 의사소통의 문제가 있고, 자본주의 개인주의화된 남한사회에서 소외감과 차별의식에 따른 우울증을 겪는 경우도 많다.

6) 북한이탈청소년의 학교 부적응

북한이탈 청소년의 경우 입국 비율이 꾸준히 증가하고 있지만, 기초학습능력 부족에 따른 학교부적응 문제와 경제적 사정 등으로 정규학교 이탈자가 증가하고 있다.[15] 특히 기초 학력 부족으로 자신감을 잃어버리고 학업을 계속해 나갈 의지를 이어 가지 못하고 중도에 포기하기도 한다. 특히 현재의 남한 교과서에 대한 습득 부족으로 공교육을 따라갈 수 없는 경우가 많다. 그 이유로는 교재용어에 대한 이해가 부족하고 교수방법의 차이로 인한 이해가 부족하기 때문이다. 또한 사교육의 부재로 인한 학업 부진이 중요한 요인이다. 북한이탈주민 대부분이 3D 업종에 종사하는 것과 관련이 있으며, 학부모의 사회경제적 기반의 미비로 자녀의 과외학습 및 과외생활에 대한 돌봄이 부족한 실정이다.[16]

---

daum.net/saenuri8291/Fq7W/124, 검색일, 2011년 12월 1일.

14) 통일부.『북한이탈주민 심리상태 측정 도구 개발 결과보고서』, 2009, 3쪽.

15) 탈북학생 교육지원센터.『탈북학생 진로현황』, 2009, 8쪽.

16) 정지웅·박찬석·정영순, 앞의 책, 3쪽.

북한이탈 청소년의 기본적인 특성은 북한 체제라는 특수한 환경을 통해 일차적으로 형성되며, 그 특성에 북한이탈 과정, 남한 사회에 입국하여 겪는 심리·사회·문화적 적응 문제로 인한 특수성이 추가되어 결정된다. 이들은 국가주도적인 사회주의 환경에서 성장하였기 때문에 다른 세계에 대한 정보가 부족하며, 통제에 대한 거부감이 없고, 집단에 의존하는 것에서 안도감을 느끼며, 주입된 선전에 의한 학습에 익숙해져 있다. 그로 인해 권위대상에 대해서는 복종적이며, 수동적인 특성이 강하고, 스스로 판단하고 그에 따른 책임을 지는 것을 두려워하며 불안해한다.[17]

7) 인간관계 형성에서의 어려움

북한이탈주민들의 정차과정에서 가장 다른 점이 무엇이냐고 물으면 자원봉사가 많다는 것이 신기하고 이것이 제일 다른 점이라고 하는 경우가 많다. 그들은 어린 시절부터 조직생활과 생활 총화를 통해 자아를 비판하고 상대방을 비판하면서 살아왔기 때문에 사람을 잘 믿지 못하는 경우가 있는 듯하다. 호의를 베푸는 경우 모자란 사람이거나, 호감을 산 뒤에 역으로 이용하고자 하는 의도하고 생각하기도 한다.

금방 탄로날 거짓말도 위기를 모면하기 위해 곧잘 하는 경우가 있다고 한다. 북한 사회가 이동 거주이전의 통제가 심하고 폐쇄적이다보니 입에서 입으로 전달되기 때문에 원거리에는 그러한 소문이 전달되지 않는 경우도 많기 때문이다. 자유와 방종의 개념 정립이 되지 않아, 많은 문제를 본인이 유리한 입장에서 해석하는 경향이 있기도 하다. 이러다보니 대인관계에 있어서 어려움이 발생하게 되는 것이다. 그러다보니 외로움을 느끼게 되고 탈출구로 폭음하거나 성급한 결혼을 서두르기도 한다.

북한이탈주민들은 남한 사회에서 정서적인 안정과 심리적인 소속감을

---

17) 서울특별시교육청, 『탈북학생 교원직무연수』, 2009, 31쪽.

얻기 위해서는 남한에서 새로운 인간관계를 형성하고 유대를 맺어나가는 일이 무엇보다 중요하다. 하지만 많은 북한이탈주민들은 남한 사람들과 대인관계를 맺어가는 것이 쉽지 않다. 이들은 남한사람들이 처음에는 동정하는 것 같지만 점점 갈수록 냉담해진다거나 거리감을 두려고 한다고 보고 있다.

북한이탈주민들이 이와 같은 어려움을 호소하는 데는 남한 주민들이 북한이탈주민들을 대하는 태도에 그 원인이 있는 것이 사실이다. 북한이탈주민들은 남한 사람들이 자신들을 가족을 버리고 온 나쁜 사람, 북한에서 범죄를 저지르고 내려온 사람, 북한사회에 적응하지 못한 낙오자로 보거나 부모형제야 어찌되든 자기만 잘 살려고 하는 이기주의자로 바라보는 편견어린 시각 때문에 견디기 힘들었다고 하는 경우가 많다.

8) 신앙생활에서의 부적응

국내에 입국한 북한이탈주민들의 80%가 기독교인라는 것은 그들이 북한이탈과정에서 선교사나 기독교인들의 도움을 받았다는 것을 의미한다.[18] 하지만 중국이나 해외에서 대부분 복음을 받아들였던 이들은 한국에 입국하여 처음에는 의무감이나 의리상으로 교회를 나가지만 교회에 잘 적응하지 못하고 있다. 결국은 3년이 지나면 60~68%만이 교회에 남아있게 된다는 것이 조사도 보고된다.[19]

그들이 신앙생활에 잘 적응하지 못하는 경우는 여러 가지로 들 수 있는데 가장 큰 문제는 교회 안에서 느낄 수 있는 남북한의 문화적 괴리감 때문이다. 북한이탈주민들은 목회자들의 설교에서 문화적인 공감대를 찾

---

18) 김진순. 「기독교 탈북자의 가정생활」, 백석대학교 박사학위논문, 2010, 126쪽.
19) 전우택 외, 『웰컴 투 코리아 : 북조선 사람들의 남한살이』, 한양대학교 출판부, 2006.

지 못하고 있으며 교회 예배와 성경공부 프로그램들에도 적응하기 어려워하고 있다.[20]

9) 남북한 문화차이로 인한 어려움

각 문화집단의 특성은 유전이나 혈통 같은 인종적, 종족적 유사성에서 비롯된 것이 아니라 그 집단이 공통으로 경험한 역사와 각 개인이 어렸을 때부터 체험한 양육 및 교육방식을 통해 형성된다고 한다. 다시 말하면 각자가 태어난 문화적 환경 속에서 체험을 통해 인성적 특징이 형성되고 학습을 통해 재생산되는 것이다.

북한의 배급식 문화에 익숙한 그들로서는 정부로부터의 계속적인 지원을 기대하게 되어 더욱 적응에 어려운 결과를 가져오기도 한다. 북한이탈주민들도 북한에서는 전혀 문제가 되지 않던 행위들로 인해 남한에서는 상당한 어려움을 겪는 경우가 있다. 남북한 주민들이 서로 이러한 문화적 차이와 다름을 인정하지 않는 데서 갈등하게 되고 북한이탈주민들의 입장에서는 적응하는 데 어려움을 겪는 것이다.

이들은 개인적인 재정관리에 익숙하지 못해 소비의 규모와 내용을 적절하게 조절하지 못한다. 특히 남성들의 경우 남한의 유흥 문화에 쉽게 유혹되어 생활이 파행적으로 될 가능성도 있다.[21] 이 어려움에는 남한주민들이 갖고 있는 편견이나 선입관으로 인한 경우가 많다.

10) 북한이탈주민들의 자율성과 창의성의 결여 문제

북한은 모든 권력이 당과 정부에 집중되어 있다. 따라서 모든 결정은

---

20) 이빌립, 2011년 1월 12일 기독교 통일학회 발표논문, 52~53쪽.
21) 이기영·배화숙, "탈북자의 남한사회적응에 대한 사회복지의 역할", http://cafe.daum.net/saenuri8291/Fq7W/124, 검색일, 2011년 12월 1일.

당과 정부가 내리고 주민들은 그대로 따라 하기만 하면 되었기 때문에 자율성이나 창의성이 결여된 경향이 있다. 그래서 스스로 어떤 일을 계획하고 준비하는 일에 이들은 매우 취약한 편이다. 북한이탈주민들은 우리 사회의 다양성에서 가치체계에 혼란을 느끼도 있으며 자신의 의지로 결정해야 하는 문제에는 자신이 없는 경향이 있다. 이는 그동안 그들이 살아온 북한의 정치·사회체제에 기인한 바가 크다고 할 수 있다.

11) 북한에 두고 온 가족에 대한 죄책감과 향수병

대부분의 북한이탈주민은 북에 가족 혹은 친지를 남겨두고 왔기 때문에 자신들의 북한이탈 사실로 인하여 그들이 받게 될지 모르는 피해에 대해 커다란 죄의식을 지니고 있다. 더욱이 최근 북한이 식량난에 허덕이는 가운데 '자신들만 그러한 곤경에서 벗어났다'라는 생각은 북한이탈주민들의 죄책감을 가중시키고 있는 것이다. 한편, 북한이나 중국등지에 남겨둔 가족을 남한으로 데려오기 위해서 고심하면서 그들의 소식을 듣기위해 온 신경을 곤두세우고 혹시라도 좋지 않은 소식이 들려오면 자신의 모든 삶을 포기하려는 심정으로 남한에 온 것을 후회하기도 한다.

북에 남은 가족들이 조국과 민족의 배반자라고 자신을 욕할 것이라고 생각하거나 북한이탈 사실을 알리지 않고 남한에 왔을 경우 걱정하고 있을 가족에 대한 죄책감을 떨쳐버리지 못하기도 한다. 북에 남은 가족에 대한 미안함과 자신이 누리고 있는 남한에서의 풍요가 오히려 죄책감이 되기도 한다. 또한 고향에 대한 그리움이 있기도 하다. 이러한 죄책감과 그리움을 앞으로 가족을 만났을 경우 물질적으로 보상해야 한다는 욕구로 바뀌기도 하는데 일이 뜻대로 되지 않을 경우 좌절감을 가지기도 한다.

12) 범죄에의 노출

북한이탈주민들은 북에 있는 가족과 중국에 있는 자녀를 경제적으로 도와야 하고, 하루빨리 한국에서 새로운 가족을 꾸려 정착해야 한다는 압박을 느낀다. 이 때문에 어떻게 먹고살 것인가는 이들에게 제일 큰 고민거리다. 하지만 돈을 빨리 많이 벌어야 한다는 압박감은 범죄에 쉽게 노출되고 또 범죄로 쉽게 이어지게 하는 요인이 된다.

북한이탈여성 김모(37)씨는 "불법 다단계 업체의 유혹에 솔깃해 같은 아파트에 사는 수십 명의 북한이탈여성이 손을 댔다가 정부가 지원한 전세보증금까지 날린 일도 있었다"고 말했다.[22] 북한이탈여성들은 '기회의 땅'에서 새로운 출발을 꿈꾸지만 현실은 녹록지 않아, 쉽게 돈을 벌겠다며 성매매 등 불법의 유혹에 빠지기도 한다.[23]

보험사기, 위장결혼, 마약운반, 최저생계비 편법수령 등 북한이탈주민이 연루된 사건들이 지속적으로 드러나면서 이들을 바라보는 이의 마음을 아프게 한다. 그러나 북한이탈주민이 단지 쉽게 돈 버는 방법만 추구한다고 비난하기는 어렵다. 우리 사회의 물질우상과 북한이탈주민 기피 분위기가 이런 현상을 부채질하고 있기 때문이다.

4. 북한 이탈주민의 정체성 제고를 위한 방안

1) 북한이탈주민 직업훈련 강화

북한이탈주민들은 남한사회 정착 초기에는 언어의 어려움이 크지만 기

---

22) 『연합뉴스』 2011.12.11.
23) 북한이탈여성들의 유흥업 취업은 2005년 정부 정착금이 줄어든 이후 확산했지만, 정확한 실태는 한 번도 파악된 적이 없다.

간이 지난 후 경제적 안정이 제일 중요하다고 생각하고 있기 때문에, 경제적 안정의 기본이 되는 직업생활 유지를 위하여 직업교육훈련이 강화되어야 한다. 다시 말하면 남한사회 적응관련에서도 이들은 체계적인 직업교육훈련이 취업문제 해결의 근본적인 방안이라고 제시하고 있으므로 이들에 대한 직업교육 훈련 강화가 필요하다.

북한이탈주민들의 남한사회생활에 있어서의 정체성을 제고시키기 위해서는, 무엇보다 중요한 생계를 꾸릴 수 있도록 직업을 가지도록 도와주는 것이 급선무이다. 이때 다음과 같은 점을 고려하여야 한다.[24)]

(1) 북한이탈주민의 직업능력개발훈련교사 양성

북한이탈주민이 직업능력개발훈련을 받을 때 가장 힘든 것은 어려운 용어 특히 외래어이다. 그리고 북한의 수준으로 직업훈련을 바라보기 때문에 남한의 직업능력개발훈련이 사실상 어렵게만 느껴진다. 따라서 장기적으로는 북한이탈주민이 직업능력개발훈련의 주체가 되어 실시하는 것이 바람직하다.

즉 북한이탈주민이 기술과 기능이 있다면 직업능력개발훈련 시설을 설치하도록 정부에서 지원해 주고, 직업능력개발교사도 북한이탈주민이 할 수 있도록 각종 지원을 제도화 한다.

「근로자직업훈련촉진법」에는 직업능력개발훈련을 가르치는 직업능력개발훈련 교사제도가 있다. 훈련교사는 1급에 3급까지 구분되며 각 급수에 따라 취득하기 위한 방법이나 교육 등이 다르다.

(2) 지역편중 문제 개선

북한이탈주민의 직업능력개발훈련실시가 서울과 경기지역에 편중되어

---

24) 김연중, 「북한이탈주민의 효율적인 정착방안」, 15~18쪽. 통일미래사회연구소 자료실 참조.

있다. 이는 각 지방에 마땅한 직업훈련실시기관이 없는 것도 원인이 된다. 이는 각 지방의 북한이탈주민이 거주하는 곳에서 직업능력훈련을 받을 수 있도록 훈련기관과 직업훈련직종을 늘리도록 한다. 신변보호담당관의 지정제도 탄력적 운영으로 북한이탈주민이 직업능력개발훈련을 받고자 거주지를 이동하는 경우 신변보호와 관련하여 어려움이 있다. 따라서 신변보호담당관을 직업능력개발훈련시설의 가까운 경찰서에서 할 수 있도록 업무협조를 하는 것도 방법일 것이다.

(3) 직업훈련상담 기능 강화

북한이탈주민에 대한 특성화된 프로그램을 제공하기 위하여 사전적으로 이들에 대한 전문적이고 심층적인 상담 및 구직서비스 등이 필요하다. 노동부 고용안정 센터 취업보호담당자의 북한이탈주민의 직업능력개발훈련 상담기능을 강화할 수 있는 방안을 강구한다.

앞에서 언급한 것처럼 직업능력개발훈련 수첩을 발급하여 노동부 고용안정 센터 취업보호담당자가 상담하는데 필요한 사전자료를 파악할 수 있게 하고, 이를 토대로 확인하는 과정에서 보다 심층적인 직업능력개발훈련 상담이 가능하도록 한다. 북한이탈주민후원회, 북한이탈주민지역협의회와 사회복지기관과 연계하여 직업능력개발훈련 상담이 이루어지도록 한다. 취업보호담당자에게 인센티브를 부여하는 것도 좋은 방안이다.

(4) 북한이탈주민에게 적합한 표준 직업심리검사 개발

북한이탈주민이 자신의 적성과 능력에 맞는 직업을 선택하기 위해서는 그들에게 적합한 직업심리검사가 필요하다. 현재 '하나원'에서는 북한이탈주민에게 노동부의 성인을 위한 직업선호도 검사와 청소년에게는 청소년용 직업흥미검사를 실시하고 있다. 이 검사는 남한사람들을 대상으로 개발되었기 때문에 북한이탈주민들에게는 적합하지 않다. 가장 큰 어려운 점이 직업에 대하여 남한 사람들과 인식의 차이를 나타내고 있다. 그리고 직업심리검사 지문의 용어를 이해하지 못한다. 따라서 직업심리검사를 북한이탈주민이 쉽게 검사할 수 있도록 개발하는 것이 필요하다.

(5) 북한이탈주민의 직업훈련 관련 교재 개발

북한이탈주민이 남한의 교재를 바로 접하면 어렵다고 느끼게 된다. 따라서 그들이 쉽게 이해 할 수 있도록 교재를 개발해야 한다. 교재를 발간하기 위해서는 하나원에서 발간하여 '하나원'교육시 활용하고 있는 교재 『진로와 직업』, 『직업길라잡이』처럼 주석을 달아 설명하는 것도 방법일 것이다.

(6) 북한이탈주민의 직업기초능력 교육

북한이탈주민을 포함하여 사람들이 직업을 갖기 위해서는 직업기초능력이 필요하다. 직업기초능력이란 '직종이나 직위에 상관없이 대부분의 직종에서 직무를 성공적으로 수행하는데 공통적으로 필요한 능력'을 의미한다.

특히 북한이탈주민은 직업기초능력이 기존의 남한 사람들에 비해 미흡하다. 따라서 직업기초능력의 영역과 하위요소에 대한 교육이 필요하다. 이러한 내용은 원래 정규교육을 받으면서 자연스럽게 습득하게 되는 것이 일반적이지만 북한이탈주민은 남한과 다른 내용을 배웠기 때문에 남한사람들에 비해 직업기초능력이 상대적으로 미흡한 것이다.

특히 의사소통능력 중 말하기 능력, 외래어 부문과 문제해결능력에서 문제인식능력, 대안선택, 대안적용, 대안평가능력, 자기관리 및 개발능력에서 고객서비스 능력, 정보능력에서 정보수집, 정보분석, 정보활용, 컴퓨터사용능력, 기술능력에서 이해능력과 적응능력은 그 수준이 남한사람보다 낮은 것으로 생각되어진다.

따라서 이러한 직업기초능력에 대한 하나원의 교육을 보다 체계화하여 직업기초능력에 대한 교육내용을 강화할 필요가 있다. 또한 하나원에서 정착지원시설의 사회적응교육을 실시하는 곳이므로 사회 적응시 시행착오를 최소화 할 수 있도록 교수나, 강의기법, 교재 등을 개발하여 체계적으로 교육을 실시해야 할 것이다. 특히 직업기초능력 교육에 더 많은 비중을 두어야 할 것이다.

(7) 취업보호담당자 및 직업훈련기관 종사자 교육

직업훈련기관의 직업능력개발교사에 대한 교육을 통일부에서 실시하도록 한다. 통일교육원에서 5일 과정 정도로 실시하면 좋을 것이다. 그 내용은 북한이탈주민의 직업훈련시 필요한 사항, 사회·문화·심리적 특성, 북한이탈주민의 직업관, 직업의 이해, 북한이탈주민의 희망직업, 희망직업훈련 직종, 북한이탈주민의 정착지원제도, 북한의 언어 등이 대상이다.

2) 북한에서의 교육 수준을 고려한 취업의 알선

북한이탈주민이 가장 많이 종사하는 직업군은 생산직/일용직 근로자였다. 북한에서 대학교를 졸업한 경우의 28.9%도 생산직/일용직 근로자로 종사하고 있다. 이는 북한에서의 교육수준이 현재의 직업을 구하는데 큰 도움을 주지 못하고 있기 때문으로 파악된다. 직업교육훈련과 관련해서 절반 정도가 정부가 실시하는 교육훈련을 이수한 경험이 있었다. 도움이 되었다는 응답이 많았으나 교육훈련 내용이 북한의 경력이나 학력과 전혀 관계가 없었다는 응답도 많이 나왔다. 그러므로 가능한 북한에서의 교육수준을 고려한 취업이 이루어져 취업만족도가 제고될 수 있는 방안이 필요하다. 예를 들면 이공계통의 북한이탈 교사들을 재교육하여 다시 학교 현장에 보내는 것은 그들의 능력을 활용할 수 있을 뿐만 아니라, 그들을 남한 사회에 정착하게 하는데 있어서 아주 중요한 요인이 될 것이다.

한편 취업자들의 구직경로도 예상과는 달리 정부의 알선은 13.0%에 지나지 않아서 정부의 알선 활성화가 요청된다. 북한에서의 교육 수준을 고려한 취업의 알선이 잘 이루어진다면, 이는 분명 북한이탈주민의 남한 사회에서의 정체성 제고에 기여할 것이다.

3) 북한이탈주민에 대한 맞춤형 대출 운영

북한이탈주민들의 정착에 가장 큰 난관은 경제난과 취업난으로, 현재 북한이탈주민들에게 실질적인 도움이 되는 지원제도로는 저소득자와 저신용자를 대상으로 하는 `미소금융'이 꼽힌다.[25] 예를 들어 현대차미소금융재단은 한국의 경쟁적인 시장구조에 익숙하지 않은 북한이탈주민의 정착을 돕는다는 취지에서 재무, 법률, 마케팅, 운영, IT 등 사업운영을 위한 교육까지 해 이미 북한이탈주민 졸업생을 속속 배출하고 있다.[26]

북한이탈주민들의 상황에 맞게 맞춤형 대출운영과 교육을 통한 자립의 길을 터주는 것이 무엇보다 중요하다.

4) 선배의 성공사례 모델 만들기

선배기수 북한이탈주민들의 성공담을 통해 북한이탈주민들이 희망과 자신감을 가지게 하는 것이 필요하다. 이를 창업지원 교육과정뿐만 아니

---

25) 현대차미소금융재단은 '북한이탈주민 창업 지원 프로그램'을 만들어 북한이탈주민에게 맞춤형 대출을 운영 중이다.
26) 교육 수료 이후에도 사업 계획부터 인테리어, 디자인, 마케팅 등을 지원하는 '드림 실현팀'을 통해 북한이탈주민 2기생이 경기도 군포시에 창업한 북한식 손두부·식료품 가게인 '콩 사랑'의 전반적인 컨설팅을 맡는 등 철저한 '애프터서비스'를 제공하고 있다.

라 초기 하나원 교육에서 강화해서 북한이탈주민들에게 많은 희망과 자신 감을 주는 것이 꼭 필요하다. 무엇보다도 북한이탈주민들이 자신감을 가 지고 이 사회에서 열심히 노력할 수 있도록 모델을 많이 만들어내야 한다. 이들 성공한 북한이탈주민들이 강연과 상담을 해 줄 수 있는 시스템을 만 드는 것도 필요하다. 북한이탈주민들이 남한사회에 적응할 수 있도록 하 는데 있어서 북한이탈 선배들의 성공담은 큰 자극제가 될 것이다. 따라서 이를 잘 활용하도록 한다.

5) 북한이탈주민 1인, 1기업 채용운동

인력난에 시달리는 중소기업들로서는 말이 통하지 않고 근무기간이 3 년 정도인 외국인 노동자에 비해 북한이탈주민 채용이 훨씬 이득이고, 북 한이탈주민 입장에서는 가족적인 분위기에서 일을 배울 수 있다는 장점이 있다.

경기지방 중소기업청은 매달 전국의 중소기업 60곳과 하나원 수료 2주 를 남긴 북한이탈주민 150여 명을 대상으로 채용박람회를 열고 있다. 작 년 1월부터 시작해 매번 10~12명이 하나원 수료 이전에 근무지를 확정하 고 있다. 북한이탈주민 채용에 더욱 적극적으로 나선 기업들도 눈에 띈다. 전 직원이 40명인 경기도 화성의 자동차부품 제조기업 `유엠하이텍'에는 현재 북한이탈주민 8명이 근무하고 있다. 대부분 생산직이지만 책임감 있 는 태도를 보여 품질관리직으로 이동한 사례도 있어 `열심히 일한 만큼 보상한다'는 한국사회의 규칙을 직접 보여준 셈이다.[27]

이러한 사례는 아직 드문 경우이고, 보다 많은 기업들이 적극적으로 북한이탈주민 채용에 스스로 나서야 한다. 1기업이 1인의 북한이탈주민을 채용할 수 있도록 적극 홍보하고 제도화하며, 이에 대한 정부의 보조금

---

27) 『연합뉴스』 2011.12.11.

지급을 더욱 강화할 필요가 있다. 거창한 지원보다도 각자 위치에서 특히 하나의 기업당 한 명의 북한이탈주민을 채용해서 그들을 우리 사회의 일원으로 받아들이면 북한이탈주민들의 정체성은 자연히 높아질 것이고, 이는 통일시대를 대비한 준비이기도 하다.

6) 직업의식 함양 프로그램의 강화

북한이탈주민 취업자의 경우 직장에서 일에 대한 지식이나 기능면에서 필요한 능력을 갖추고 있는지에 대하여 조사대상의 절반 이상이 충분하다고 응답하고 있다. 그러나 실제 북한이탈주민을 고용한 경우 이들의 직업능력에 대하여 비교적 회의적인 시각을 보이는 고용주들이 많다는 점을 고려할 때 이들의 인식은 다소 의외의 답변 결과이다. 그러므로 본인들의 노동시장 경쟁력을 객관화하거나 이직을 최소화하여 직업이 바르게 정착할 수 있도록 직업의식 함양 프로그램이 필요하다.

7) 멘토 제도의 활용

북한이탈주민들이 지금껏 살아온 환경과는 모든 면에서 다른 우리 사회에 적응하기 어려워하는 것은 당연하다. 전문가들은 이들의 정착을 도울 멘토의 필요성을 역설한다.[28] 하나원을 퇴소한 북한이탈주민들이 도움을 받을 수 있는 공적 기관은 전국 30곳에 있는 '하나센터'로 초기정착과 취업알선 및 교육, 심리상담 등의 업무를 수행한다. 하지만 급증하는 북한이탈주민 규모에 비해 인력은 극히 부족한 실정이다. 북부하나센터 관계

---

[28] 장준오 국제형사사법연구센터장은 "남한 사회에 잘 정착한 북한이탈주민의 주위에는 꼭 친절하고 적극적인 경찰관이나 구청 공무원이 있다"며 "각각의 북한이탈주민에게 멘토를 정해줘 사회 적응을 도와야 한다"고 말했다.

자는 "인력이 너무 부족해 계속 충원을 요청하고 있지만 예산에 한계가 있어선지 증원이 이뤄지지 않고 있다"고 말했다. 그러므로 민간 단체와 연계하여 북한이탈주민을 위한 멘토 제도를 활성화[29]시키고 자원봉사원을 모집하여야 한다.

북한이탈주민의 남한사회 정체성 제고에는 지속적이고 장기적이어야 하며 개별적인 욕구에 대응하는 것이 필요한데, 이를 적절히 수행할 주체는 자원봉사자가 될 수 있으므로 자원봉사자를 모집하고 훈련시켜야 할 필요성이 있다. 자원봉사자는 정부의 역할에서 누락되는 부분을 메우고 재정적인 부담을 덜어주는데 매우 효과적이다. 현재 대학생들을 위주로 하는 북한이탈주민 자원봉사에서 이러한 효과가 입증되고 있다. 자원봉사자의 존재는 북한이탈주민을 돕는다는 의미이외에 더 큰 의미가 있다. 우리가 통일을 생각하면서 지향해가야 할 사회통합이란 북한이탈주민, 혹은 북한주민들만이 이루는 것이 아니라 남한주민들도 함께 이루어야 할 목표이다. 그러므로 자원봉사제도를 통한 보다 적극적인 멘토 제도를 활용할 필요가 있다.

8) 사회복지제도의 강화를 통한 지속적인 지원

북한이탈주민들은 남한사회에서 하나의 소외계층이면서도 다른 소외

---

29) 한 사례로 북한이탈주민 김씨는 "북한이탈과정에서 알게 된 목사님의 거듭된 설득으로 유흥업소에서 발을 빼고 중국집에서 서빙하는 일을 구했다"고 말했다. 목사는 김씨에게 남한사회 정착을 도운 멘토였다. "그 목사님이 아니었으면 여전히 어디 술집에서 일하고 있었을 것"이라는 김씨는 지금은 대학에서 사회복지학을 공부하고 있다. 김씨는 "북한이탈주민들은 정도의 차이는 있겠지만 누구나 남쪽에서 적응하기가 쉽지 않다"며 "나는 운 좋게 도와줄 사람을 만났지만 그렇지 않은 이들은 자칫 나쁜 길로 빠져들기 쉽다"고 말했다, 김종태, "탈북자의 남한사회 정착문제" http://blog.daum.net/smmission/16907937. 검색일, 2011년 12월 5일.

계층보다 사회적 연계망이란 측면에서 매우 취약하다. 대부분의 경우 남한내에 친인척 혹은 친분관계가 없고 이러한 사회적 연계망이 형성되기가 쉽지 않다. 그러므로 남한내에서 또 하나의 소수집단(a minority)이라고 할 수 있기에 그들의 경제적 자립은 정부의 일시적 정착지원금이 주어진다 해도 쉬운 것이 아니다. 그만큼 경제적 자립이란 단기간에 해결할 수 있는 성질이 아니다. 그러나 북한이탈주민의 경제적 적응 및 자립의 달성은 정착과정에서 사회적응 및 심리적 안정에도 지대한 영향을 미치므로 매우 중요하며 기본적인 지원이 필요한 분야라고 할 수 있다. 또한 북한이탈주민들이 경제적으로 자립하지 못하고 우리사회에서 하나의 의존계층으로 확대된다면 이들에 대한 국민 인식이 부정적으로 발전될 가능성을 배제할 수 없고 이는 통일에 대한 국민의 인식에 부정적 영향을 미칠 수도 있다.[30] 그러므로 이들이 하루라도 빨리 경제적 자립을 달성하고 남한사회에 뿌리 내릴 수 있도록 하려면, 최소한의 생계를 유지하게 하려면 이들에 대한 사회 복지 제도를 강화하여 정부의 정착금 지원에 병행하여 다방면에 걸친 지속적인 원조를 제공하는 것이 필요하다.

9) 많은 곳에 지정병원 설치하여 건강 돌보기

무엇보다 북한이탈주민들의 건강을 특별히 보살펴야 한다. 미취업자들이 직장을 갖지 않는 이유로 가장 많이 응답한 경우가 건강문제였다. 남한 정착 이전 오랜 기간 동안 고생하였기 때문으로 파악되었는데 이들의 건강문제와 관련된 지원이 긴요하다.[31]

---

30) 이기영·배화숙, "탈북자의 남한사회적응에 대한 사회복지의 역할", http://cafe. daum.net/saenuri8291/Fq7W/124, 검색일, 2011년 12월 1일.

31) 북한이탈주민 류모(49.여)씨는 과일가게에 취직할 수 있었지만 8개월 만에 쫓겨났다. 북한이탈 과정과 중국 체류 기간 여러 어려움을 겪다보니 무릎과 허리에 무리가 왔고, 장시간 서서 일해야 하는 상황을 힘들어하자 해고

이같은 현실을 고려할 때 무료내지 아주 싼 병원비를 받는 지정 병원을 지방마다 설치하여 이들의 건강을 돌보아야 한다. 이것만 제대로 해도 북한이탈주민의 남한사회에 대한 정체성은 금방 높아질 것이다.

10) 종교 활동의 강화를 통한 정체성 제고

종교가 북한이탈주민들의 남한 사회 적응은 물론 북한이탈주민 주민 간의 단결에 긍정적인 영향을 미친다는 연구 결과가 나왔다.[32] 그러나 이와 함께 다수의 북한이탈주민들이 바쁜 직장 생활과 실제적으로 남한 생

당했다. (『연합뉴스』 2011.12.11.)

32) 종교를 가지고 있다는 대답한 패널조사 응답자들을 대상으로 2004년과 2007년 '종교를 유지하는 이유'에 복수 응답을 하게 한 결과, '마음의 안정을 얻기 위해서'라는 응답이 가장 높게 나타났다. 반면 '도덕적 삶을 사는데 도움이 돼서', '남한 사람들을 더 많이 알 수 있어서'를 이유로 든 사람들은 2004년에 비해 2007년에 눈에 띄게 줄어들었다. 대신 '믿음을 얻기 위해서'라는 문항에 긍정적으로 대답한 응답자가 무려 30%이상 증가해 눈길을 끌었다.

한편, 2007년 조사 당시 종교생활을 그만두었다고 대답한 응답자를 대상으로 '종교를 중단한 이유'를 물은 결과, 조사대상자의 56.7%가 '직장생활이 바빠서'라고 응답했다. 특히 이 같은 결과는 2004년 당시 실시한 같은 질문의 응답과 비교해 40% 이상 증가한 수치를 보여, 북한이탈주민들이 생활고 때문에 종교 생활에 어려움을 겪고 있다는 해석이 나왔다. 그 밖에 '교리를 믿으려 해도 믿어지지 않아서'(23.3%), '예배와 모임에 참석하라고 강요당하는 것이 싫어서'(23.7%), '목회자나 남한 교인들의 말과 행동이 다른데 실망해서'(13.3%) 등으로 나타났다. 한반도평화연구원(원장:윤영관)은 2008년 11월 7일 서울 연건동 함춘회관에서 '북한이탈주민, 그 7년간의 삶들'이라는 주제로 남한에 들어와 살아가고 있는 북한이탈주민들을 대상으로 2001년, 2004년, 2007년 세 차례에 걸쳐 남한 사회 적응 양상에 대한 패널조사를 실시한 결과를 발표했다.(3차례 추적연구에 모두 참여한 북한이탈주민은 모두 106명'이다.) 『기독신문』 2008.11.10.

활 적응에 도움을 주지 않는다는 이유로 종교를 중단하는 것으로 나타나 종교 기관의 보다 적극적인 북한이탈주민 지원 정책이 필요하다. 특히 현재 종교유무에 따른 의식 조사 결과, 종교를 가지고 있는 북한이탈주민의 경우 북한이탈주민 주민간 단결과 주거 만족도, 미래에 대한 전망이 종교를 가지지 않은 조사자에 비해 유의미한 영향을 미치는 것으로 나타났다.[33]

이처럼 북한이탈주민들은 종교를 통해 심리적 불안을 해소할 수 있고 인간관계를 넓힐 수 있다. 종교인들은 순수한 마음으로 북한이탈주민들을 도울 수 있는 태도를 가지고 있기 때문에 북한이탈주민들이 종교단체와 연계시키고 또 이들이 종교생활을 할 수 있도록 적극적으로 권유하는 것이 바람직하다고 하겠다.

11) 언어 소통을 위한 교재와 교수방법 매뉴얼 개발

독일의 철학자 하이데거(Heidegger)는 "언어는 존재의 집"이라고 규정했다. 언어의 개념 정의나 표현 내용에 따라 그것이 평화를 촉진하기도 하고 전쟁으로 비화되기도 한다. 언어는 집단이나 민족 구성원들의 의사소통을 통해 정체성을 강화한다. 의사소통의 오해는 대립과 갈등을 낳고 때로는 이것이 분쟁 또는 전쟁의 요인이 되기도 한다.[34]

---

33) 연세대 정신의학과 전우택 교수는 북한이탈주민들이 신앙을 통해 심리적 안정과 삶에 대한 긍정적이고 적극적인 자세를 가지도록 도와주는 방향으로 종교 지원이 이루어져야 한다고 지적했다. 또한 "실제로 북한이탈주민들이 다양한 계층의 남한사람들과 평등한 입장에서 만날 수 있는 공간은 교회 등 종교 기관이 거의 유일하다"며, "교회 등 종교 기관이 남한 사람과 북한이탈주민들의 교량 역할을 감당하고 북한이탈주민들 스스로를 도울 수 있는 자조집단 형성을 위한 지원에 앞장서야 한다"고 분석했다. 『기독신문』 2008.11.10.
34) 정지웅·박찬석·정영순, 앞의 책, 1쪽.

언어는 사상의 무기이기도 하고 평화의 도구이기도 하다. 더구나 언어는 사회적 약속이며, 사회를 반영하는 거울이다. 북한은 사회주의 혁명을 내세운 전체주의적 국가이다. 이로 인해 많은 언어들이 북한주민의 사상 무장과 체제유지, 지도자에 대한 충성을 담은 언어로 변질되었다. 그리하여 북한이탈주민들이 교육훈련에서 가장 어려웠던 점은 언어라고 지적하고 있으므로 이에 대한 보완과 방안이 시급한 것으로 판단된다. 이들의 언어소통을 위하여 교육훈련 관련 교재 및 교수방법 매뉴얼을 새롭게 만들 필요가 있다고 하겠다.

12) 북한이탈주민의 입장에서 생각하기

북한이탈주민 자신의 어려움뿐만 아니라 우리 사회가 이들을 바라보는 시선 역시 이들을 한국에서 이방인으로 남게 한다. 한 북한이탈주민은 "한국에서 생활하다 보면 우리를 '다른 존재'로 바라보는 시선을 느낀다"며 "정치인들은 좋은 말만 늘어놓지만 사회적으로는 북한이탈주민을 기피하는 분위기가 있는 것이 사실"이라고 꼬집었다. 결국 이러한 사회적 시선 속에서 북한이탈주민들은 마약거래, 성매매 등 불법과 탈법의 길로 쉽게 접어들게 되고, 이런 현상이 북한이탈주민 기피현상을 확산시키는 악순환이 이어지고 있다.

최근에는 북한이탈주민들이 북한에 두고 온 가족에게 브로커를 통해 송금하는 것에 대해 정부가 규제입장을 밝힌 것이 이슈화 조짐을 보이고 있다. 그런데 이 돈은 북한이탈주민의 가족을 돕는 피같은 돈이며 북한 정부가 아닌 북한주민에게 직접 전달된다. 북한이탈주민들이 생존의 문제에 직면한 북한의 가족들을 돕는 것은 당연하며 이를 통해 남한생활에서의 의미와 뿌듯함을 느끼기도 한다. 그러므로 북한으로의 송금규제 정책이 북한이탈주민의 입장에서 생각하는 정책인지는 다시 생각해 볼 필요가 있다.

북한이탈주민의 입국이 본격화된 지 10년이 넘으면서 이들을 지원하는 정책적 틀은 어느 정도 마련된 것 같다. 이제는 이들에 대한 사회적 시선을 교정하고 북한이탈주민의 입장에서 이들을 생각하고 돕는 것이 필요하다고 하겠다.

13) 북한이탈 청소년의 학습 부적응 대처 방안 마련

2010년 현재 국내에 거주하고 있는 북한이탈청소년(6~23세)은 2,000명 가까이가 되며 이 중에서 정규학교에 재학하고 있는 북한이탈학생의 규모는 약 1,500명 정도이다. 이는 지난 2006년과 비교했을 때, 약 3배가 증가한 수치이며, 재학 학교 수도 2.5배 증가한 수치이다.

이들 북한이탈 청소년들이 남한의 학교에 잘 적응하도록 방향을 설정하여 주어야 한다. 오늘날까지 그들이 겪는 문제를 찾아보면 무엇보다도 학교에서의 적응이 어렵다는 것이다. 북한 이탈 청소년들이 학교에 들어가면 겪는 학습 부적응을 극복하는 방안을 찾는 길은 앞으로 많은 연구와 효과를 찾는 방향에서 이루어져야 한다.

북한이탈 학생들의 학교생활 적응 및 학습 능력을 향상시켜 주기 위해서는 북한이탈 학생들이 북한에서 배운 교과서의 용어를 남한 교과서와 비교할 수 있는 교과 용어 비교 사전 개발이 진행되고 있다. 한편 북한이탈 학생들에 대한 보다 체계적인 공부지원방식이 있어야 한다. 학습이 부족한 학생들에 대한 집중적인 개인 과외가 필요하고 현재 진행중인 이를 위한 대학생 자원봉사 제도 등을 보다 활성화시킬 필요가 있다.

14) 남한 교사의 북한이탈학생 지도 도움

우리 학교에는 많은 북한이탈 청소년들이 배움의 기로에서 고민하고 있다. 이러한 고심의 현장에 남한 교사들의 지원과 관심을 추진할 수 있는 방향을 설정하는 것이 요청된다. 그러한 의미에서 남한의 전공 교사들이 실질적으로 북한이탈 학생들을 도울 수 있는 보다 다양한 방안이 강구되어야 한다. 남한교사들에 대한 재교육도 필요하다. 즉 북한 이탈 청소년들이 학교생활을 통해 반드시 알아야 할 교과 용어에 대해 파악할 수 있는 기회를 제공하거나 생활이나 학습지도에 대한 다양한 경험과 사례들을 공유하여 보다 효율적인 지도방안을 만들 수 있는 시스템을 마련할 필요가 있다.

15) 통일역군으로서의 역할과 임무 부여

우리는 지난 10여 년 전 독일의 통일을 보면서 흥분하기도 부러워하기도 했지만 한편으로는 동서독의 통일후유증을 보면서 통일비용을 걱정하고 또 통일의 어려움을 깨닫기도 하였다. 통일을 이룬지 20년이 지난 현재에도 아직 동서독 주민간에는 반목과 불신이 계속되고 있다는 사실을 종종 접하면서 통일이란 과제가 쉬운 것이 아니란 사실을 절감하게 된다.

이러한 사회통합의 어려움을 극복하고 통일의 과정을 완만하고 수월하게 진행하는데 있어 북한이탈주민의 사회적 적응과정과 그 적응과정을 돕는 노하우를 축적하는 것은 매우 현명한 준비라고 할 수 있다. 즉, 남한주민들도 북한이탈주민들로부터 북한을 배우고 그들과 의사소통 하면서 그들의 적응과정의 일부로서 존재하는 것이다. 그러므로 북한이탈주민의 사회적응을 지원하는 자원봉사자들은 남북한 사회통합의 실험과정 속에 포함되는 또 하나의 실험대상이다. 그러므로 그들이 체험하고 느끼는 것들이 축적되는 것이 중요하다. 한편, 자원봉사자들이야 말로 현재 우리 사회에서의 북한이탈주민 문제를 홍보하고 북한이탈주민에 대한 정확한 인식을 심어줄 수 있는 존재들로서 북한이탈주민 지원의 우호적인 여론을 확

대시킬 수 있는 역할을 담당할 수 있다.[35]

북한이탈주민들은 또한 통일역군이 될 수 있는 귀한 존재임을 인식하고 남한사회에 적응을 하지 못하는 자들에게 적절한 역할과 임무를 부여하여 그들의 정체성을 높일 수 있어야 한다.

16) 교육 강화를 통한 정체성 제고

북한이탈 주민이 한국 사회에 적응하는데 필요한 정치, 경제, 사회, 문화, 이념, 직업, 기술 및 과학, 컴퓨터 등의 제반 사회구성 영역에 있어 기본적으로 갖추어야할 기본지식을 익힐 수 있는 교육프로그램에 대한 강화가 필요하다.

독일의 경우 동독의 서독 이주민들이 자본주의 정치, 경제, 사회체제에 신속하게 적응하도록 하기 위해서 민간단체가 독자적인 프로그램을 개발·운영하고, 국가가 재정적으로 지원하는 이주민 동화프로그램이 진행되었다. 신·구교 단체, 노동자복지단체, 이주자의 특성별로 조직된 단체, 연방 및 주 정치교육센터가 참가하였으며, 다음의 세 가지 프로그램이 주로 이용되었다.[36]

첫째, 시민대학을 통한 동화교육 프로그램이었다. 서독에 거주하는 모든 사람들이 참여할 수 있는 시민교육 프로그램인 시민대학에 이주민의 자발적 참여를 유도하여 서독 주민들과의 대화 및 접촉의 기회를 확대시킴으로써 서독 사회에 친숙해질 수 있는 기회를 제공하였다.

둘째, 각종 스포츠 동호회를 통한 서독 주민과의 교류기회를 확대하였다. 이미 서독에서 활성화된 사회교육단체에서 이주민들이 가입, 활동함

---

35) 이기영·배화숙, "탈북자의 남한사회적응에 대한 사회복지의 역할", http://cafe.daum.net/saenuri8291/Fq7W/124, 검색일, 2011년 12월 1일.

36) 백영옥, 『북한 이탈주민 대책연구』, 세종연구소, 1998.

으로써 여가선용은 물론 서독의 사회문화를 익히는데 적지 않은 도움이 되었다.

셋째, 보다 적극적인 교육프로그램으로서 전후 서독 사회의 민주화를 위해 마련되었던 정치 교육센터를 활용하였다. 연방 및 주 차원의 정치교육센터는 이주민들을 위한 세미나 프로그램을 개설하고, 주말을 이용하여 원하는 자들을 참여시켜서 서독체제의 모든 분야에 관한 주제를 가지고 세미나를 개최하였다. 이를 통해 이주자들은 서독사회에 대한 정보를 확보할 수 있었다.[37]

이처럼 우리의 경우도 남한사람들과 북한이탈주민들에게 다음과 같은 교육을 실시하면 북한이탈주민들의 정체성을 높일 수 있을 것이다. 여기서 중요한 것은 북한이탈주민에 대한 교육에만 초점을 맞추어서는 안 된다는 것이다. 북한이탈주민들이 늘 만나고 함께 살아가는 남한의 주민들의 의식 또한 높아지지 않으면 북한이탈주민들이 결코 편안하게 살 수 없기 때문이다.

(1) 상호이해 교육의 강화

상호이해 교육이란 이질적인 정치, 경제, 사회, 문화 이해를 통하여 자기중심적 이해를 극복하고, 일상적으로 접촉하는 이질문화와의 접촉과정에서 발생하는 문제를 학습하는 것이다. 상호 이해교육은 이질문화의 이해과정에서 자기문화, 자기사회, 나아가 자기 자신까지를 객관화시켜 반성할 기회를 갖게 하고, 자기중심주의로부터 해방시켜, 사회에서 발생하는 여러 문제점들을 슬기롭게 해결하도록 하는 것을 과제로 삼는다. 남북한은 오랜 기간 동안 분단되어 살면서 상호교류와 협력이 거의 없는 상태라, 가치관과 사고방법에서 이질감이 심화되어 있는 상태이다. 이러한 상황에서 남북한 주민이 함께 살게 될 경우 심각한 문제점들을 낳을 것으로

---

37) 김연중 앞의 글. 27쪽.

예상된다.

이렇게 볼 때 북한이탈주민들이 2만 명을 넘어선 상황에서 특히 북한 주민들은 지금까지 살아왔던 것과는 전혀 다른 사회에서 새로운 삶을 시작해야 하기 때문에, 그들의 방향상실감과 가치혼란이 클 것이 예상되므로, 대응 방안으로 상호 이해 교육이 절실히 필요하다. 남한 주민들에게도, 북한의 역사와 체제와 사회를 이해하는 노력과 교육이 필요하다. 그것은 더불어 살아야 할 북한 주민들을 이해하는 통로이기 때문이다.

현재 함께 어울려 살기 위해서는 사회에 대한 이해와 더불어, 남북한 주민과 학생들에 대한 상호이해가 매우 중요하다. 북한이탈 주민들에게서 분명히 확인되고 있듯이 기질, 특성, 가치관 등에서 있어서 남북한 주민들은 분명히 다른 점을 나타내고 있다. 자유 민주사회에서 살고 있는 남한 주민들이 자유롭고 적극적인 사고와 생활태도를 지니고 있다면, 권위주의 체제 아래서 성장한 북한 주민들은 매우 수동적이다. 또한 개인의 권리와 책임에 대한 인식도 부족할 가능성이 크다. 자유 경쟁의 시장경제체제에서 살고 있는 남한 주민들이 개인의 능력과 창의성과 책임을 당연하게 받아들이고 있다면, 사회주의 계획경제 체제 아래서의 북한 주민들은 정부에 의존하는 경향이 강한 수동성과 타율성의 경향을 보이고 있다. 무엇보다 남한주민들은 개인주의적 경향을 보이고 있는 반면, 북한 주민들은 집단주의적 가치에 충실하다는 점이 남북한 주민의 특성을 분명히 구별짓는 요인이 되고 있다. 남한 주민들이 자유와 개성을 추구하고 개인의 권리와 이익을 추구한다면, 북한 주민들은 충성, 단결심, 공동체 의식, 헌신과 봉사의 정신을 미덕으로 생각하고 있다. 개인주의와 집단주의는 분명히 대립되는 가치관으로서 통일 이후에도 빠른 시일 내에 조화를 찾기 힘든 가치관과 생활태도라고 말 할 수 있다. 이렇게 볼 때, 오랫동안 이질화되어 온 상대방의 가치관과 생활태도를 이해하려는 작업은 진정한 통합을 이루는데 있어서 매우 중요한 전제조건이 된다.

현재의 남북한 주민이 함께 어울려 살기 위해서는, 상대방에 대한 이해뿐만 아니라 개방적 다원주의 사고를 갖추도록 하는 것이다. 내 것만이 옳다는 생각을 버리고 다른 사람의 입장과 의견을 존중하고 그것을 이해하고 수용하려는 자세, 다른 사람의 입장에서 나와 내가 살고 있는 사회를 이해하고 반성하려는 자세, 다양한 의견과 가치를 인정하고 존중하는 자세가 바로 이해교육의 관건이 된다. 남북한 주민들이 이러한 개방적이고 다원주의적인 사고와 가치관을 지니고, 상대방을 이해하고 수용하는 폭이 넓어지면 문제와 갈등을 슬기롭게 극복하여 결국 민족통합을 촉진시킬 수 있을 것이다. 물론 이것은 북한이탈주민들의 남한에서의 정체성을 더욱 높여줄 것이다.

(2) 평화교육의 강화

일반적으로 '평화교육'이란 '평화에 관한 교육'이요, '평화를 위한 교육'이요, '평화에로의 교육'을 말한다. 평화교육이란 첫째, 평화에 관한 지식을 전달하는 교육, 둘째, 평화를 만들 수 있는 신념과 능력을 길러주는 교육, 셋째, 실제로 평화운동에 동참하는 사람을 기르는 교육 등의 3중적 속성을 갖는다.[38] 이삼열은 평화교육이란 나와 다른 사람들이 어떻게 살아야 하는가를 의식화시키는 교육이며 갈등을 배타성이나 폭력으로 해결하지 않고, 대화와 합의를 통해 해결하게 하는 교육을 말한다고 규정한다. 실제로 우리는 평화교육을 통해서 존재하는 갈등관계를 제거할 수는 없지만 갈등을 평화적으로 처리하는 방법을 학습시킬 수 있는 것이다. 또한 갈등을 평화적으로 처리하는 방법을 배웠다면 이미 평화행위능력을 얻은 것으로 보아야 한다. 이것은 갈등관계가 증오심이나 공격성을 낳지 않고 합리적으로 마찰을 극소화하면서 해소되거나 해결되는 것을 의미한다. 그는 이런 평화교육의 의미를 더 확대하여 "평화를 실현할 수 있는 인간의

---

38) 오인탁, 「평화교육 이념과 내용」 『기독교 사상』, 1998, 10쪽.